中部传统农区金融压抑与农村金融制度建设研究

王桂堂　著

中国金融出版社

责任编辑：戴早红
责任校对：李俊英
责任印制：丁淮宾

图书在版编目（CIP）数据

中部传统农区金融压抑与农村金融制度建设研究（Zhongbu Chuantong
Nongqu Jinrong Yayi yu Nongcun Jinrong Zhidu Jianshe Yanjiu）/王桂堂
著.—北京：中国金融出版社，2012.12
ISBN 978 – 7 – 5049 – 6607 – 0

Ⅰ.①中…　Ⅱ.①王…　Ⅲ.①农村金融—金融制度—研究—中国
Ⅳ.①F832.35

中国版本图书馆 CIP 数据核字（2012）第 229614 号

出版
发行　中国金融出版社

社址　北京市丰台区益泽路 2 号
市场开发部　（010）63266347，63805472，63439533（传真）
网上书店　http://www.chinafph.com
　　　　　（010）63286832，63365686（传真）
读者服务部　（010）66070833，62568380
邮编　100071
经销　新华书店
印刷　利兴印刷有限公司
尺寸　169 毫米 ×239 毫米
印张　17.5
字数　312 千
版次　2012 年 12 月第 1 版
印次　2012 年 12 月第 1 次印刷
定价　36.00 元
ISBN 978 – 7 – 5049 – 6607 – 0/F.6167
如出现印装错误本社负责调换　联系电话（010）63263947

前　言

　　在我国，农村金融问题，不仅仅是一个货币与信贷机制问题，也不单纯是一个经济层面问题，更是一个社会协调发展问题，同时也是"三农"问题当中的难点与核心问题之一。

　　回顾 20 世纪中后期以来，随着我国经济体制转型的加速，农村经济发展差异化的格局越来越明显。东南沿海一带，城市化进程迅速推进，城乡融合发展态势明显，而在中西部地区，二元经济格局不但未见消弭之势，反而出现日趋严重的两极分化，这在传统的农区尤为显著。一方面，传统农区作为粮食净调出区域，为国家的经济建设与社会发展作出了巨大贡献；另一方面，其自身的发展却步履维艰，反映在金融发展的层面就是"金融压抑"日趋加剧。

　　对此，有一种观点认为，既然中部的传统农区作为国家的粮食生产核心区的地位不可动摇，不能推卸向全国提供商品粮的重任，那么就应当一心一意发展农业，由此产生的经济利益分配问题可以通过财政政策扶持、转移支付等途径解决。笔者认为这种观点是有失偏颇的，其偏颇是基于这样的认识：通过扶持可以造富一方，通过"输血"可以形成健康的肌体。遗憾的是，在各国经济发展的历程中鲜见这样的例子，从理论分析的角度也有重大缺陷。

　　现代市场经济是一种金融经济，社会各个层面、各个领域的发展都与金融发展结下了不解之缘。金融经济自然应当包括健全的农村金融体系。当代金融功能观从另一个角度揭示了金融体系及金融活动的功能，它告诉我们，金融的作用不仅仅在于配置资源，同时还在于能提供一种极强的正向约束与激励机制。为此，解决"三农"问题的一个重要方面就是要建立与农村经济发展相适应的一整套农村金融服务体系。

　　改革开放以来，我国农村金融体制历经诸多重大变革。但是，时至今日，我国农村金融发展现状并不令人满意。其突出的表现就是，随着农村经济的不断发展，农村金融服务的供给不是随之增长，而是趋于相对萎缩的态势，这一现象引起了理论界与实务界的深刻反思。一个时期以来，农村金融问题逐渐成为金融界关注的热点问题，涉及农村金融体制改革的有"改革重心偏移说"、"农村金融服务体系商业倾向说"、"盆景金融说"、"城乡金融资源安排失衡说"等一系列观点来解释农村金融发展滞后的原因。其中一个值得关注的现象就是，追溯改革开放以来我国农村金融体制的历次变迁与改革，基本上走的都是一条"外生供给"的路子。诚然，当制度层面的上层建筑不适应农村经济基础发展的要求时，必须革除原有制度的藩篱，以适应生产力的发展要求，因此每一次改革农村金融体系都是必须而及时的。然而进一步分析之后会发现，每经历一次外生制度供给的变迁，其内部的创新机制都没有得到很好的激励，"金融压抑"依然如故，这不能不说是导致目前我国农村金融服务供给严重短缺的一个重要原因。如此，给我们提出了一个值得深思的问题，外生制度的供给如果无法与内生创新因素相结合、相促进，每一轮耗费巨大成本的改革都难以实现预定的目标。既往中国农业发展银行的构建已经偏离了原有期望值，正在进行的新一轮的农村信用合作社改革也面临着预期目标与现实矛盾的摩擦。为此，认真反思改革开放以来农村金融体制改革的思路，进一步完善农村金融服务体系的创新机制，无疑具有理论意义和现实价值。

解决"三农"问题，需要建立完善的农村经济服务体系，而金融服务体系是其中一个不可缺少的重要环节。改革开放以来，经过二十多年的发展，虽然我国在名义上建立了以政策性金融、商业性金融、合作金融为主体，其他金融机构为补充的农村金融组织体系，但到目前为止，从提供资金以及相应的金融服务、满足农业发展的角度观察，中国尚缺乏一个完整意义（特指功能比较健全）的农村金融体系，河南省更是如此。特别是随着我国商业银行机构布局的调整，农村金融服务的供给出现了越来越大的空缺。这不能不使我们对现有的农村金融服务体系进行反思。目前农村金融服务体系的缺陷在于：农业政策金融机构功能不全；国有商业银行撤离农村市场；农村信用合作社难以满足农村经济发展的需要；邮政储蓄网点大量转移农村资金；新生的、数量稀少的村镇银行尚无稳固的根基……造成这一局面的原因是多方面的，其中一些制度安排在特定的历史条件下属于不得已而为之。

要缓解制约农村经济发展的金融约束，除了加大对农村外生金融供给之外，不可忽略的一点就是要加大农村内生金融创新机制的培育与激励，这一问题将成为本课题研究的重点。内生金融因素的培育与激励，也有两种思路：一是金融推动说，即通过给农村金融发展创造更好的条件，通过金融发展与经济发展的互动关系带动农村经济发展；二是解除抑制说，即解除制约农村金融发展的各种限制性因素，特别是不合理的制度限制，让农村金融发展适应农村经济发展。这两种思路都可以从当代金融发展理论中找到依据，但是上述线索并未给出两种思路明确的逻辑路径。这正是本课题欲突破的难点。本课题组根据前期研究成果认为：完善我国农村金融服务体系应当采取解除抑制的思路，并根据此思路安排农村金融体制改革顺序，制定相应的对策。之所以要采取这一思路，既是由农村经济与农村金融二者之间的根本关系所决定的，也是由我国农村现阶段的历史条件决定的。在完善农村金融服务体系的过程当中，激励金融创新因素基本思路的立足点是：制度的供给不仅仅着眼于向农村提供更多的资金倾斜，构建更多农字号的金融组织，更为重要的是还要提供一个有利于在农村内部自我成长、自我约束、与农村经济组织和经济结构相适应的金融发展机制。

本书框架如下：

第一部分对既往的金融发展理论、金融约束理论、金融中介理论等进行综述，讨论这些理论的观点及其方法运用于中国农村金融体制改革特别是传统农区金融制度重构的适应性。

第二部分通过对传统农区经济结构及其社会制度的分析，解释中国农村金融制度存在、发展、演变的特殊规律，其基本推论是：在我国宏观经济体制转型期间，应当创造一种有效的金融制度供给，促使内生的农村金融体系及其制度安排尽快发育，来替代农户的融资顺序选择及服务需求偏好。

第三部分主要探讨在非均衡的农村经济结构的格局下，农村金融制度安排与之相互适应的问题。这一部分讨论了被称为"农村非正规金融"的概念、特征、存在的基础和现阶段的地位及作用，还特别列举了存在于中部传统农区的"非正规金融"案例，并作进一步分析。

第四部分主要分析农村金融体制改革对农村经济发展，特别是对传统农区摆脱"金融压抑"所产生的负面影响。本部分讨论了我国经济改革过程中的一个"悖论"——中国经济体制改革发端于农村，然而农村金融体制改革却远远落后于农村经济结构变化的制度性因素。通过分析认为，农村经济处在由小规模生产逐步向大规模产业化生产模式演进的阶段，农村金融应当扮演"适度引领"的角色，因为这种思路是符合我国改革开放总体取向的，采取这种思路才能有效避免下一轮改革当中由于农村金融体制与其他体制不匹配造成的"不协调成本"。

第五部分主要分析农村金融组织体系的变迁及其效应。得出的结论是：通过一个时期的改革，多形式、多层次、多种所有制结构的农村金融体系框架已经构建起来，这是一个很大的改革成就，但要消除农村的"金融压抑"，实现农村金融与农村经济二者之间的良性循环，任务还很艰巨，其间，新生代的中小金融机构要成为农村金融服务名副其实的"主力军"，制度保障不可或缺。

第六部分对农村信用合作社改革取向与传统农区金融发展关系问题进行了

探索。自信用合作社与农业银行脱钩之后，在很长一段时间，信用合作社成为事实上农村金融供给的主要力量，而在很长的一段时间内，我国农村信用合作社体制的改革也约等于整个农村金融体制的改革。这个过程在传统农区表现得特别具有代表性和典型性。通过探讨，本部分的基本结论是：在现阶段，对于传统农区的金融改革而言，信用合作社的改革不应完全背离"罗虚戴尔原则"，向广大农民提供公益性产品与服务应该是信用合作社业务发展过程中一个不可忽略的取向，也是政府有关部门应当关注并支持的一个重点。

第七部分主要讨论在各种类型的新型农民专业合作组织兴起的条件下，农村金融供需格局所发生的变异。通过分析认为，新型农民合作经济组织目前正处于初级发展阶段，在这样一个阶段，需要得到大力支持是毋庸置疑的，如果考虑到建设社会主义新农村、加快城乡一体化发展步伐等方面的问题，加大对农民合作经济组织政策性的支持力度更是义不容辞。其间，政策性金融对农民合作经济组织的支持是一个不可或缺的环节。

第八部分主要探讨农村保险与传统农区保险发展问题。我国农村金融发展滞后于农村经济的发展已经是一个不争的事实，而其中涉农保险的发展更是滞后。这种状况对于构建和谐社会、解决"三农"矛盾、改变城乡分割的二元结构无疑是一种体制上的障碍。相对于城市经济与工业经济而言，我国的农村经济与农业经济的市场化程度是较低的，大规模的分工协作与社会化的大生产组织形态还没有形成，在这种条件下，农业的"弱质性"表现得更为明显，因此，在相当长的一段时间内，我国的农业保险应当具有一个"跃迁"性的发展过程。

第九部分介绍了几个典型的发达国家与发展中国家的农村金融体系，并对它们的农村金融体系进行了简要分析，为我国传统农区的农村金融体系建设提供经验借鉴。

第十部分是全书的一个总结性概述。本部分在概述的基础上又作了进一步分析，认为历次的农村改革不是很成功的一个根本原因就在于没有真正从我国农村金融需求出发，又因为我国社会制度的特殊性，既往的改革更多的是从机构层面进行修修补补，多以强制性制度变迁为主，忽略或是压制了农户自发的金融制度创新需求，内生于农村经济的"草根金融"长期得不到正规合法的地位。在建设新农村的过程当中，政府的一个重要的历史使命就是要不断弱化千百年来我国农村经济当中已形成的"超稳态"的小农经济结构，而不是保留它或者固化它，这也是政府主导之下农村金融创新所要实现的目标之一。

目　　录

0 导　论

金融发展是发展经济学的重要组成部分，也是金融学的一个重要分支。自从亚洲金融危机爆发以来，金融发展理论的一些观点受到严重的质疑，但是，这些质疑并没有让金融发展理论的运用停滞下来，反而进一步更新、充实了金融发展理论的一些思路和观点，与此同时，金融发展作为一个学科，更加倾向于结合不同国家的国情和不同地区的实际情况朝着应用学科的方向发展。

根据金融发展理论的基本观点，在发展中国家，要么因为金融体系受到政府的严格管制失去活力导致经济增长失去动力，要么因为金融市场过早地开放（包括主动开放与被迫开放）导致金融秩序混乱甚至引发金融危机，这似乎成为套在发展中国家和发展中地区项上的一个魔咒。在这样的背景之下，创造性地运用金融发展理论，取其精华，弃其糟粕，历史地落在新一代改革者的肩上。

进入 21 世纪以来，本身经济发展与改革的进程使得我国面临的金融问题与 20 世纪六七十年代的情况有了很大的不同，因此，有必要针对现实事件当中最为紧迫的问题进行研究，用来指导实践。事实上，这也是应用经济学最基本的内在要求。

金融约束也是发展中国家普遍存在的现象，在金融发展理论运用受挫的情况下，金融约束理论占据了一席之地。从理论体系和观点主张看，金融约束理论与金融发展理论是相互对立甚至截然相反的。然而有趣的是，两种理论所描述的现象及其做法在中国长期并行不悖，正是这种并行不悖，使得我国的宏观金融体系不仅在亚洲金融危机的时候幸免于难，也在来势汹汹的美国金融危机面前没有受到致命的打击。

当然，我们也没有必要因为与两次世界性的金融危机擦肩而过就沾沾自喜，就认为我国的金融体系问题不大，事实上，福兮祸所伏，我国严重的"金融压抑"或者说金融体系的非均衡格局，对经济发展的制约也是显而易见的，尤其是非均衡的金融格局对区域间的协同发展、对我国长期倡导的"城乡一体化发展"产生了较大的负面影响。例如，我们花了很多的时间成本和很昂贵的人力、物力、财力成本建立起来的主板、二板乃至三板市场，对经济增长的有效作用都未曾得到令人信服的证实，反而加剧了社会资金的非均衡流动，增加了社会资本的投机性。这一现状，也是今后一段时期理论界和实务界以及各级决策者需要力求解决的一个现实问题。

现代市场经济是一种高度货币化、信用化的经济，在这种经济形态当中，金融发展构成了经济发展的一个极为重要的组成部分，经济发展的任何层面都会体现在金融发展上面，同时，金融发展的一举一动对经济发展的影响也是举足轻重的。

一个时期以来，将金融发展理论运用于分析、研讨我国农村金融体系所存在的问题，并提出相应对策的研究已经不少，取得了较为丰富的成果，这是十分可喜的。例如李玮（2000）认为，农村金融组织体系与农村经济发展要求不相适应，导致国家支农信贷政策的传导机制不畅，农业贷款供需双方交易成本过高，要求过严，限制了贷款需求的增长。农村合作金融运营效率低下、公众信誉度趋于下降、金融风险突出等是当时农村金融发展中存在的主要问题。

彭川西等（2000，2001）认为，虽然我国农村金融有了长足的进步，但是，全面审视我国农村金融在农业经济中的地位和作用，还存在诸如农村金融组织体系、农村金融现代企业制度和农村金融经营理念等跟不上快速发展的农业经济的问题，表现为：（1）农业经济结构的优化与信贷结构调整的滞后；（2）农业产业化与金融专业化的矛盾；（3）农产品市场与金融市场发展的不对称问题；（4）农村社会化服务体系与金融服务体系的差距；（5）对农业的政策支持与对农村金融的政策支持脱节等。因此，我国农村金融的发展在一定程度上制约了农业经济的全面成长，特别是制约了现代农业、高效农业和区域农业的形成。此外，还有学者就我国农村金融体制存在的问题与缺陷的根源进行了思考，认为我国农村金融体系存在问题的根本原因是政府办金融，以及过度管制导致农村金融市场缺乏活力，在组织体系、产权模式、服务方式以及监管政策等方面不适合农村的特点（李勇等，2005）。农户融资难问题产生的主要原因在于现有金融机构距离农户较远，获取借贷农户信息的成本较高，以及农户履约机制的缺乏等（周脉伏、徐进前，2004）。由于新中国成立以来的农村金融体系并不是按照基于农村融资问题的一般逻辑发展，而是一个围绕城市工业化的农村金融制度安排，因此，农村金融制度不能满足农村融资需要也就在所难免了（周立，2005）。现行农村金融改革的总体思路没有放活，被管制和控制了，以及农村的任何改革都与农村政府体制改革密切相关，是现行农村金融改革总是出现诸多问题的根源所在（张曙光，2003）。

何广文（2005）等认为，要解决我国农村金融业坏账率较高、长期盈利能力不足、具有较大脆弱性的问题，避免农村金融机构危机和农村金融组织系统重组的高成本，实现农村金融的可持续发展，需要以农村金融需求为向导，从整体的角度调整农村金融组织的区域布局，构建需求型导向的农村金融组织结构体系。为此，要按照市场需求调整农村金融组织结构，处理好农村金融发展与农村经济增长的关系，发展农村中小型金融机构和社会公共投资机构，实现金融组织的多元化，以及组织结构调整要有前瞻性，以适应经济进一步开放和发展的要求等。

彭克强、陈池波（2007）认为，我国应加快合作金融立法，放宽农村合作金融的标准，发展符合农村实际需要的多种合作金融形式，在判断农村合作金融发展问题时，以资金支农的好坏作为判断成败的依据。坚持"存量改造"和"增量发展"并进，积极扶持作为增量的农村民间合作金融形式，培育多种农村合作组织竞争的环境。

罗来武等（2004）从我国农村金融与农村经济的"机构观"与"功能观"矛盾的角度分析中国农村金融制度问题。李喜梅和彭建刚（2005）通过引入系统隐功能的概念，对经济变迁中的我国农村金融体系演进逻辑重新加以解释，认为我国农村金融体系存在资源配置等显功能的不足，但其支持我国工业化进程和经济成功转轨的隐功能明显。钟笑寒、汤荔（2005）以金融机构功能理论为基础，从实证角度对农村金融机构收缩的经济影响进行研究。黄季焜和马恒运（1998）、林毅夫（2001）、陈锡文（2004）等从农村金融效率角度研究中国农村金融问题。熊学萍和易法海（2007）在新制度经济学的分析框架内，提出农村信用合作社农户小额信贷制度效率的评价指标体系，对该制度效率进行测评，其研究表明，农户小额信贷制度的效率存在帕累托改进空间，必须进一步降低交易成本，建立和改善农业风险控制制度。

但是，就某一区域而言，金融发展与经济增长的相互关系却是一个相对被忽略的领域。在中国经济改革与发展的最近阶段，经济结构的变化与经济体制转型比以往来得更为剧烈，由此导致的区域间的差异也更为显著。例如，珠江三角洲、长江三角洲地区已基本进入工业化时代，而中原大部分地区还是传统的农区，河南省的南部、西部和东部尤为如此。而区域经济的变化又与区域金融的发展变化交织在一起，二者之间是相互影响、相互作用的。

我国区域经济的研究相对比较成熟，从实践层面看，区域经济结构的差异也已经引起了决策部门的高度关注，并开始从物质资源的配置上下大力气来解决这一问题，然而在市场经济条件下，一切物质资源配置归根到底都要受到货币运动的制约，换言之，金融资源的配置主导着物质资源的配置。由此，可以推论出我国区域经济发展差异的重要因素是区域金融结构的二元化，这在区域农村金融结构中表现得十分突出。但从这一视角来展开研究，提出对策建议还相对比较欠缺。有学者认为：作为宏观金融发展理论与微观金融发展理论的衔接，区域金融发展理论显然构成区域经济学研究体系的重要环节（陈先勇，2005）。这种观点也给笔者以启发：能否顺着这种思路进一步研究探讨农村区域金融问题。引发这一思考的另一起因是，2008—2009 年，笔者有幸参加了一个金融支持新型农民专业合作组织的调研，在南方的广东等省份调研的时候，基本上一无所获，因为这些地区的"农"与原来调研方案中所设计、所想象的内涵已大相径庭，而当走访到河南省有关地（市）的时候，却收获巨大，得到了想要的资料、数据、案例等，这一经历充分说明我国农村区域金融结构的差异也是非常独特的，完全可以作为区域金融发展的一个相对独立的子系统来研究，这样提出的解决问题的思路或许更有针对性和现实性。

然而，就区域金融研究本身而言，目前无论是国内还是国外都还处在一个"洼地"之中，相对金融学一些"热门"分支，研究成果和相关文献十分有限，而区域农村金融发展问题则更属于"洼地中的沼泽"。尽管金融发展理论本身有一些内容与区域金融有关，一些观点和方法可以应用于区域金融，但金融发展理论整体上还是从宏观方面来探讨金融问题的，这与区域金融研究的侧重点、方法思路、逻辑体系以及要解决直接问题还是有一定区别的。可喜的是，近年来，随着国内金融研究的不断深化，一部分学者在研究探讨区域金融发展问题时也开始关注区域农村金融的问题，尽管这种研究是初始的、零星的、分散的，但毕竟能给予我们很多的启迪，在方法、思路与体系方面给予基础性的依托与支撑，使我们能在他人研究成果的积累上再向前跨出一步。

戈德史密斯有一段经典的话语：一切金融发展，归根结底表现为金融结构的变化……更进一步地理解这种"结构变化"，它不仅包含时间方面的变化，也包含空间方面的变化；不仅包含量的变化，也包含质的变化；不仅包含金融本身的变迁，也包含金融对经济的影响，这是金融发展理论的真谛所在。正因为如此，研究探讨一个区域的内生金融增长点、金融资源的优化组合、区域金融与区域经济的良好耦合，要比研究一个区域如何"融资"更具有理论意义和现实意义，也更接近于求解我国区域经济非均衡发展矛盾的答案所在。

1 金融发展、金融约束及相关理论适应性综述

在我国金融体制的发展演变过程中，原来所依据的是大一统的计划经济理论思想。在这样的理论体系之下所构筑起来的金融体系，与市场经济条件下发育起来的金融体系是大相径庭的。不可否认，这种根植于计划经济理论体系构建起来的金融制度，在推动中国经济发展方面有过辉煌的一页，但随着经济体制的转型，辉煌成为了历史，现实的金融体制特别是农村金融体制遭遇到前所未有的挫折。原有的大一统计划经济理论思想既无法解释转型时期的种种金融现象，更无法引导未来金融体制的改革与发展。于是，人们纷纷将目光转向改革开放中后期才广为流传的金融发展理论、金融约束理论及其他相关理论，用以解释中国当前的金融现象，并用以设计和指导一个时期以来的金融体制改革与金融制度的重建。在此，不得不引起我们思考的一个问题就是这些理论在我国的适应性及其应用问题。

1.1 金融压制理论与金融深化理论

1.1.1 金融压制理论与金融深化理论的主要脉络

金融压制理论与金融深化理论是美国经济学家罗纳德·麦金农和爱德华·肖在 20 世纪 70 年代提出的一套理论观点。该理论与众不同的一个重要特点是站在金融的角度研究金融发展对经济增长的作用。这一视角无疑是顺应了当代经济货币化、信用化这样一个不可逆转的趋势。为此，该理论一出即受到发展中国家的广泛关注。事实上，该理论受到发展中国家广泛关注的另一个重要原因是它以发展中国家为研究对象，重点探讨金融与经济发展之间相互作用的问题，提出了相应的政策主张。这样一个立足点与出发点正好切合许多发展中国家面临的现实问题，为此，该理论一度被认为是对发展经济学和当代货币金融理论的重大贡献。

麦金农和肖认为，要建立一套适合于发展中国家的货币金融理论与政策，首先必须了解和分析发展中国家金融发展的现状与特征。他们将发展中国家金融发展特征概括如下：

第一，货币化程度低下。社会经济活动通过货币度量、交易的比重不高。货币的作用范围小，各种金融变量的功能难以发挥，金融宏观调控的能力差。

第二，金融体系呈二元结构，即现代化金融机构与传统金融机构并存。以现代化管理方式经营的大金融机构主要集中在经济和交通发达的大城市里营业，以传统方式经营的小金融机构主要分布在农村和落后偏远的小城镇。

第三，金融市场不发达。各经济单位之间相互隔绝，无法通过金融市场多渠道、多方式、大规模地组织和融通资金。

第四，政府对金融实行过度干预，对金融活动作出种种限制。主要是对利率和汇率实行严格管制和干预，对一般金融机构的经营活动进行强制性干预，采取强制措施对金融机构实行国有化。

其核心观点和政策主张是要全面推行金融自由化，取消政府对金融机构和金融市场的管制与干预。①

麦金农和肖"金融抑制"说的基本含义为：当发展中国家政府的初始干预行为破坏了金融市场的调节能力时，金融市场的失衡会迫使政府无休止地进行往往是徒劳的干预。结果不仅扭曲了金融市场，严重地限制了金融发展，而且也达不到初始干预的目的——实现经济快速增长。

而麦金农和肖的"金融深化"论可以理解为政府有效的宏观管理下的金融自由化，这种金融自由化的核心是放开金融资产的价格，特别是利率与汇率，让金融资产的价格真实地反映供求变化，从而恢复金融市场调节资金供求的能力。

以麦金农和肖为代表的学派认为，金融深化可以产生以下效应：

收入效应。收入效应是指实际货币余额的增长，引起社会货币化程度的提高，以及对实际国民收入的增长所产生的影响。这种效应有正负两个方面。正收入效应是指货币对国民经济的促进作用；负收入效应则是指货币供应所耗费的实物财富和劳动。金融深化的目的正是提高有利于经济发展的正收入效应，相应降低其负收入效应。

储蓄效应。金融深化的储蓄效应表现为由收入效应引起的实际国民收入的增加，带动储蓄总额按一定比例相应地增加，以及货币实际收益率的提高，鼓励人们储蓄，导致储蓄倾向的提高。

投资效应。金融深化通过储蓄效应增加投资和提高投资效率。投资效率的

---

① ［美］麦金农（McKinnon, Ronald I. ）著，李若谷，吴红卫译：《经济自由化的顺序向市场经济过渡中的金融控制》，北京，中国金融出版社，1993。

提高表现为：金融深化统一了资本市场，减少了地区间和行业间投资收益的差异，提高了平均收益率；促使金融深化的政策减少了实物资产和金融资产未来收益的不确定性，促使投资者对短期投资和长期投资作出较为理性的选择；资本市场的统一，为劳动力市场、土地市场和产品市场的统一奠定了基础，从而促进资源的合理配置和有效利用，发挥生产的相对优势，提高规模经济的好处，进而提高投资的平均收益率；金融深化使得建筑物、土地和其他本来不易上市的实物财富可以通过中介机构或证券市场进行交易和转让，在市场竞争的压力下，通过资本的自由转移也可导致投资效率的提高。

就业效应。货币实际收益率的上升提高了投资者的资金成本，投资者将倾向于以劳动密集型的生产代替资本密集型的生产，就业水平相应得到提高。

金融深化理论及政策建议得到了世界银行和国际货币基金组织（IMF）的大力赞同与推广，对 20 世纪 70 年代以来发展中国家的金融自由化改革产生了深远的影响。其现实背景是：第一，金融深化论的兴起与发展为各国金融改革奠定了理论基础；第二，金融抑制政策带来了通货膨胀、投资质量与数量下降、资金市场滞后、经济增长缓慢等诸多弊端，这是自由化改革的直接诱发因素。金融管制难度加大使自由化改革成为必然选择，主要表现为：高通货膨胀率加大了利率管制难度；金融创新提高了管制成本；金融市场国际化削弱了各国政府的割裂管制权；等等。

1.1.2 对金融压制理论与金融深化理论的基本评价

麦金农和肖的"金融压制"与"金融深化"理论，较为科学地指出了发展中国家金融市场落后的原因：发展中国家在加速工业化的目标下，企图以低成本利用国内储蓄和国外储蓄，从而人为压低存贷款利率和高估本币汇率（即抑制金融资产的价格），造成金融市场无力调节资金的供给和需求，低利率一方面导致国内储蓄减少、资金供给不足，另一方面导致对资金的过度需求。金融市场的供求失衡，迫使政府进一步干预，即采取资金配给的措施，通过抑制过度的资金需求，强行实现低水平的资金供求平衡。

对发展中国家，金融深化理论的积极意义主要体现在：

首先，发展了传统货币理论。这一理论认为，传统货币理论都是为那些货币金融制度高度发达的经济设计的，若"不加批判地"将其运用于发展中国家则将是"非常有害的"。因而他们所提出的金融深化论摒弃了传统货币理论中那些不符合发展中国家国情的成分，保留了传统货币理论的分析方法，并将其运用于发展中国家的具体情况。

其次，该理论第一次系统地论述了货币金融与发展中国家经济发展的辩证关系，深刻地揭示了发展中国家经济落后的一个十分重要但又被长期忽略的因素，即货币金融因素，从而将长期脱节的货币理论与发展理论连接了起来，推进了经济理论的研究和发展。金融深化理论认为货币与资本是相互补充的，所以应该减少对金融的政府干预，让市场机制在金融中充分地发挥作用，以实现货币供给带动经济增长的目标。这既是对传统观点的挑战，也是在经济货币信用经济条件下对既往货币金融理论的深化。

再次，为发展中国家货币金融政策的制定提供了理论上的指导。强调发展中国家资源的有限性，主张放开利率、鼓励储蓄，解除金融压制、鼓励竞争，走向金融自由化。既增加资本供给，又扩大投资和提高投资效益，带动经济增长。

最后，提出经济自由化渐进计划。该顺序对很多发展中国家都具有一定的普遍意义。特别是，该计划强调任何自由化政策都必须与市场经济的发展相适应，而且自由化改革具有渐进性。政府不能也不该同时实行所有的市场化措施。在放松旧的管制的同时，新的管制必须跟上金融自由化的步伐。

这一观点及其理论体系毕竟是由发达国家的学者站在他们的立场和角度提出的，而不是由身在发展中国家的学者根据本国和本地区的金融发展经历和实践总结，所以必然带有其"先天不足"的一面，主要表现在：

一是金融深化论者忽略了发展中国家经济结构的严重失衡，认为只要大刀阔斧地实行金融体制改革，便可改变发展中国家的金融压制现象，但是，他们却没有强调宏观经济稳定是金融深化的前提条件。

二是金融深化论者过分地强调了"自力更生"，而轻视引进外资的重要性。他们认为只要发展中国家实行金融深化的改革，即可从本国资本市场筹集到全部发展资金。事实上，大多数发展中国家的国民收入极低，即使提高利率，也难以吸收到足够的储蓄作为建设发展的资金。

三是金融深化论者过分地强调取消政府对金融体系的人为干预，并称金融深化就是金融自由化。尽管强调放弃政府的直接干预和管制具有非常重要的意义，但是，这只是表明要由直接干预转向间接调控，而不是所谓的自由化。

四是金融深化论者没有充分展开对发展中国家金融深化的过程和阶段的研究。在他们的论述中，只要放开利率和汇率，资本和外汇的短缺问题就能顺理成章地得到解决，但是，他们没有进一步结合发展中国家的具体情况，分析应该创造哪些条件，然后才能放开利率和汇率。他们也没有说，利率和汇率应该哪个先放开，或者同时放开，这就难免给人留下"毕其功于一役"的印象，容易引起实践中的误导。

1.1.3 金融深化理论在发展中国家的实践

金融深化论最早的"试验地"是拉美的"南锥体"三国，包括智利、阿根廷和乌拉圭。20 世纪 70 年代，这些国家的经济出现严重的问题：经济增长缓慢、通货膨胀率高、财政赤字严重、国际收支经常项目逆差大、金融管制现象十分普遍。为了摆脱经济面临的困境，这些国家纷纷进行了金融改革：放松对利率管制，允许利率自由决定；降低存款资金准备金率；放松外汇管制；对银行进行私有化或鼓励民间资本进入金融业；对汇率制度进行改革；等等。

20 世纪 70 年代初，智利、阿根廷、乌拉圭三国进行了激进式金融自由化改革，主要措施包括取消利率管制和指导性信贷管制、国有银行私有化、降低存款准备金率、取消外汇管制和资本流动限制等。三国金融改革后，实际利率急剧上扬，金融资产大幅提高（表现为 M_2/GNP 比率迅速提高），金融部门迅速发展。但从提高资金分配效益这一目标来看，改革无疑是失败的，即实际贷款利率超过实际资本边际生产率，企业还贷成本猛增，造成大量亏损倒闭；存贷利差拉大加剧了银行系统的垄断程度；银行为少数财团控制，风险评估能力低下，银行坏账激增；中央银行为救济银行和企业而采取的信贷膨胀措施演变为恶性通货膨胀，政府管制再度强化，金融抑制卷土重来。尽管 20 世纪 90 年代以来，三国经济形势开始好转，金融体系也进入了良性循环，但激进式改革失败的后遗症使其金融体系仍很脆弱。比如，为偿还政府的坏账援助资金，智利政府与银行股东就银行利润资本化问题一直争论不休；乌拉圭的负实际利率水平显示其仍处于金融抑制状态；阿根廷更因 1995 年墨西哥比索危机而引发了一系列金融危机。

与拉美情况不同，金融改革在东亚是渐进的。在 20 世纪 70 年代末至 20 世纪 80 年代初，东亚各国同样面临严重的金融抑制，随后韩国、泰国各国开始了渐进式金融改革。金融改革逐步推进为东亚经济发展创造了一个良好的环境，经济长期保持快速增长，人均 GNP 快速提高，通货膨胀率降低，国内储蓄和投资率均得到增长，"东亚奇迹"也因此享有盛名。但是，20 世纪 90 年代后，东亚各国金融自由化进程加快，资本账户自由化程度加深。

由于推行较为彻底的金融开放政策，一个时期以来较为集中的投机资本流入与资本外逃现象同时出现，使得这些国家货币快速大幅贬值，最终还演化成为严重的经济危机。虽然东亚国家并未出现像南美那样的高通货膨胀和高财政赤字，但仍然出现了类似南美国家的银行信用危机、货币大幅贬值、股市狂跌等现象，即使用麦金农的"最优次序"也难以作出满意的解释。

发展中国家运用金融发展理论指导本国金融改革的经历告诉我们，金融深化论既有合理积极的一面，又有片面消极的一面，在实践中必须慎行，否则会过犹不及。发展中国家的金融改革不应照搬发达国家的自由化措施，因为发展中国家的金融体系是财政透支的主要来源，迅速金融自由化会增加财政赤字型通货膨胀压力。同时，在金融市场落后的情况下，贸然实行自由化易导致垄断和道义上的危险，最终延缓金融深化进程。金融深化的常用衡量指标 M_2/GNP 的上升并不等于资源配置效率的提高，它只在一定程度上反映金融体系的规模扩展程度。金融自由化改革必须以较低的通货膨胀率、稳定的宏观经济环境为前提。金融深化并不意味着放任自流，需配合适合国情的谨慎监管制度。一方面，应建立竞争规则、会计标准等市场基础设施，以避免市场行为的扭曲和信息传递的失误；另一方面，应采取有效审慎的间接管理措施，维持金融业稳健经营。金融深化应是渐进和谐的改革进程。在一个缺乏竞争经验、风险评估管理能力和有效宏观调控体制的发展中国家中，银行需逐步适应新环境、掌握新业务，政府也应采取过渡性协调政策，以减轻社会震荡。

综上，金融压制与金融深化理论在分析发展中国家的金融与经济问题这个层面是有其独到的视角和思路的，这些观察角度适合分析区域金融发展的问题，特别是可以用来分析带有普遍性质的金融压制的原因及其症结，但其改革措施未免过于单调与激进，不见得完全适用于发展中国家和地区，特别是未必能适应于某一区域的金融深化，因为区域的金融发展与改革必须从属于一个国家整体的金融发展与改革的布局，一个国家不同区域之间金融发展的协调，也与一国金融对外开放、与国际接轨有很大不同。故在研究区域金融发展的时候，既要借鉴金融发展理论的成果，又要摒弃其不足，需创造性地探索欠发达地区金融深化的路径及其对策。

1.2　金融约束理论

由于发展中国家金融自由化的结果曾一度令人失望，许多经济学家开始对以往经济发展理论的结论和缺失进行反思和检讨。斯蒂格利茨（Stiglitz）在新凯恩斯主义学派分析的基础上概括了金融市场中市场失败的原因，他认为政府对金融市场监管应采取间接控制机制，并依据一定的原则确立监管的范围和监管标准。在此基础上，赫尔曼（Hellman）、穆尔多克（Murdock）和斯蒂格利茨（1997）在《金融约束：一个新的分析框架》①中一文提出了金融约束的理论分析框架。

1.2.1　金融约束理论的主要内容

赫尔曼等人认为金融约束（Financial Restraint）是指政府通过一系列金融政策在民间部门创造租金机会，以达到既防止金融压制的危害，又能促使金融机构主动规避风险的目的。金融政策包括对存贷款利率的控制、对市场准入的限制，甚至对直接竞争加以管制，以影响租金在生产部门和金融部门之间的分配，并通过租金机会的创造，调动金融企业、生产企业和居民等各个部门的生产、投资和储蓄的积极性。政府在此可以发挥积极作用，采取一定的政策为银行体系创造条件，鼓励其积极开拓新的市场进行储蓄动员，从而促进金融深化。

换言之，金融约束就是指政府通过一系列的金融政策在金融部门和生产部门之间创造租金机会，使其中一些部门可以取得超过竞争性市场所能产生的收益的机会，有了这种租金，就能够促进市场更好地为经济发展服务。

金融约束的主要政策手段有：

1. 控制存贷款利率，为银行和企业创造租金。

2. 对市场准入实行严格控制，为市场创造者提供"专利保护"。

3. 限制资产替代政策，限制居民将金融部门中的存款转化为证券、国外资产、非正式金融部门的存款和实物资产，认为证券市场在金融发展水平低的发展中国家用途依然有限，而且容易与银行部门争夺居民的资金，影响银行的特许权价值，威胁金融体系的稳定。

1.2.2　金融约束的效应

在金融约束下，一方面，存款利率的控制使储蓄者剩余转移到金融部门和生产部门；另一方面，存款的安全性和便利性增强，储蓄者有效地规避了风险，租金效应超过了利率效应，金融约束改善了储蓄者的境况。此外，由于租金效应，居民的金融约束环境反而放松了。在金融约束的情况下，为金融机构创造经济租金有两个重要的作用：第一，增加银行的特许权价值，使其有动力成为长期的经营者，积极有效地监督企业，管理其贷款组合的风险。第二，促

---

① 青木昌彦、金滢基、奥野－藤原正宽主编：《政府在经济发展中的作用》，北京，中国经济出版社，1998。

使银行增加投资，吸收更多的存款。例如，银行将在原先没有业务的乡村地区开办新的分支机构，或吸收更多的新储户。银行整个资产组合的平均租金创造了特许权价值，而新增贷款的边际租金诱使银行寻求更多的存款。与此相关的问题是偿还期转换（Maturity Transformation）政策和金融约束的两项辅助性政策——限制竞争和限制资产替代。

1.2.2.1　对银行的作用

在金融约束环境下，银行只要吸收到新增存款，就可获得租金，这就促使银行寻求新的存款来源。如果这时政府再对市场准入进行限制，就更能促使银行为吸收更多的存款而增加投资，从而增加资金的供给。建立合理数量的储蓄机构，可以吸收更多的存款，金融机构吸引更多的储户是发展中国家金融深化的一个重要组成部分，因此，金融约束可以促进金融深化。

租金为银行创造了"特许权价值"，促使它们的经营更加稳健，有更强的动力监督贷款企业，降低管理贷款组合的风险。同时，租金也促使银行有动力增加其存款基数，扩大中介范围。

政府将租金指定用于专项银行业务，这样就可以促使银行开展一些市场条件不利的业务，如长期贷款。

政府通过实施限制存贷款利率、控制银行业进入等一整套的约束性金融政策，在银行业创造租金，从而可以带来相对于自由放任政策和金融压制政策下更有效率的信贷配置和金融业深化，对发展中国家维护金融机构的安全经营、保证金融体系的稳定、推动金融业发展的进程极为重要。

1.2.2.2　对企业的作用

政府制定贷款利率上限，相当于向生产部门转移一部分租金，这会提高生产企业的股本份额，股本的变化可以向金融机构显示其自身专有的信息，从而改善银行的贷款决策。同时，贷款利率保持在较低水平还可以弱化信贷市场上的逆向选择现象。此外，租金还诱使民间部门当事人增加在完全竞争的市场中可能供给不足的商品和服务。政府通过实施定向信贷政策，会在企业中间产生"竞赛效应"，从而更好地激励企业追求利润最大化目标，由于租金效应，企业的金融约束环境放松了。

1.2.2.3　对个人的作用

在金融约束下，一方面，存款利率的控制使储蓄者剩余转移到金融部门和生产部门；另一方面，存款的安全性和便利性增强，储蓄者有效地规避了风险，租金效应超过了利率效应，金融约束改善了储蓄者的境况。

1.2.3 "租金"产生的根源

"租金"是金融约束理论当中一个十分重要的概念。这里的租金是指通过特定的金融政策给予某些部门（通常是金融机构）的垄断收益。

这些租金机会是因存款利率控制造成的存贷利差而形成的，银行通过扩张其存款基数和对贷款资产组合实施的监控获得了这些租金，由此促进金融深化。政府通过一系列的金融政策在民间部门创造租金机会，即取得超过竞争性市场所能产生的收益的机会，这种租金能够促进市场更好地为经济发展服务。

政府干预的目的是在民间部门设立租金，由金融机构和企业分享，即政府把存款利率限定在竞争市场利率以下，产生出一块租金，由金融机构获得，同时把贷款利率限定在竞争市场利率以下，迫使金融机构向生产部门转移一部分租金。在这一租金流动过程中，政府不占有租金。

事实上，金融约束论所说的租金本质上是政府为银行人为地创造一种特权，其关键在于政府通过一系列有利于银行业的金融管理政策来推动金融业尤其是银行业的发展，进而通过金融业的发展来推动整体经济的发展。

1.2.4 对金融约束理论的批评

作为对政府管制金融行为在经济发展中所起作用分析的一种理论，金融约束论一直都是人们议论的热点，对其进行批评和赞扬的观点众说纷纭。

批评金融约束论的学者大多从其前提条件入手，对其进行分析。严格来讲，金融约束论要想成立，必须满足三个基本条件：限制市场准入，在此条件下银行业充分竞争；限制直接融资，防止直接融资对银行信贷的替代；宏观经济环境稳定，通货膨胀率较低并且可以预测，从而保证实际利率为正。这三个条件在现实中都不可能完全满足。如果限制市场准入，许多中小银行将被排斥在市场之外，而先前进入市场的银行由于处于垄断地位，进而会失去金融创新的动力，结果将导致金融业缺乏竞争，反而会阻碍产业的健康发展。直接融资也不可能被严格限制，任何一个国家都需要融资渠道多元化，只有这样才能更好地满足经济发展的需要。因此，政府不可能也不情愿对资本市场进行严格的限制，即使有所限制，也一定不会是长期的。另外，居民在进行投资时也不会选择单一银行信贷资产，这不符合理性的投资理念。同样，宏观经济也不可能一直保持稳定，通货膨胀率的上下波动是经济运行的常态。由此可以得出结论：金融约束论的假设过于严格，现实中根本不能满足。因此，无论从理论上还是现实来看，金融约束论都存在着很大的局限性。

1.2.5 对金融约束论的肯定

也有学者从各个方面对金融约束论的科学性进行了论证。他们认为，世界上并不存在放之四海而皆准的理论，任何理论都有其特定的适用范围，依据假设的不现实性来对某一理论进行批评是不合理的。经济学分析中，衡量理论有效性的标准是看该理论的结论是否符合经济现实，而不是去衡量其假设现实性的大小。金融约束论的直接结论是政府对金融市场一定程度的直接干预是有效的，它显然得到了东亚经济快速增长这一事实的有力支持。即使东南亚金融危机后东亚经济增长速度放缓，也不影响金融约束论对特定国家一定时期的经济发展现象的解释能力。对于有观点认为银行业充分竞争是金融约束论成立的前提条件，而价格管制与银行业充分竞争又不可兼容，因此金融约束论的理论逻辑存在冲突，他们则认为，金融约束政策恰恰是通过适当限制银行业的自由竞争来为银行制造租金机会，而限制银行业的自由进入与过度竞争是为了保证发现新储源的银行的租金不会因竞争而缩小甚至消失，这与适度的银行业竞争是并行不悖的。因此，对于金融约束论应该给予充分的肯定，而不应该妄加指责。

综上，尽管金融业的发展在经济发展过程中发挥着至关重要的作用，但是，发挥积极作用的前提是金融业的发展状况必须是健康的，不健康的金融业只会阻碍而不会促进经济的发展。这里所说的租金在金融业的发展中究竟能够起到多大作用，至今仍是个疑问。必须看到，一个国家的金融业发展与否并不是只与政府行为相关，它需要很多其他的主客观条件。金融业本质上也是竞争性产业，如果金融业可以通过实施金融约束政策来创造所谓的租金从而促进其快速发展，岂不是说任何一个竞争性产业都能通过政府的特殊照顾而得到快速发展，因为金融业所体现的经济运行规律与别的产业并没有本质区别。西方发达国家在金融业发展的过程中并没有推行金融约束政策，但它们的金融业十分发达，而许多发展中国家大量推行金融管制政策，却没能推动其金融业快速发展。况且金融约束论是一些经济学家在 20 世纪 90 年代根据一些发展中国家的经济发展经验所总结出来的，这些经济取得巨大进步的国家多多少少采取了一些所谓的"金融约束"政策，但并没有更多的证据表明这些政策在经济起飞和快速发展过程中发挥了关键作用。为此，运用金融约束理论来指导我国金融发展与金融改革，也需作出审慎的选择。

1.3　金融中介理论

一个时期以来的理论和实证方面的大量研究证明了金融、金融中介和经济增长之间存在着密切的联系。在市场经济中，储蓄—投资转化过程是围绕金融中介来展开的，这使金融中介成为经济增长的重心。故金融中介理论逐渐在整个经济以及金融理论体系当中独树一帜。

1.3.1　对金融中介的界定

Freixas 和 Rochet（1997）认为：金融中介是从事金融合同和证券买卖活动的专业经济部门。John Chant（1990）认为金融中介的本质就是在储蓄—投资转化过程中，在最终借款人和最终贷款人之间插入一个第三方，也就是说，金融中介既从最终贷款人手中借钱，又将钱贷放给最终借款人，既拥有对借款人的债权，也向贷款人发行债权，从而成为金融活动的一方当事人。Gurley 和 Shaw（1956，1960）、Benston George（1976）、Fama（1980）指出，金融中介（银行、共同基金、保险公司等）是对金融契约和证券进行转化的机构。金融中介发行的金融债权对普通储户来说远远比直接由企业发行的债权更有吸引力。在充当资产转换的媒介过程中，金融中介购买由企业发行的金融形式的权利——股票、债券和其他债权等所谓的一级证券，并以存款单和保险单等形式向居民投资者和其他部门出售金融形式的所有权，为购买这些企业证券筹集资金。金融中介的金融形式的权利可以被视为二级证券，因为这些资产以工商企业发行的一级证券为担保，企业反过来利用筹集来的资金投资于不动产。在理想的无摩擦完全金融市场上，投资人和借款人都能够很好地得到多样化选择和最佳的风险分担状态。但是一旦交易技术中出现更小的不可分性和非凸性，则理想的多样化状态不复存在，就需要金融中介的参与了。因此，金融中介也可视做单个借贷者在交易技术中寻求规模经济的联合，结果个体得到几乎完美的多样化选择。从现实形态来看，金融中介主要包括银行类中介（有的又把它称为吸存类中介机构，在以后的论述中，一般情况下对这两种说法不加区分，它主要包括商业银行、储蓄机构等存款机构）、保险公司、其他金融中介（包括证券公司和投资银行、财务公司、共同基金和投资基金等）。可见，这里的"金融中介"与传统所说的"金融机构"是有所区别的，前者的范围显然比后者要大很多。

该理论认为，金融中介在发展过程中，制度和法律是重要的。几百年来，银行体系一直受到法律和规则的影响，如果不理解由于法律和规则的影响而导致的不同国家不同时间银行体系结构的巨大变化，就很难在许多问题上取得进展。最明显的是银行体系的产业组织结构在世界上和历史上的变化。风险、不确定性、信息成本和交易费用构成了金融中介演化的客观要求，制度、法律和技术则构成了中介演化的现实条件。

1.3.2 金融中介理论的发展演进

John Chant（1990）将金融中介理论分为"新论"与"旧论"。"新论"主要是对信息经济学和交易成本经济学的平行发展作出的回应，也就是说，随着信息经济学和交易成本经济学的发展，金融中介理论的研究以信息经济学和交易成本经济学作为分析工具。"新论"对金融中介提供的各种不同的转型服务进行了更细致的识别与分析，更深入地探寻金融中介如何运用资源以博取有用信息、克服交易成本从而通过改变风险与收益的对比来实现这些转型。"新论"中，又要涉及第一代和第二代金融发展理论的不同观点。前者的代表Gurley 和 Shaw（1960）认为，金融中介利用了借贷中规模经济的好处，它们以远低于大多数个人贷款者的单位成本进行初级证券投资和管理；Benston George（1976）认为存在交易成本、信息成本和不可分割性等摩擦的市场，是金融中介产生并存在的理由。后者的代表 Boyd 和 Smith（1992）认为信息获取和交易监督上的比较优势使金融中介得以形成；Bencivenga 和 Smith（1991）认为当事人随机的流动性需要导致了金融中介的形成；Dutta 和 Kapur（1998）认为当事人的流动性偏好和流动性约束导致了金融中介的形成。事实上，金融中介发展到现在已突破了交易成本、信息不对称的范式约束，开始强调风险管理、参与成本和价值增加的影响，使金融中介理论从消极观点（中介把储蓄转化为投资）向积极观点转变（在转换资产的过程中，中介为最终储蓄者和投资者提供了增加值）。关于这一点，后面有详细的论述。"旧论"将金融中介提供的服务等同于资产的转型，金融中介向客户发行债权，而这些债权与其自身持有的资产具有不同的特点。把金融中介视为被动的资产组合管理者，只能根据他们在市场上所面对的风险与收益情况完成组合的选择。事实上，"新论"与"旧论"的区分不是很明确，因为任何一种理论的形成与发展都是在以前理论的基础上发展起来的，新旧之间很难截然分开，金融中介理论的发展也不例外。

1.3.2.1 古典的金融中介理论

古典的金融中介理论包括相互对立的两种理论，即信用媒介论和信用创造论。早期对金融中介进行研究的实际上就是亚当·斯密、大卫·李嘉图、约翰·穆勒等人的信用媒介论。其基本观点是：

1. 货币只是简单的交换媒介和一种便利交换的工具，这是信用媒介论的全部理论基础；

2. 信用仅仅是转移和再分配现有资本的一种工具，并不能创造出新的资本；

3. 银行的作用在于媒介信用，而不是创造信用；

4. 银行必须在首先接受存款的基础上才能实施放款；

5. 银行通过充当信用媒介，发挥着转移和再分配社会现实的资本、提高资本效益的作用。

信用媒介论的出现是由当时的客观经济基础决定的，有它合理的成分，但是它排除了银行超过其吸收的存款数量而进行贷款的可能，这在纸币流通条件下就不十分正确了。随着市场经济的发展，银行在国民经济中发挥着越来越大的作用，它由普通的中介者变成万能的垄断者。面对这一现实，简单朴素的信用媒介论无法解释，于是信用创造论便应运而生。

信用创造论的基本观点是：银行的功能在于为社会创造信用。银行能够超过它吸收的存款额进行放款，而且能够用放款的办法创造存款。因此，银行的资产业务优先于负债业务，且资产业务决定负债业务。银行通过信用创造，能为社会创造出新的资本，推动国民经济的发展。

信用创造说的先驱者是 18 世纪的约翰·劳，主要代表人物是 19 世纪末的麦克鲁德和 20 世纪初的熊彼特和哈恩等人。信用创造论从技术上描述了银行信用对货币流通的经济过程的影响，并且提出了信用制度下货币供应方式和货币倍数扩张的原理，这对中央银行制度的完善和对货币量的调控提供了理论依据，对后来的经济学家深入研究货币信用起到了很好的启发作用。但是，信用创造论的"信用即财富、货币即资本"及"银行无限创造信用"的观点则是错误的（周延军，1992）。

上述古典的金融中介理论实际上只是说明了银行的部分职能，但是没有论及银行存在的原因，这可能是受当时经济金融环境及认识能力所限。

1.3.2.2 20 世纪初叶至 60 年代的金融中介理论

20 世纪前期，对金融中介理论的研究进展不大，一般的研究都是把金融中介作为既定的要素。当然，也存在例外，Fisher（1930）发现，每个家庭都有一个跨时消费效用函数，在缺乏外部交易的情况下，每个家庭的消费效用函数将在两个时期间效用的边际替代率等于相同两个时期间家庭内部"生产"

的边际转换率的那一点达到最佳。后来，人们对此作了引申并概括为 Fisher 分离定理。如果进一步引入消费者信贷，则会使家庭消费储蓄的个量和总量轨迹发生改变，且这种改变具有帕累托最优改进的性质（Tobin，1987）。这个所谓的"内部信贷市场"观点实际上凸显了金融中介的功能，即消费者信贷市场的存在会改变家庭的总效用和福利水平。Fisher 的贡献开启了金融中介重要性的理论闸门，对后来经济学家产生了影响。然而，长期以来认为金融中介对经济不产生影响的观点一直存在，远有萨伊，近有 Arrow（1953，1970）、Debreu（1959）、Friedman 和 Schwartz（1963）以及真实经济周期模型的信奉者。在 Arrow（1953，1970）、Debreu（1959）提出的包含银行部门的一般均衡模型中，均衡时，银行的利润为零，且银行的资产负债表的组成和规模对其他经济部门无任何影响，企业和家庭通过市场相互作用，金融中介不扮演任何角色。当市场是完美的和完全的时候，资源配置达到帕累托效率，不存在可由中介改进福利的余地。而且"MM 定理"用到此处会得出资本结构无关紧要的论断，家庭能够构建资产组合以抵消中介持有的任何头寸，中介不能创造价值（Fama，1980）。Friedman 和 Schwartz（1963）认为由中央银行控制的货币供给是最为关键的金融变量，这也就意味着，银行在货币创造功能之外不会发挥其他功能，包括中介功能。Modigliani 和 Miller（1958）提出的所谓"MM 定理"以及随后发展起来的"真实商业周期模型"中，都可导出金融中介是多余的或者无关紧要的结论。上述的金融中介无关紧要的论断明显地与现实不符。历史上，银行和保险公司在金融市场上已经扮演了中心角色，即使在经济发展的初始阶段，中介的发展也会导致金融市场本身的发展（McKinnon，1973）。以后的研究者正是在对上述模型的前提进行修正的情况下，认为信息成本、交易成本、参与成本和风险管理等是金融中介存在的原因。

1.3.2.3　20 世纪 60 年代以后的金融中介理论

新金融中介理论利用信息经济学和交易成本经济学的最新成果，以降低金融交易成本为主线，对金融中介提供的各种服务进行了深入的分析，探讨了它们如何利用自身优势克服不对称信息、降低交易成本，从而以比市场更低的成本提供服务。

Gurley 和 Shaw（1956，1960）、Benston George（1976）、Mishkin（1978，1984）以及随后的许多经济学家强调了交易成本的作用。Leland 和 Pyle（1977）、Diamond（1984）、Gale 和 Hellwig（1985）、Campbell 和 Kracaw（1980）、Boyd 和 Prescott（1986）、Mishkin（1978，1984）等经济学家则强调金融中介在解决信息不对称方面的作用。Merton（1989，1990，1993，1995）、

Merton 和 Bodie（1993，1995）提出了金融中介的"功能观"。Allen 和 Santomero（1998）强调了风险管理和参与成本的重要性。Scholtens 和 Wensveen（2000）提出价值增加应是金融中介理论的焦点。这一阶段的金融中介理论又称为"金融中介新论"，其研究视角与重点与以往偏重于宏观有所不同，此后的理论更加偏向于微观，主要体现在以下几个方面。

1. 不确定性与金融中介

跨期交易结果的不确定性可分为个人不确定性和社会不确定性，当面向个人的不确定性在某种程度上结合起来，即从结果上表现为经济社会总体的不确定性时，社会不确定性就产生了。假定无论是社会不确定性还是个人不确定性都是经济社会所固有的，从某种意义上讲，个人并不能通过其他资源的使用来减少这些成本。

Bryant（1980）、Diamond 和 Dybvig（1983）研究了在个人面临消费不确定性时银行类中介的作用。在他们的研究中，银行负债是作为平滑消费波动的机制而出现的，而不是执行交易媒介的功能。银行为家庭提供防范影响消费需求（路径）的意外流动性冲击的保险手段。

Diamond 和 Dybvig（1983）模型（以下简称 DD 模型）的前提假设为：假定从投资机会中获得的支付与消费者的期望消费路径不一致，消费者的消费需求是随机的。除非他们通过中介在一定程度上分散了消费冲击，否则满足这些随机消费需求会要求消费者提前结束投资。Diamond 和 Dybvig（1983，1985）模型认为在投资者面对独立流动性冲击的经济中，金融中介提供的存款合同可改进市场配置，而市场不能为防范流动性提供完全保险，因而不能导致有效的资源配置。实际上，DD 模型的金融中介为个人投资者提供了一种风险保障。投资者可以利用金融中介来提高自己在孤立状态下备用投资的可能性。一方面，他可以避免投资机会中固有的风险；另一方面，可以避免消费需求中固有的风险。在 DD 模型中，在没有交易成本的情况下，投资者之间可直接订立合约，以获得与利用金融中介相同的投资结果。但是，由于道德风险的原因，这样的私人合约最终会走向解体。

Diamond 和 Dybvig 假定活期存款是不能交易的，且没有考虑其他证券市场。Jacklin（1987）、Haubrich 和 King（1990）也认为金融中介的存在依赖于上述假定。Hellwig（1994）、von Thadden（1998）考察了在 DD 模型中加入其他条件时银行的功能问题。为了回应 Jacklin（1987）、Haubrich 和 King（1990）、Hellwig（1994）和 von Thadden（1998），Diamond（1997）发展了一个包含银行和证券市场的模型，考虑了在市场上代理人有限参与的情况。文章的重点是关于银行流动性的提供和市场深度的相互作用。代理人参与证券市场越多，银行提供额外流动性的能力越弱。

Allen 和 Gale（1997）考虑了金融中介的不同的平滑功能，也就是所提供的平滑跨代风险转移机制。在迭代模型中，市场是不完全的，但是 Allen 和 Gale 指出，长期存在的金融中介是提供这种跨期平滑作用的制度机制。中介持有所有资产，为每一代人提供存款合约。在积累了大量储备之后，中介为每一代人的存款提供独立于真实红利实现情况的不变收益。

上述分析主要是针对由个人的消费风险所引起的不确定性。投资不确定性会引起风险厌恶型的投资者进行多样化投资，而金融中介可以减少个人持有多样化组合的成本。这在下一部分会详细分析。

2. 交易成本与金融中介

交易成本曾经是解释金融中介存在的一个主要因素，正如 Benston George（1976）所述："这一行业（指金融中介业）存在的原因在于交易成本。"交易成本包括货币交易成本、搜寻成本、监督和审计成本等。其中搜寻成本、监督和审计成本放在信息与金融中介部分介绍。

新金融中介理论的先驱者格利和肖及其后继者 Benston George（1976）和 Fama（1980）认为，由于金融资产交易技术中的不可分性和非凸性，阿罗—德布鲁范式中理想的无摩擦的完全信息金融市场已不再存在，因而就需要金融中介参与金融交易，金融中介可视为单个借贷者在交易中克服交易成本、寻求规模经济的联合，并指出金融中介存在的原因在于交易成本，提出了金融中介理论中的交易成本思路，从而开创了新金融中介理论。金融中介降低交易成本的主要方法是利用技术上的规模经济和范围经济。也可以这样说，规模经济和（或）范围经济起源于交易成本。若存在与任何金融资产交易相关的固定交易成本，那么，和直接融资情况下借贷双方一对一的交易相比，通过金融中介的交易就可以利用规模经济降低交易成本。之所以有规模经济存在，是因为在金融市场上，当交易量增加时，一项交易的总成本增加得很少。从整个社会的储蓄投资过程看，中介手段有助于提高储蓄和投资水平以及在各种可能的投资机会之间更有效地分配稀缺的储蓄，这被称为金融中介的"分配技术"。同时，金融中介还可通过协调借贷双方不同的金融需求而进一步降低金融交易的成本，并且依靠中介过程创造出各种受到借贷双方欢迎的新型金融资产，这被称为"中介技术"（孙杰，1998；张杰，2001）。

Klein（1973）认为多样化成本是出现金融中介的必要条件，并且注意到"这提供了一种聚合资财的经济刺激，而中介机构则是如此聚合资财的合乎逻辑的工具"。Kane 和 Buser（1979）研究了美国商业银行持有证券的多样化程度。金融中介的规模经济还表现在它能更好地开发专门技术来降低交易成本。互助基金、银行和其他金融中介开发了计算机专门技术，使之能以极低的成本提供多种便利的服务。

另一类型的规模经济与流动性保险相关。按照大数法则，大的投资者联合将能够投资于流动性弱但收益性高的证券，并且保持足够的流动性以满足单个投资者的需要。这一讨论并非仅仅适用于银行业，对保险活动或存货管理同样有效。

Freixa 和 Rochet（1997）认为范围经济主要涉及支付和存款服务之间，无论在经验还是理论层次上，范围经济并不易准确陈述。Anthony Saunders（1997）指出金融中介形成的产品间成本协同节约的能力为范围经济。比如说，计算机化可以使有关客户和他们需求的重要信息得以储存和共同使用。技术使得金融机构共同使用自己的资源投入（如资本和劳动力），以较低的成本（所谓较低的价格是与这些金融服务产品各自独立生产时相比）生产出一系列的金融服务产品。

20 世纪 80 年代以来，有大量文献考察了不同金融服务行业中的规模经济和范围经济。关于银行，除了最小规模的银行外，许多早期的研究都没能发现规模经济（Benston et al.，1983；Berger et al.，1987；Gilligan 和 Smirlock，1984；Gilligan，Smirlock 和 Marshall，1984；Kolari 和 Zardkoohi，1987；Lawrence，1989；Lawrence 和 Shay，1986）。最近，由于数据的完善和测量技术的提高，人们发现规模在 1 亿到 50 亿美元之间的银行存在规模经济（Mester，1990；Noulas et al.，1990；Shaffer，1988；Hunter et al.，1990）。关于范围经济，不论是在存款、贷款及其他传统银行产品业务中找证据，还是从表内与表外业务中找证据，最多只能找到有关成本互补的很弱的证据。对非银行金融业的研究相对较少，几乎都说明规模经济和范围经济不存在（Mester，1987；Lecompte 和 Smith，1990；Fields 和 Murphy，1989；Grace 和 Timme，1992；Goldberg et al.，1991）（上述关于规模经济和范围经济的实证来自于 Anthony Saunders，1997）。

3. 信息不对称与金融中介

运用信息不对称来解释金融中介的存在，是 20 世纪 70 年代金融中介理论的热点。我们通常认为关于信息不对称问题的文献可追溯到 Leland 和 Pyle（1977）或更早到 Akerlof（1970）。但 Stiger（1967）把这一问题追溯到 Keynes（1936）的关于借款者的风险和贷款者的风险的区别。在回顾了

Keynes 关于诸如获得借款人的知识和监督他们在贷款期间的行为的"信息成本"的分析之后，Stiger 得出一个经典的定义："信息成本是指从无知到无所不知转变的成本，而很少有交易者能够负担全过程的成本。"新的文献通过确认融资过程中获得信息资源的困难，把以信息成本为基础的金融中介理论导向一个更加基础的水平。

所谓的信息不对称是指交易的一方对交易的另一方不充分了解的现象。例如，对于贷款项目的潜在收益和风险，借款者通常比贷款者了解得更多一些。信息不对称会导致逆向选择和道德风险问题，两者都会导致金融市场失灵。

解决逆向选择问题的一个办法是让私人来生产和销售信息，也就是一小部分人生产信息而成为知情者，然后把信息出售给不知情者。然而，这引入了"可信度问题"（Reliability Problem）。Hirshleifer（1971）首先指出了这一问题，即不可能使信息生产者可信地保证他事实上生产了有价值的信息。一个相关的问题涉及信息的再出售。即使信息生产者可信地生产了有价值的信息，然后卖给另一代理人，但没有办法阻止第二个代理人将该信息卖给第三方，以致第四方等。换句话说，信息的购买者在不必减少自己对信息的使用的情况下把它卖给别人或与人共享。这是所谓的"剽窃问题"（Appropriability Problem）。信息生产者不能完全得到信息生产的回报，这使得信息生产不经济（Grossman 和 Stiglitz，1980）。信息生产中的再出售和剽窃问题激发了金融中介的产生。Leland 和 Pyle（1977）首次提出中介可以克服可信度问题。中介通过将它自己的财富投资在资产中以可信地生产信息，这表明它所生产的信息是有价值的。Leland 和 Pyle 建议金融中介通过发行证券和将收益投资到证券组合中，使得中介成为私人知情者，这样能有效地解决信息生产中的可信度和剽窃问题。从其委托监督模型出发，Diamond（1984）从 Leland 和 Pyle（1977）模型得出：相对于企业主的成本来说，分散化可降低中介的显示成本。在 Leland 和 Pyle（1977）之后，许多文献尤其著名的是 Campbll 和 Kracaw（1980）也探讨金融中介存在以生产潜在投资的信息，这些信息在资本市场上不能有效地生产出来。然而，最完整的论述代理人联盟能够生产潜在投资的事前信息的是 Boyd 和 Prescott（1986）。在 Boyd 和 Prescott（1986）模型中，代理人可以评价他自己的项目，然后向投资者发行承诺支付特定回报的证券。或者，代理人联盟可以提供给投资者一个组合回报。金融中介就是这样的代理人联盟，它可以评价项目，投资到必定会产生高回报的项目，从项目组合中分享回报。金融中介（尤其是银行）之所以能从信息生产中获利，一个重要的因素是它们主要发放私人贷款，而不是购买在公开市场上交易的证券，这就避免了"搭便车"问题。

从交易成本的角度看，逆向选择导致的成本为：在贷款之前，贷款人在逆向选择环境下对合适的投资项目和借款人进行搜寻和核实投资项目预期收益的成本，即搜寻成本和核实成本。Chan（1983）建立了一个模型，认为金融中介的优势是能将搜寻投资机会的成本分散于众多投资者之间，因为在不存在金融中介的场合，每个投资者都要独立支付一笔搜寻成本，而金融中介则可以在不同投资项目之间进行广泛的搜寻，一旦找到了某个有效益的项目，还可与其他投资者一同分享，即金融中介在项目搜寻方面存在规模经济。核实成本是对投资效益进行评估的成本，要进行评估就要采取措施，就要花一笔费用。核实成本的效果是落实所取得的投资效益，投资效益是"不能轻易地在投资者中间分享的"，意思是投资效益不容易直接分配给各个投资者，要分配给各个投资者，只能通过金融媒介体。金融媒介体之所以有存在的必要，就在于投资效益的一部分能够让自己的客户分享。Broecker（1990）研究了逆向选择环境下进行的项目筛选问题。

解决道德风险的办法是增加监督，而监督是有成本的，如果由大量的小的贷款人直接监督借款人，成本会很高，而且同样会产生"搭便车"问题。而银行监督则具有规模经济，所以把它委托给一个特定的机构——银行是有效率的。银行相对于其他金融中介的另一个优势是：由于企业通常在银行开户，这样银行就可以直接得到重要的信息，可以通过观察企业的存款和取款来评定企业的金融状况（Irena Grosfeld，1997）。Diamond（1984）首次对金融中介的存在作了一致性的解释。Diamond 模型中的金融中介监督借款人。Hellwig（1991）对此进行了研究。Holmstrom 和 Triole（1993）研究了在项目实施期间防止借款人的道德风险问题。Townsend（1979）、Gale 和 Hellwig（1985）、Krasa 和 Villamil（1992）提出了处罚或审计违约借款者的问题。Winton（1995）提出了另外一个问题，即银行资本的作用问题，他指出银行资本是完成委托监督功能的另一机制。同时，中介贷款时所解决的任何能够增加价值的问题同样也是借款给金融中介的一方面临的问题。在 Diamond 模型中，中介代表借款给中介的投资者监督借款人。但是贷款给中介的贷款人自己不得不直接监督中介。这个所谓的监督监督者的问题如何解决？Diamond（1984）是第一个认识到并解决这一问题的人（Gorton 和 Winton，2002）。更准确地说，"监督监督人"的问题是指：如果监督中介的成本低于贷款人直接贷款给借款人的成本和所导致的监督成本，则借款给中介会减少监督成本。Diamond 的基本结论显示，随着中介规模的增大，如果中介按所承诺的监督借款人，它就会按承诺的支付存款人。如果不是这样，中介会遭受非金钱的惩罚即破产或声誉损失。如果贷款的回报是相互随机独立的，Krasa 和 Villanil（1992）应用大偏差定理表明：只要存款人的监督成本不随银行规模呈指数增长，对大银行充分监督的期望成本趋于零。其他的关于银行类中介的理论观点强调了长期承诺关系的优点，认为银行会通过建立长期承诺机制来减少投资者、经营者和雇员之间的道德风险（Shleifer 和 Summers，1988；Mayer，1988，Franks 和 Mayer，1990；Irena Grosfeld，1997）。

4. 金融中介与金融功能

对于金融中介有两种不同的分析方法，一种方法视现存的金融中介为给定，认为公共政策的目标就是帮助现有的机构生存和兴旺，这种分析方法简称为机构观；另一种分析方法则不同，视金融中介运作的功能为给定，并探索运作这些功能的最佳机构结构，这种方法称为功能观。Jensen 和 Meckling（1976）、Leland 和 Pyle（1977）、Greembaum 和 Higgins（1983）、Diamond 和 Dybvig（1986）、Black（1985）、Williamson（1985，1988）、Brennan（1993）、Cossin（1993）、Pierce（1991）、Scholes 和 Wolfson（1992）都不同程度地论述了金融中介的功能，但系统地论述金融中介的功能并把它提升到金融中介的功能观层次的是 Bodie 和 Merton（1993，2000）、Merton 和 Bodie（1993，1995）以及 Merton（1995）的分析。金融中介功能观大大地拓展了金融中介理论的视野，从而把金融中介理论的研究推向了一个新的水平。金融中介功能观的核心内容可表述为：金融功能比金融机构更稳定，亦即在地域和时间跨度上变化较小；机构的形式随功能而变化，即机构之间的创新和竞争最终会导致金融系统执行各项职能的效率的提高。而且功能观首先要问金融体系需要行使哪些经济功能，然后去寻求一种最好的组织机构，而一种组织机构是否最好，则又进一步取决于时机和现有的技术（Merton，1995；博迪，2000）。

当然，这里关注的焦点并不在于金融中介功能的具体内容，而是金融机构的动态变化。Merton（1995）承认，近年来，金融体系结构（Ross，1989）把金融机构分为透明的各类证券市场、半透明的各类非银行金融机构以及不透明的传统金融中介（如商业银行与保险公司），发生变化的部分原因是新设计证券的大量涌现，计算机和电信技术的进步也使得不同证券的大宗交易得以顺利完成，部分原因是金融理论的重要进步，所有这些都大大地降低了金融交易的成本，结果导致金融市场交易量大幅提高，从而替代了金融中介的某些职能。中介与市场在金融产品的提供上是竞争的，而技术进步与交易成本的持续下降加剧了这种竞争的强度。Finnerty（1988，1992）对金融产品创新的大量事件的考察表明，最初由中介提供的金融产品最终都走向了市场，这种范式隐含着金融中介（特别是非透明中介如银行）正在被金融市场的制度性安排所替代。上述观点对于金融中介总体来说是不成立的，中介除了提供定制的产品和服务的明显功能以外，还具有重要的创造与检验新产品的潜在功能。Merton 根据金融产品的性质对金融市场与金融中介作了具体"分工"。相比之下，金融市场倾向于交易标准化的或者说成熟的金融产品，这种金融产品能服务于大量的消费者，并在定价时能被交易所充分理解；而金融中介则更适合于量小的新金融产品，这些新产品一般而言是高度定做的，只针对那些具有特殊金融需求的消费者，因此信息也是完全不对称的。中介和市场是一个动态的过程，中介通过创造出构成新市场基础的产品和加大市场上已有产品的交易量来帮助市场成长。反过来，市场通过降低生产产品的成本来帮助中介创造新的更加个性化的产品。当我们静态地审视某一特殊产品的活动时，中介和市场的确是两个相互竞争的制度；然而当我们动态地看待金融系统的演进时，两者又恰恰是互补性的制度，在功能的发挥上彼此加强、相互促进。从这种意义上讲，Merton 对金融中介理论的贡献是真正具有建设性的，甚至是革命性的。

功能需求的稳定性使 Oldfield 和 Santomero（1997）认为金融服务，如发行、配置、支付及融资，比提供服务的机构和满足客户要求所提供的特定产品都要稳定。Eichberger 和 Harper（1997）也为我们理解中介与市场的关系提供了新的视角。在他们看来，金融制度发展的特征实际上就是金融中介与金融市场之间持续的竞争，金融制度演进的历史也就成为人们试图调和金融制度和金融市场竞争性关系的历史。

5. 风险管理、参与成本和金融中介

Allen 和 Santomero（1998）认为现有的文献过分强调了中介在减少交易成本和信息不对称方面的作用。他们指出，中介是风险转移的推进器和处理日益复杂的金融工具及市场难题的推进器（Facilitators），为参与金融活动提供便利是金融中介的一项重要服务。减少参与成本（即学习有效利用市场并日复一日地参与到这个市场中来的成本）对理解已在金融市场发生了的变化是至关重要的。Merton（1989）增加了金融部门的另外一个功能。他认为金融中介具有在不同参与者之间分配风险的能力。在这里，金融中介的主要增值能力在于它们具有以最低成本有效地分配风险的功能。金融中介可以通过动态交易战略创造大量的合成资产，其业务日渐集中于风险的交易和各种金融合约风险的捆绑和拆分。

20 世纪 70 年代以来，许多传统的金融市场扩大了，新的金融市场产生了，交易成本也降低了，信息变得便宜和容易得到，但却没有伴随着中介的减少，金融市场广度与深度的扩展反而是中介和企业增加运用这些金融工具的结果。也就是说，金融市场的扩大并没有使人们对金融中介的依赖程度降低，个人参与金融市场的方式反而急剧转向通过各种中介。因此，传统的以交易成本和信息不对称为基础的金融中介理论对此现象的解释就存在问题。

针对银行等金融中介业务的变化，Allen 和 Santomero（1998）在归纳银行新业务后认为，风险管理已经成为银行和其他金融中介的主要业务。Scholtens 和 Wensveen（2000）则认为，风险管理从诞生起就是银行的核心业务，银行总是持有风险资产并管理它。而随着银行新业务的拓展和衍生金融工具的出现，这一职能大大加强了。管理风险现在是而且一直是金融中介的生计所在。依靠在信息生成和处理上的专业化以及分散个体信贷和期间风险，中介一直能够吸收风险。针对金融中介职能的变化，Allen 和 Santomero（1998）认为，原有的金融中介理论视野过于狭窄，需要用风险管理和参与成本来解释现代金融中介的存在。他们认为，在传统的以银行业为基础的经济中，金融市场的作用并不显著，银行管理风险的办法是将风险跨期平滑化：在资金充裕的时候吸收大量短期流动性资产，而在资金短缺时用它们作为流动性风险的缓冲剂。但是，近20年来，金融市场的发展对银行业形成的冲击，使这种风险管理办法难以为继了。因为金融市场给投资者提供了比银行利息高得多的回报，所以资金从银行流入金融市场。为了生存，银行不得不对其风险管理办法动手术：银行等金融中介绕开分业经营的限制，开拓新业务，进入新市场，进行金融创新，推出新的金融产品，向"全能银行"转变。这样，与传统的信贷业务比例下降相伴随，银行开始在金融市场中扮演着进行资产交易和风险管理代理人的角色。参与成本可以解释银行的职能转变。所谓参与成本有两方面的含义：一是指花在参与风险管理和决策上的时间。Allen 和 Santomero（1998）指出，最近20年来，随着人们特别是专业人士的单位时间收入的提高，他们花在风险管理和决策上的时间的机会成本大大增加了。二是指由于金融创新，金融工具越来越复杂，非金融从业人员了解金融风险交易和风险管理的难度也大大增加了。投资者学习某种金融工具需要花费固定成本，既然如此，虽然交易成本与信息成本可能已经大为下降，但由于伴随着上述固定成本，投资者的最佳选择仍然是只持有有限的资产。Brennan（1975）、King 和 Leape（1984）提供了相应的经验证据。这两方面的原因，使得个人参与金融资产交易和风险管理的成本大大增加。而金融中介作为专业机构，可以利用其专业优势，代理人们进行风险交易和管理，从而大大减少参与成本。在这里，金融中介的职能主要是代理金融资产交易和风险管理，已不同于传统的吸收存款和发放贷款的职能了。

6. 价值增加、客户导向与金融中介

Scholtens 和 Wensveen（2000）基本同意 Allen 和 Santomero（1998）的观点，但是认为他们的分析并不全面。尽管市场不断向完美市场逼近，信息价格不断下降，但不对称信息和交易成本仍然是中介起作用的重要因素。Scholtens 和 Wensveen（2000）认为参与成本并不能很好地解释金融业近年来发生的一些巨大变化，诸如共同基金的发展和金融衍生工具的广泛使用。在他们看来，这些金融产品迅速发展的关键仍然是风险而不是参与成本，金融中介理论必须拓展其目前的研究边界，应当放弃静态的完美市场范式，采用更为动态的概念；金融中介理论应当包括金融创新的动态过程和在此基础上的市场差异化。金融中介不是居于最终储蓄者和投资者之间充当"代理人"，以减少像不对称信息和参与成本之类的市场非完美性，而是一个独立行事的市场主体。它能够创造金融产品，并通过转换财务风险、期限、规模、地点和流动性而为客户提供增加值。因此价值增值是现代金融中介发展的主要驱动力，从而理应成为金融中介理论的核心。当然，价值增值是通过降低人们的参与成本和扩展金融服务来实现的。

基于此，Scholtens 和 Wensveen 的这种所谓的补充理论（Amended Theory）自然强调金融中介的客户导向而不是信息不对称。也就是说，金融中介本身就是向客户出售金融服务并从中获利的，而传统理论中所谓的节约交易成本、消除信息不对称以及参与成本等则属于上述过程的伴随效应（by-effect）。总之，这种补充理论与传统理论相比，后者强调成本，而前者则强调价值；后者强调信息不对称，而前者强调顾客导向（张杰，2001）。

1.3.3 对金融中介理论的评述

在金融理论中，对金融中介的存在性的解释是最基础的部分，然而相对来说，这也是受到较少关注的领域，在发展中国家尤其如此。大部分经济学家、金融学家都把金融中介作为既定的组织。现有的金融中介理论是伴随着金融业的实践而发展的。金融中介理论的发展体现出这样一个过程，即不断地向新古典的完全竞争模型中加入现实因素。首先是以金融中介技术上的规模经济和范围经济来解释金融中介的存在，但随着金融交易技术的进步，这种解释的说服力明显下降，于是，新金融中介理论开始寻求更基本的原因。借助于信息经济学和交易成本经济学的发展，交易成本一度成为新金融中介理论的核心概念。

但是，随着近十多年来金融中介职能的转变，人们开始寻求交易成本之外的其他原因，典型的如风险管理和参与成本。风险、不确定性、信息成本和交易费用构成了金融中介演化的客观要求，而制度、法律和技术则构成了中介演化的现实条件，所有这些也构成了金融中介理论的主要内容。

从金融中介理论本身来说，一方面，金融中介理论尤其是金融中介新论发展的时间不长，无论是古典理论，还是新论中的不确定性、风险、交易成本、信息不对称、参与成本，都只是部分地解释了金融中介的存在性；另一方面，现有的金融中介理论都是以成熟的市场经济体制为前提的，虽然这些理论到后来尤其是 Scholtens 和 Wensveen（2000）、Merton（1995）那里已经开始注重演进与结构变化的所谓动态视角，但也只是一种十分有限的扩展，或者说只是把原来分割和静态的市场与中介的关系加以整合，从总体上讲，仍然是以市场体制作为背景和条件的，而没有考虑到不发达经济/转轨经济的制度背景。McKinnon（1993）和张杰（1998）作了初步的尝试。张杰（2001）认为合理解释转轨经济条件下金融中介的理论和假说一定是一种更为一般的理论，而不是更为特殊的理论范式。这同时意味着，金融中介理论将在解释转轨经济金融中介问题的过程中获得创新与发展的新机遇。

对于金融中介的正确认识也有助于政府的管制。如果像新金融中介理论所分析的那样，金融中介的职能不仅仅是资产转型的话，那么对金融中介的管制以及管制方法就应当有所改变。比如说，在金融中介系统中，产品创新和金融基础设施演进之间的冲突难以避免，政府行为能够减轻金融产品和金融基础设施之间的冲突，中介也可能加重它们之间的冲突，关键在于政府的管制政策。Merton、Bodie 等人认为，在快速变化的时代，与机构观相比，金融系统的功能应更有用，更便于政府的金融管制。这是因为：第一，功能观把注意力集中在预测未来将最有效发挥中介功能的机构结构上。依据这样的预测，政府能够制定必要的政策以促进机构结构的必要变化，而不是试图维护和保留现存的机构结构。第二，随着交易技术的发展和交易成本的降低，金融中介的产品和服务的界限日益模糊。但是从功能角度看，产品和服务则是相对稳定的。第三，功能管制还会减少机构致力于"管制套利"的机会。第四，由于功能管制不要求管制或管制主体的同时修正，因而功能管制便于推进机构结构的必要变革。对商业银行来说，只有从功能观点出发进行不断地创新，寻找能够充分发挥自身比较优势的产品和业务，才能生存下去。

金融中介的功能观对我国金融理论研究、金融改革、金融市场发展等都具有很强的借鉴意义。博迪认为，中国可以跨越一步，即抛开传统的中介体系，利用最廉价的技术建立一个配置资本的整体框架（Bodie，2000）。他进一步表明，我们必须抛弃银行，不要试图设置一个已经证明是十分脆弱的体系，改革的重点是建立提供金融功能的机制，而不必模仿西方国家——建立西方国家已有的各种金融机构（廖理，2000）。而默顿也曾表态，博迪的上述观点基本上可以代表他的看法，同时认为，如果中国直接采用最先进的金融技术去设计自己的金融体系，而非单纯效仿现有的金融体系，它就能实现一个飞跃，远远超过现有体系的效率（Merton，2000）。然而，一国的金融机构和金融体系都是随着时间而逐渐演变形成的，都有其存在的经济社会环境，而不理解这一点就会犯类似"大跃进"的错误，所以对上述观点，我们不敢苟同。因此，必须以中介理论为指导，结合我国实情并适当借鉴其他国家的经验来设计金融政策。一国如此，将此理论用于探索欠发达地区的金融体系重构也如此。

2 传统农区与中国农村金融结构特征浅探

中国是一个农业大国，即便是在改革开放三十多年之后，农业大国这顶帽子依然戴在我们头顶上。[1] 这并非以我们的主观意志偏好为转移，而是现阶段中国整体的社会经济发展水平所决定的。在这样一个农业大国当中，农业的传统属性（封闭内敛、劳动生产率低、产业化程度低）顽强地延续着，这种传统属性似乎是与工业化、现代化的发展步伐极不协调的。然而，这些属性有着深厚的体制根源。从区域经济的角度看，这些属性特征表现得最为突出的地域就是传统农区，从某种意义上可以说，传统农区的特征基本上反映了中国这个农业大国的基本特征。

2.1 传统农区界定及其特征

2.1.1 传统农区的含义

"传统农区"这一概念已多见于有关文献资料，但对其的解释及其界定，目前尚无较为统一的说法。国内在这方面作出过相关研究的主要有耿明斋（2007），根据其制定的划分标准，传统农区主要包括"河北和河南境内太行山伏牛山以东、桐柏山大别山以北的地区；大别山和长江以北、陇海铁路以南的苏北和淮北地区；山东省境内京沪铁路以西地区以及纵贯辽宁、吉林和黑龙江三省中部的广大地区"。[2]

根据上述地域范围的界定，并归纳总结相关的解释，我们倾向的传统农区的含义为：地貌以平原和丘陵为主，产业以传统的种植业和养殖业[3]为主，人

---

[1] 根据国家统计局 2010 年公布的统计数据，国内生产总值为 401 202.0 亿元，农业总产值为 36 941.1 亿元，后者仅占前者的 9.2%。然而，农业大国并非单纯由农业产值占国民经济的比重来衡量，这个问题后面还会讨论到。

[2] 耿明斋：《农业区工业化的一般理论分析》，载《河南大学学报》（社会科学版），2007（3）及其主编的《传统农区工业化与社会转型丛书》，北京，社会科学文献出版社。

[3] 这里说的养殖业是指依附于种植业的以"家养"为特征的小规模养殖，而不同于牧区的大规模野外放养。这种依附于传统种植业的小规模养殖，也是传统农区的一个重要特征。

口以农民为主，分布于我国华中与华北一带经济尚欠发达或不够发达的粮食主产区。这一界定可以说是对传统农区的"狭义界定"。

对上述界定的几点相关说明：

首先，以上界定大体上借鉴了耿明斋等学者的研究成果，但有所不同。笔者认为：传统农区不仅仅是一个地域概念，也是一个历史概念。从历史上看，这些地区长期以来都是中国粮食主产区，数千年来都负担着解决中国人"吃饭"问题的重任。从这个角度看，河南省及其目前中原经济区的周边地区是最符合传统农区这一界定的。[①] 因此，笔者在这里排除了东三省作为传统农区的界定。[②] 尽管从地貌特征与产业结构特征来看，与中部的农区极为相似，但东三省作为中国的重要农区特别是粮食主产区，历史并不悠久，从这一角度分析，东三省谈不上"传统"。此外，在日伪统治时期以及 1949 年后的一段时间里，东北地区的重工业有了较快的发展，使得东北地区的经济结构与产业结构和今天中原地区有了较大的差别。

其次，传统农区曾是中国农耕历史与农业文明的摇篮与发祥地，在历史上曾一度是中国政治经济的中心，也是文化发展的中心。然而，在当代，传统农区却成为"不发达"和"落后"的代名词。昔日辉煌的地区，今天却沦为经济"凹陷"的洼地。如何促使传统农区尽快走上全面工业化、全面现代化的发展道路，尽快完成经济转型，也是中国经济改革和发展的核心问题。为此，我们在本书中将传统农区定义为"狭义"的概念。[③]

最后，"广义"的传统农区，除了包括东三省的东北平原地区之外，还包括我国西部的部分农区、历史上的湖广地区[④]，即今天的珠江三角洲、长江三角洲等地区，还有成都平原等地区。但是，今天这些地区要么已经不再承担我国主产粮食的责任，要么已进入工业化发展的前列，其"传统"的特色也不鲜明，故也将其排除在本书考察范围之外。

2.1.2 传统农区的基本特征

根据上述的狭义传统农区的界定，我们可以对传统农区的地理、经济、人文方面的特征作出如下概括。

---

① 刘怀廉、欧继忠：《中原经济区发展报告》，北京，社会科学文献出版社，2011。

② 作出这样一个界定，也是从本书的研究重点来思考的。目前，所谓"中部凹陷"也正是传统农区各种社会经济矛盾的集中体现，也是导致中部地区金融压抑的重要原因。

③ 当然，这种狭义的界定并不影响我们将这种研究思路及其成果推广运用到其他农区。

④ 历史上即有"湖广熟，天下足"之说，但今天的情况有了很大不同。

2.1.2.1 自然地理特征

土地较为开阔平坦，地域基本上处于亚热带与温带之间，自然环境与气候条件天然适合发展农业；除了土地和农产品以外，其他资源禀赋相对缺乏；在区内分布着一些可开发矿产资源，面临着发展农业与矿产采掘的尖锐矛盾，环境保护与可持续发展问题突出。

2.1.2.2 经济特征

其一，资本积累基础薄弱，人均收入水平、人均储蓄水平偏低。

其二，人口密度较大，历史上为发展传统农业提供了充裕的劳动力，曾是发展传统农业的一大优势，而现在却成为阻碍劳动生产率提高的桎梏。

其三，产业结构不均衡。由于受到计划经济时代优先发展重工业产业政策的影响，传统农业区向现代农业进化的道路被阻断，从而强化了二元经济结构，长期处于中国二元经济的另一极，大批劳动力滞留在农业领域，农村工业化程度低，工业企业数量偏少，产值偏低，农业产业链短，转化率低。即使是现存的农村初级工业化也主要是出于农民自发性的行为，对于产业结构优化、产业空间集聚并无显著的积极的导向作用，因而规模小、效益差、市场竞争力弱，难以发挥区域的资源、劳动力、产业诸方面的比较优势。

其四，区位优势不突出。① 传统农区参与国际分工和接受区域外乃至海外资金、技术、信息等生产要素辐射的能力、集聚能力低下，且由于经济发展相对落后，消费需求有限，自主研发条件和能力相对较低，交通、通信等工业化基础条件较差，现有大型企业数量少、所占比重低，传统工业比重高，产业组织分散；加之农业比重大但底子薄，市场发育不充分，工业生产的产业链条较短、层次低，多以初级产品生产为主导，缺乏深加工工业，对资源综合利用的程度低，工业产品竞争力较弱，工业反哺农业的机制远未形成。

其五，技术水平落后。先进技术和先进设备在农村应用程度很低，农业仍停留在以手工劳动为主的阶段，大量先进适用的科学技术并没有得到广泛的应用。与此同时，异军突起的乡镇企业由于受到技术要素匮乏、技术信息网络残缺、技术市场发育滞缓的制约，受到地方利益、资源禀赋、资金瓶颈的牵制，结果是：技术传递不能形成落差，技术开发不能与企业的发展耦合对接，技术创新更是缺乏必要的人才储备和制度保障，乡镇企业长期只能在低水平的技术层面上徘徊。技术进步梗阻已经现实地危害着我国农村工业的深层发展。

---

① 这里不是指单纯地理位置上的"区位"，同时包含指发展位次上的"区位"。

2.1.2.3 人文特征

思想观念较为落后。传统小农经济所带来的小富即安、封闭狭隘的思想观念在传统农区表现得相当典型，从而也成为制约传统农区发展的意识形态因素。从总体上看，传统农区目前仍是一个自给自足的自然经济占主导地位的地区。传统农区的生产者多为传统意义上的真正的农民，与沿海发达地区的"农民"无论在思想观念上还是社会地位上亦有很大不同。

综上所述，传统农区不仅仅局限于一个经济范畴，而且是一个具有深刻内涵的社会、历史、人文范畴。改革开放三十多年来，尽管传统农区也在发生变化，区内也出现了一些城市群，区内的大多数农民不再为温饱问题而发愁，然而，传统农区依然是中国最落后、最贫穷、工业化最不发达的区域，也是金融压抑最明显的区域。为此，尽快解除传统农区的金融压抑，使其尽快走上经济与金融良性循环发展的道路，是当前乃至今后一段时间金融发展与金融改革亟待解决的重大课题之一。

2.1.3 典型的传统农区——黄淮四市

黄淮四市是指位于黄河以南、淮河流域的周口、驻马店、信阳和商丘四市。该四市位于河南省豫北、豫西、豫西南地区。黄淮四市是典型的农业大区、粮食大区、工业小区和财政穷区。

黄淮四市，总人口为3 500多万人，占河南全省的1/3。黄淮四市是河南粮食生产核心区，也是全国的粮食生产核心区。粮、棉、油、肉等主要农产品产量均占全省的40%以上。然而，一个时期以来，该四市的发展慢于河南全省平均水平，当然，更慢于全国的平均水平，日益成为中原崛起与中原经济区建设大局中的"短板"。

2.1.3.1 黄淮四市农民收入状况

2010年黄淮四市的农民人均纯收入为4 168.3元，比上年增加314.9元，增长8.2%，扣除价格因素后实际增长8.3%。从黄淮四市的收入构成来看：（1）家庭经营纯收入2 309.2元，占纯收入的55.4%。其中：农业纯收入2 029.8元，占纯收入的48.7%；非农产业纯收入279.4元，占纯收入的6.7%。（2）工资性收入1 642.2元，占纯收入的39.4%。其中：本地从业收入493.6元，占纯收入的11.8%；外出从业收入1 148.6元，占纯收入的27.6%。（3）转移性收入186.1元，占纯收入的4.5%。（4）财产性收入为30.8元，占纯收入的0.7%。

表 2 - 1　　　　　2009 年黄淮四市农民人均纯收入水平及构成表　　　单位：元、%

指标	黄淮四市		信阳		驻马店		商丘		周口	
	数量	结构	数量	结构	数量	结构	数量	构成	数量	结构
纯收入	4 168.3	100	4 618	100	4 215.9	100	4 054	100	3 907.8	100
一、工资性收入	1 642.2	39.4	1 838	39.8	1 462.1	34.7	1 640	40.5	1 645.1	42.1
1. 在本地从业收入	493.6	11.8	536	11.6	380.8	9	669	16.5	418.4	10.7
2. 外出从业得到收入	1 148.6	27.6	1 302	28.2	1 081.3	25.6	971	24	1 226.7	31.4
二、家庭经营纯收入	2 309.2	55.4	2 552	55.3	2 486	59	2 159	53.3	2 120.4	54.3
1. 农业纯收入	2 029.8	48.7	2 270	49.2	2 264	53.7	1 915	47.2	1 773	45.4
2. 非农产业纯收入	279.4	6.7	282	6.1	222	5.3	244	6	347.3	8.9
(1) 第二产业	72.4	1.7	89	1.9	23.7	0.6	55	1.4	110.9	2.8
(2) 第三产业	206.9	5	193	4.2	198.3	4.7	189	4.7	236.4	6
三、财产性收入	30.8	0.7	24	0.5	36.7	0.9	62	1.5	7.6	0.2
四、转移性收入	186.1	4.5	204	4.4	231.1	5.5	193	4.8	134.7	3.4

　　资料来源：根据《河南统计年鉴》、《河南经济年鉴》有关数据整理。

　　2010 年，黄淮四市农民人均纯收入 4 168.3 元，比全省 4 807 元少 638.7 元，为全省的 86.7%。黄淮四市与全省平均水平相比，其农民收入呈现出以下特点：（1）工资性收入中在本地从业收入较少，外出从业收入较高。2010 年，黄淮四市农民人均工资性收入为 1 642.2 元，比全省高 20.2 元，所占纯收入的比重比全省高 5.7 个百分点。其中：人均在本地从业收入为 493.6 元，比全省少 146.2 元，为全省的 77.1%，所占纯收入的比重比全省低 1.5 个百分点；人均外出从业收入 1 148.6 元，比全省高 166.4 元，所占纯收入的比重比全省高 7.2 个百分点。（2）家庭经营收入中来自非农产业的收入明显较低。

2010 年, 黄淮四市农民家庭经营纯收入为 2 309.2 元, 比全省少 581.8 元, 所占纯收入的比重比全省低 4.7 个百分点。其中: 农业纯收入为 2 029.8 元, 比全省低 349.8 元, 所占纯收入的比重比全省低 0.8 个百分点; 非农业纯收入为 279.4 元, 比全省少 232.6 元, 所占纯收入的比重比全省低 3.9 个百分点。(3) 财产性收入较低。2010 年, 黄淮四市人均财产性收入为 30.8 元, 比全省少 25.2 元, 所占纯收入的比重比全省低 0.5 个百分点。(4) 转移性收入偏少。2010 年, 黄淮四市农民人均转移性收入为 186.1 元, 比全省少 52.9 元, 所占纯收入的比重比全省低 0.5 个百分点。具体如表 2 - 2 所示。

表 2 - 2　　　　　　　2010 年黄淮四市农民人均纯收入与全省比较

指标名称	全省		黄淮四市		黄淮四市/全省 (%)
	数量 (元)	占比 (%)	数量 (元)	占比 (%)	
纯收入	4 808	100	4 168.3	100	86.7
一、工资性收入	1 622	33.7	1 642.2	39.4	101.2
在本地从业收入	639.8	13.3	493.6	11.8	77.1
外出从业得到收入	982.2	20.4	1 148.6	27.6	116.9
二、家庭经营纯收入	2 891	60.1	2 309.2	55.4	79.9
1. 农业纯收入	2 379.6	49.5	2 029.8	48.7	85.3
2. 非农产业纯收入	511.4	10.6	279.4	6.7	54.7
三、财产性收入	56	1.2	30.8	0.7	55
四、转移性收入	239	5	186.1	4.5	77.9

资料来源: 根据《河南统计年鉴》、《河南经济年鉴》有关数据整理。

2.1.3.2　黄淮四市农民收入与河南省经济发达四市比较

2010 年, 黄淮四市与经济发达四市比, 农民收入呈现以下特点: (1) 工资性收入存在较大差距。2010 年, 黄淮四市的农民工资性收入 1 642.2 元, 比经济发达四市的 3 077.2 元少 1 435 元, 黄淮四市仅为经济发达四市的 53.4%。其中, 人均工资性收入最低的驻马店市仅为收入最高的郑州市的 41.2%。(2) 家庭经营纯收入中来自非农业的收入较少。2010 年, 黄淮四市的农民人均纯收入中来自非农产业的收入 279.4 元, 比经济发达四市少 864.1 元, 黄淮四市仅为经济发达四市的 24.4%, 所占纯收入比重低 9.4 个百分点。(3) 财产性收入和转移性收入差距明显。黄淮四市的农民人均财产性收入

30.8 元，比经济发达四市的 314.8 元少 284 元，黄淮四市仅为经济发达四市的 9.8%。黄淮四市的农民转移性收入 186.1 元，比经济发达四市的 270 元少 83.9 元，黄淮四市仅为经济发达四市的 68.9%。如表 2-3 所示。

表 2-3　　　　2010 年黄淮四市农民人均纯收入与经济发达四市比较

指标	发达四市		黄淮四市		黄淮四市/
	数量（元）	占比（%）	数量（元）	占比（%）	发达四市（%）
纯收入	7 113.2	100	4 168.3	100	58.6
一、工资性收入	3 077.2	43.3	1 642.2	39.4	53.4
在本地从业收入	2 061.9	29	493.6	11.8	23.9
外出从业得到收入	1 015.3	14.3	1 148.6	27.6	113.1
二、家庭经营纯收入	3 451.2	48.5	2 309.2	55.4	66.9
1. 农业纯收入	2 307.7	32.4	2 029.8	48.7	88
2. 非农产业纯收入	1 143.5	16.1	279.4	6.7	24.4
（1）第二产业	303	4.3	72.4	1.7	23.9
（2）第三产业	840.5	11.8	206.9	5	24.6
三、财产性收入	314.8	4.4	30.8	0.7	9.8
四、转移性收入	270	3.8	186.1	4.5	68.9

资料来源：根据《河南统计年鉴》、《河南经济年鉴》有关数据整理。

从黄淮四市与全省及经济发达四市农民收入比较看出，其差距主要表现在工资性收入较低，而其中又主要表现为来自本地务工收入的差距较大，家庭经营收入中来自非农产业部分差距明显，财产性和转移性收入较少。

表 2-4　　　　　2010 年河南省四大经济区域占全省经济的比重

地区	生产总值（亿元）	经济总量占全省比重（%）	人均生产总值（元）
黄淮地区	4 503.01	19.5	7 787
中原城市群	13 162.65	57.0	18 026
豫西豫西南地区	2 978.91	12.9	13 206
豫北地区	2 447.79	10.6	1 2971
全省	23 092.36	—	24 446

资料来源：根据《河南统计年鉴》、《河南经济年鉴》有关数据整理。

表 2-5　　　2009 年河南黄淮四市主要工业产品产量占河南省比重

位次	产品	比重（%）
1	塑料制品	34.7
2	混合饲料	30.8
3	农用化肥	30.1
4	合成氨	29.8
5	饮料酒	25.7
6	平板玻璃	22.1
7	人造板	21.9
8	服装	20.7
9	液体乳	20.2
10	日用陶瓷器	18.9
11	纱	18.7
12	化学农药	12.6
13	发电量	11.6
14	钢	11.2
15	畜肉制品	11.1
16	生铁	10.6
17	纸张及纸板	9.1
18	成品钢材	9.0
19	烧碱	7.6
20	水泥	7.5
21	卷烟	7.4
22	原煤	7.1
23	布	6.8
24	小型拖拉机	6.5
25	硫酸	5.3
26	合成洗涤剂	3.7
27	电石	2.2
28	化学纤维	0.9

资料来源：根据《河南统计年鉴》、《河南经济年鉴》有关数据整理。

表 2 - 6　　2009 年河南省县域经济综合实力前 10 名与后 10 名主要指标对比

前 10 名县（市）	综合指数	人均生产总值（元）	人均财政一般预算收入（元）	农民人均纯收入（元）	后 10 名县（市）	综合指数	人均生产总值（元）	人均财政一般预算收入（元）	农民人均纯收入（元）
巩义	0.77	29 314	1 264	5 458	虞城	0.12	6 262	91	2 104
新密	0.64	20 678	733	4 558	泌阳	0.11	4 880	95	2 351
荥阳	0.59	24 377	899	4 557	原阳	0.11	4 936	139	2 462
新郑	0.57	24 496	767	4 834	民权	0.10	6 425	62	2 136
堰师	0.55	22 457	708	4 337	台前	0.10	6 753	94	2 022
义马	0.55	29 029	1 461	3 725	社旗	0.10	5 973	110	2 290
登封	0.54	17 465	1 062	3 876	拓城	0.09	4 215	53	2 050
栾川	0.50	16 478	1 795	2 386	商水	0.08	3 919	59	2 000
新安	0.46	23 954	1 026	3 001	宁陵	0.08	4 655	73	2 096
沁阳	0.45	21 663	692	3 970	淮滨	0.07	4 879	78	2 175

资料来源：根据《河南统计年鉴》、《河南经济年鉴》有关数据整理。

2.2　传统农区及中国农村金融结构的经济学分析

在中国，"三农"自古以来就是一个十分敏感而内涵丰富的话题，这自然与中国绵延数千年的农业文明以及与之相适应的小农经济有着不可分割的内在联系，为此中国的上层建筑也必然打上"农业政治"或者"农业规则"的深深烙印。"重农抑商"、"重本抑末"就是这种"农业政治"的典型表现。长期以来，我们是把这些规则作为封建制度的顽固性加以贬斥的，认为正是这种顽固而落后的旧意识形态阻碍了中国自然演进到资本主义社会当中去。然而，当我们转换一个角度思考问题的时候就会发现，这是经济基础决定上层建筑的体现。我们今天常常讲"无农不稳"，封建统治者也不会不了解这一道理，从某种意义上说，重本而抑末，是为了维护封建统治，同时也是维护社会稳定的必然选择。正是这种农业文明与农业政治的交互作用，构成了中国"三农"问题的特殊性。

中国农村人口在世界上是最多的，不仅农村人口比例大，而且在改革开放以来，还形成了一个十分独特的"离土不离乡"① 的群体。对此，单单以刘易斯的二元经济论恐怕还不能得出令人信服的解说。值得庆幸的是，已有一批学者对此作了比较深入的分析，并提出了一些有价值的看法，例如分析思路比较独特的"小农命题"与"拐杖逻辑"观点（黄宗智，1985）。该观点认为，无论农村的生活多么困苦，祖辈留下的土地多么贫瘠，农民都不会轻易放弃土地，从而由农民变为另外一个社会阶层，因为中国的农民处于"半无产化"，与真实意义上的无产者已没有什么本质区别，加之长期以来中国人口绝对过剩，多余劳动力没有畅通的渠道可以被转移出去，这是导致中国小农经济顽强延续的一个特殊社会基础。由此，我们便不难理解为什么新中国成立六十多年来虽然在政治层面致力于建设工农平等、城乡平等的局面，但却一直实行着不平等的城乡隔离制度的深刻原因了。

之所以从不同的角度来观察中国农村经济的特征，是为了导出中国农村金融活动及其制度安排的特殊规律。对这些规律进行分析，有助于"对国家农贷性质及整个农村金融制度变迁逻辑的判断"（张杰，2003）。

2.2.1　传统农区金融活动与经济之间的逻辑关系

从一般意义上来讲，金融活动是引致交易规模不断扩大，从而商品生产不断发展的内生因素，这也是金融深化理论的基本观点所在（爱德华·S. 肖，1960），亦即社会金融活动的不断深化，会瓦解小农经济，引导社会向市场经济文明方向发展。历史地考察，中国的货币产生是相当早的，中国信贷活动出现的时间也相当久远，但货币、信用活动在中国经济当中延续，为什么没有像西方国家那样，成为导向市场经济的一支重要力量，反而成为小农经济的附庸了呢？在前资本主义社会当中，早期的信贷活动多以高利贷的形式出现，作为一种信用形式，高利贷一方面起到重新配置社会资源的作用，同时也对社会生产力的发展产生阻碍作用，这主要是指高利贷的受信一方由于无法偿还"利滚利"形成的巨额债务，最后往往落得家破人亡的境地，原来的自耕农在高利贷的重压之下沦为失去人身自由的社会底层阶级——奴隶。但我们不可否认的是，高利贷这种信用活动还有另外一重作用，就是积累原始资本，造就工业文明所需要的大量产业后备军。在西方国家，这一重作用在封建社会晚期表现得十分明显，对此，马克思（1876）已经根据欧洲市场经济的发展史作过深

---

① 所谓"离土不离乡"是指农民暂时离开自己的土地从事非农劳动，但并未改变农民的身份与地位，因此农民还是农民，没有融入其他社会阶层。

刻的分析。在中国封建社会的后期，高利贷为何没有起到这样的作用呢？这不得不促使我们对中国农村经济结构的特殊性予以反思。

首先，中国小农经济的超稳定性与农村经济细胞——农户经济的超稳定性有关。根据黄宗智的"拐杖逻辑"观点，中国农户的收入构成为"农业收入＋非农业收入"，后者是前者的"拐杖"。中国的农户或农村家庭自古以来就是一个生产、消费、家族政治三位一体的堡垒。这种经济组织形式"麻雀虽小，五脏俱全"，其内部具备了几乎所有维持这个微型社会生存繁衍的政治经济要素，因此，这种经济结构抗击外部因素冲击的能力非常强大。即便是内部的农业收入不足以维持其运转，需要通过外源融资的方式增加收入的时候，也不过是原来内部经济活动的"拐杖"而已，其目的与结果都是在维持原有家庭经济的稳定性。

其次，国家政权与农户经济之间具有微妙的制衡关系。尽管中国历史上的王权具有至高无上的地位，尽管"普天之下，莫非王土"，但是维持封建政权延续的赋税收入，必然来源于社会经济的细胞——农户。从中国几千年的封建社会发展史当中，我们可以观察到这样一个不断循环的现象：虽然封建王朝可以随心所欲地颁布政令，巧取豪夺农户的一切经济剩余乃至必要产品，然而一旦这种豪夺导致农户经济活动无法维持下去的时候，国家就会采取减负减税等休养生息的政策，来维护风雨飘摇的农户经济。历代统治者之所以都要颁布"抑商"的政令，是因为只有"抑商"，农户才会稳定，社会最基层的生产单位才会稳定，从而国家的收入才会稳定。这也正是重农抑商的经济基础所在。

最后，中国的财产继承制度强化了小规模农村经济组织形式。"多子继承制"既是中国的传统经济制度之一，又包含着浓厚的"不患贫而患不均"的传统文化理念。在"多子继承制"之下，部分生产经营景况较好，发展较快的农户，其资产积累规模尚未达到市场经济起点要求下限之时，就被做了一次重新分割，肢解为更小板块，而对于生产经营景况较差，发展较慢的农户而言，则可能连规模经济的影子都不存在了。每一次的遗产继承，农户的生产资料以及生产组织都被化整为零，这便导致中国的小农经济难以达到规模经济和进行有效的资本积累，这也是近代以来中国的地主阶层当中转化为资本家的人数少之又少的历史原因之一。

2.2.2　传统农区金融结构的特殊性

正是传统农区农村经济的特殊性，构成了农村金融的特殊性。张杰的研究认为，农户自身的资金不足时，按照以下顺序融入资金：友情借贷、国家信贷

（这里指政策性的借贷，以下的"国家信贷"均为这一含义）、正式商业性质的借贷（张杰，2003）。对此，我们来作一具体分析。"友情借贷"一般是以亲朋好友之间的接济或邻里借贷的方式出现的，这种借贷形式与小农经济具有天然的亲和力，这种借贷形式只可能发生在亲朋好友之间或具有血缘关系、姻缘关系的大家族内部，因之不具有开放性。显然，这种信用形式的递延作用是很微弱的，难以形成资本主义信用关系那种巨大的吸引力与辐射力，信用要素也是不完整的，因为具有接济性质，往往是"什么时候有钱什么时候再还"，利息甚至可以不计，这与现代契约经济的信用规定完全相左。当然，发生在小农经济圈层以内的这种"友情借贷"的供给也是经常处于短缺状态。当这种供给不能满足需求时，农户便转向第二借贷选择——国家信贷。国家信贷具有很强的政策性导向，同时也是一种公共物品，对于农户来说，其融资成本是最低廉甚至是无成本的，只是由于国家信贷的发放时间较为特殊，往往是在农业风险成为事实的情况下才以政策性供给的方式投放，因而才成为第二选择，而且这种信贷投放在操作过程多是以平均分配的方式投放到农户的，这又在很大程度上兼容了中国小农经济信仰传统。事实上这种对农业经济的国家信贷不只是在社会主义制度之下才有的，在中国的封建社会里，每每发生较大自然灾害，小农经济难以为继的时候，官府都要拨付赈灾款项，以"赈贷"的方式发放给农户。由于这种信贷具有公共物品的属性，其供给的来源要受到国家财力的制约，当然也不可能全面满足小农经济的需求。在以上两种供给皆短缺的时候，农户才迫不得已求助于正规的商业金融。在封建经济当中，比较正规的商业金融活动当属高利贷了，农户一旦卷入高利贷，其后果往往是灾难性的：妻离子散，家破人亡。中国农户对于正规商业金融从一开始就具有一种恐惧感，因为对以家庭为单位的小农经济而言，没有什么经营风险比家破人亡更大了[①]，所以，正规商业金融对小农经济来说，代价是相当高的，以至需要拿出自己的身家性命来作抵押。在今天，正规商业金融无论从形式上、内容上还是提供主体上都有所变化，正规金融供给者有国家商业银行、信用合作社，当然还包括正规金融市场提供的融资活动，但是，国家认可的正规金融从构造开始就与中国农村经济

---

① 这里，我们必须解释这样一个现象，即中国农民因高利贷破产之后为何没有形成规模庞大的资本主义产业后备军。由于中国人口绝对过剩，人口由农村流向城市的阻力相当大，因此，农民破产以后，无法离开农村，而是以地主的"家奴"身份被消化于小农经济内部。对此，毛泽东在《中国社会各阶级的分析》（1925）一文中也有过深刻阐述。他指出，在中国农村存在"雇农"这样一个群体，这个群体被称为"农村无产阶级"，虽然他们像城市无产者一样一无所有，但依然没有离开农村，依然必须依附于地主，为地主打长工、打短工度日。

结构不相适应①，对于农户而言，要从这些渠道得到融资，成本是相当昂贵的，其间的主要成本是"融资准入成本"或称"融资获得成本"。因为一家一户式的分散农户很难满足正规商业金融所提出的各种"信用资质标准"②，于是，就形成了农户与正规金融之间的一道天然屏障，无论是在过去还是现在，无论正规商业金融力量是多么强大，都难以瓦解绵延数千年的小农经济结构或是今天所称的小规模农户经济。由此，我们还可以从一个新的角度来解释今天这样一种现象：中国农村的金融资源从总量上看极度匮乏，但每年通过国家正规金融的渠道（中国农业银行、信用合作社、邮政储蓄）将农户储蓄划转为国家统筹信贷资源而实际上被用于非农领域的资金额达 3 000 亿～4 000 亿元。其实，这正是农户与正规金融之间天然屏障的体现。

2.2.3　几点逻辑推论

今天，从产值的贡献来看，农业在国民经济当中的地位或许不如历史上那么重要了（张杰，2003），但是如果从多少年来一直延续至今所积累的工农产品不合理交换的"剪刀差"以及农业经济为稳定社会大局所作出的牺牲的角度看，农业在国民经济当中的地位要远比 GDP 所反映的数字重要得多，这也是我国最高决策层非常关注"三农"问题的重要原因之一。随着我国金融体制改革的深化，国有商业银行基于自身利益最大化的目标，大量从县域以下撤并网点，裁减人员，中国农业发展银行的业务方向也转化为专门提供粮棉油收购信贷资金而远离了农户，这使得改革中期以来形成的以中国农业银行、中国农业发展银行、农村信用合作社为主体的农村金融服务体系及其制度安排发生了变异，农村金融服务主体的空当在加大，于是，如何健全农村金融服务体系，以促使农村经济可持续发展的问题再度成为焦点话题。的确，我国目前农村金融服务的供给已经出现了相当大的缺口，与农村经济发展的要求相比，已经体现出太多的不适应性。重构农村金融体系，已经成为一个不可回避的问题了。然而，如何重构农村金融体系，人们对此的意见却大相径庭。目前，占有较大倾向性的观点大体为：中国农业银行不能完全走商业化道路，必须承担与其称谓相适应的支农金融业务；中国农业发展银行应当迅速扩大其业务规模，

---

① 在此，值得指出的是，我国信用合作社初始形成的时候，具有农村经济需求的内生因素，当信用合作社被并入中国农业银行，这种内生因素消亡了，信用社成为农村金融体系中的外生产物。

② 在实际业务中，这种情况体现为商业银行与信用合作社的"惜贷"。实际上，"惜贷"是表层现象，农村金融体系不适应农户经济要求才是深层原因，否则，无法解释农村为何还存在相当规模的民间借贷，也无法解释各种类型农村基金会的产生。

全方位地直接为农户服务，以行使真正意义上农业政策性金融机构的职能；而信用合作社应该完全恢复组织上的群众性、管理上的民主性、经营性上的灵活性，成为真正的"社员之家"。① 应该指出，这种思路有其合理性的一面，因为中国的经济体制改革整体上是一种政府主导型改革，因而农村金融体制的改革也必须沿着政府主导的思路进行。从改革的难易度来看，直接对政府所有②的农村金融体系进行重构与布局是比较容易操作的。然而这种思路的悖论是中国的农村经济自古以来就与正规金融之间具有一道巨大的鸿沟，现在只对正规金融进行改组、整合，其绩效如何？ 当然我们并不否认，今天中国农村的经济结构与组织形式已经与传统中典型的农户经济有所不同，市场化的因素已经开始逐步渗透到小农经济体的内部，然而我们同样不可忽视的是，中国农业制度及农业文化的强大影响力不可能马上就消退，更何况中国东南沿海的农村经济与内地的农村经济还有相当大的差距，内地农村制度的传统因素要更为浓厚，与现代商业文明的距离更大一些。

从前面的分析，我们大致可以理出这样一个基本思路：在我国农村经济随着我国宏观经济体制转型的期间，应当创造一种有效的金融制度的供给，促使内生的农村金融体系及其制度安排尽快发育，来替代农户的融资顺序选择及服务需求偏好。从目前我国中西部地区农村经济的现状来看，有可能替代"友情借贷"的金融制度安排极有可能是符合农民意愿的、由农民自己出资的、实行民主管理而商业性倾向又不是十分浓厚的真正意义上的合作金融组织，其间还包括各种与现阶段农村经济结构相适应的各种金融活动。为此，应当创造各种有利的制度环境，催生组织形式、产权结构以及业务范围与农村经济结构相适应的新型农村金融体系。在此，处理好"制度内生"与外部"政府主导"的关系是至关重要的。

与之同时，正规金融的重要功能之一依然是向农户注入"国家信贷"（目前除了中国农业发展银行之外，中国农业银行与农村信用社均承担着一部分这样的职能）。农业作为弱质产业，必须经常性地得到政策性金融的扶助，无论在中国还是外国，无论在历史上还是今天均是如此。从改革的可操作性来看，保持现有的正规金融体系使之作为一国家宏观政策传递的通道，也是一个成本相对较低而效率较高的选择。但作为一种具有政策导向的政策性金融活动，其

---

① 由于"路径依赖"的关系，将信用社"降格"的思路在操作可行性上受到质疑。
② 农村信用合作社虽然被定义为"群众性的合作金融组织"，但自从接受中国农业银行领导之后，就蜕变为政府金融机构了。目前，尽管农村信用社已经与农业银行脱钩，但是其属性没有根本性地改变。

"平均分配"的方式应当淡出，避免国家信贷因分割过于零碎而失去规模效应。

目前，农户经济对正规商业性金融的需求偏好基本上还集中于小额信贷这种服务方式，这与多数农户经济的经营规模有关，但这种农民广泛需要的服务方式与正规金融机构的商业利益有一定的矛盾，因此农业银行与农村信用社宁肯将吸收的农村存款投向城市经济中边际收益较高的批发业务，也不愿在农村从事边际收益较低的零售业务。为此，可考虑将此类业务界定为准公共金融产品与商业金融产品之间的一个品种，予以必要的政策性补贴与扶持（其效果是降低农户融资的准入门槛），以促进传统农区农户经济的可持续发展。

3　传统农区的非正规金融活动分析

中国现阶段的经济结构决定了"三农"问题在中国经济发展与改革过程中的重要性，与之相关联的一个重要内容就是：在非均衡的农村经济结构之下，何种金融制度安排与之相适应并且效率较高？这里实际上触及中国农村金融体制改革中特别是传统农区的金融发展无法回避的核心内容。当然，这是一个十分宽泛的问题，不仅涉及面广，其理论与实践上的难度与深度也绝不亚于国有银行体制的改革。本部分就非正规金融安排在农村金融发展中的地位问题作一浅探。

3.1　非正规金融的界定

"非正规金融"或称"非正式金融"自20世纪90年代以来开始见诸于学术文章。关于非正规金融这一范畴，目前国内外尚无权威性的定义，对于它的内涵，目前大致有这样几种解释：

1. 发生在亲友邻里之间的具有互助性质的借贷活动，一般不支付利息。[①]

2. 民营经济比较活跃的地区出现的针对企业或个人生产经营行为的有组织的金融活动，这种金融活动中的利息率一般大大高于正规金融相应的利率水平。

3. 非正规金融就是为民间经济融通资金的所有非公有制成分的资金运动。

4. 非正规金融包括私人借贷、贷款经纪人、互助会、地下钱庄等。

5. 非正规金融常被认为是不受政府监管和控制的借贷活动。

6. 金融体系当中未被登记的、未被管制的和未被记录的部分，称为非正规金融。

7. 基于城乡二元结构的体系中存在于乡村的、非规范的、小规模的金融活动。

综上，目前国内学术界对非正规金融的界定基本上是从两个角度加以概述

[①]　北京大学中国经济研究中心经济发展战略研究组：《中国金融体制改革的回顾和展望》，工作论文，2000。

的，一是从其功能与活动范围来界定，例如上述前4种观点均是从此角度来界定非正规金融的；二是从其法律特征的角度来界定，如上述后两种观点。亚洲开发银行也是按照后一种思路来对非正规金融进行统计归类的。该行在1990年的发展报告中指出，非正规金融是指不受政府对于资本金、储备和流动性、存贷利率限制、强制性信贷目标以及审计报告约束的金融部门。综合以上两种观点，我们还可以得出这样几点推论：其一，非正规金融虽然经常发生在私人经济之间或私人经济内部，但非正规金融与"私人金融"并不完全同一；其二，非正规金融在法律制度层面具有"边缘化"的特征；其三，非正规金融的游戏规则因人、因时、因地有很大的差异。

3.2　非正规金融的形态

从世界范围观察，非正规金融无论作为一种组织结构还是作为一种市场交易方式，通常在农村多见于城市，在欠发达地区多见于发达地区。①

非正规金融最原始的一种表现形式就是亲戚、朋友、邻里以及熟人圈内的借贷。这种借贷形式尽管也会发生于大城市的熟人圈内，但从比例上看，明显低于乡村。一份针对城市白领阶层的调查问卷显示，在家庭理财活动中，需要融入资金时，85%以上的受访者选择顺序为：第一，按揭贷款；第二，信用卡透支；第三，非银行金融机构抵押融资；第四，向亲戚朋友借贷。而同样的调查在农村的结果往往是将"向亲戚朋友借贷"放在第一位。

非正规金融的第二种表现形式是各种"会"，例如"合会"、"标会"、"抬会"等，因方言表述的原因，具体叫法因地区不同有所差异，但本质大体上都是一致的：具有一定的组织形式、一套约定俗成的规则、一定的管理制度，以及包括惩罚措施在内的非正规金融活动。其英文对应名称是Rotating Savings and Credit Association，亦即"轮转储蓄与信贷协会"。这也正好道出了这种非正规金融活动的特点规则。以"合会"为例，这实际上是一种成员之间的轮番提供信贷的金融活动，即成员之间的资金互助，同时涉及了储蓄服务和信贷服务。基本规则是：一个自然人作为会首，通常是某个乡村社区中年纪较长、地位较高的人担任会首职务，某些情况下也不排除通过较为"民主"的选举方式产生会首。合会筹集与分配资金的目的无外乎是解决生产的需要，如购买生产资料和

---

① 金融发展理论认为，这正是"金融压抑"的一种表现。其制度原因将在后文分析。

生活的需要如婚丧嫁娶、建房，还有子女上学①等。通过会首组织起有限数量的人员，每人每期（每月、每季、每半年、每年等）兑出约定数额的资金，集中供"会"的某个成员使用。"会"的成员使用资金的顺序通过两种方式产生：其一是抽签决定；其二是投标竞争，即报价低优先使用资金，报价高者延后使用资金。两者之间的差额实际上就是利息折现后产生的差额：先使用资金者付出利息，后使用资金者得到利息。当所有的成员都按照顺序得到一轮资金使用权之后，由会首召集成员商议，是否进行第二轮的合会以及第二轮合会的游戏规则是否需要变更。通常合会在所有成员全部获得一次资金使用权之后即告终结。这种合会形式的非正规民间金融活动，通常风险外溢的可能性较小，即便是出现一些纠纷，也会由会首根据约定俗成的惯例来妥善解决。但也不排除在特定的情况下会发生风险外溢，主要是因为"会"的规模过大，或者一个"会"与其他"会"又发生了横向联系，以及"大会"下面又衍生出来"分会"、"小会"等，此时，合会的属性发生变化，变成了具有传销性质的"老鼠会"②，这样的合会产生的负面效应就远远超出正面效应了。

非正规金融的第三种形式是高利贷。这里的高利贷是指高于国家法令规定利率上限的借贷活动。在现有的法律框架下，民间借贷的利率可以适当高于银行的利率，"但最高不得超过银行同类贷款利率的 4 倍。超出此限度的，超出部分的利息不予保护。"一般认为，高出基准利率 4 倍以上的借贷属于"高利贷"。③ 这种高利贷形式的民间借贷在社会资金供求正常的情况下与小额贷款公司运作机理类似，由于本身运作成本低，故利息也维系在需求方可以接受的范围以内，但在社会上银根偏紧的情况下，就进入活跃期，利息刚刚高至需求方难以承受的限度，一旦需求方资金链断裂，往往引发社会问题。

非正规金融的第四种形式是各种基金会、互助会、储金会④等。从形式上

---

① 在传统农区，因为子女上学而借贷的比重很大。笔者一次在河南济源地区（该地区在河南属于相对较富裕地区）调研时了解到，约有 2/3 以上的农户在子女考上大中专学校之后需要通过借贷才助使其子女完成学业，当地村支书将此现象无奈地称为"劳动致了富，教育又返贫"。

② "老鼠会"就是变相的"多层次传销"。一个时期以来，发生在我国广西北海等地的"资本运作"皆与非正规金融活动无序蔓延有关。

③ 对此，有学者提出了不同的看法，认为高利贷以正规金融体系中的基准利率来做准绳不科学，应当考虑城乡金融活动成本差异来制定新的规范，以增加对非正规金融活动的"容忍度"。有学者还举例说："同样一碗小米稀饭，在高档宾馆要价会高达 80 元，而在地摊大排档要价可能只有 8 元，对此所有用餐的人都可以接受，但为何就不能对农村的民间借贷增加一些宽容呢"？

④ 对这类机构的官方称呼是"三会一部"，即农村合作基金会、农村救灾扶贫互助储金会、民营企业资金互助会、供销社社员股金服务部。

看，这类非正规金融比前面的合会具有更加完善的组织制度和治理结构，甚至董事会、监事会、理事会、社员大会等都一应俱全，所提供的金融服务也不限于储蓄与借贷，还包含了很多其他类型的金融服务（接近于混业经营小型银行）。由于这类非正规金融组织具有越出农村社区边界向外部公众吸收存款的功能，因而在发展失控的特殊情况下也造成了局部金融风险，从而每每成为监管部门"治理整顿"甚至是"打击取缔"的对象。

非正规金融的第五种形式是各种担保协会。事实上这种担保协会与前面提到的基金会、互助会、储金会等是"换汤不换药"，同属于一类金融组织。这类协会在传统农区特别是在河南大量出现，一方面与长期以来河南农村的金融压抑有关，也与政府部门取缔了一批基金会、储金会、股金服务部等非正规金融机构后留下的真空有关。而在这个真空期内，国家鼓励担保类的金融机构发展，以分担、化解正规金融体系中业已存在的大量金融风险，传统农区的各担保协会就是在这个关节点上兴盛起来的。但担保协会实际上做的业务不仅仅是担保，也包括其他的金融服务。

3.3　非正规金融存在与发展的基础

有学者认为，非正规金融自 20 世纪 90 年代以来之所以受到越来越多的关注，其部分原因可能在于人们对于正规金融市场的失望。笔者认为，20 世纪中后期以来，发端于正规金融内部的大规模的金融创新活动，使正规金融无可争议地坐上了"当代市场经济的中枢与核心"的头把交椅，从这个意义上讲，正规金融对经济增长所起到的积极作用是不应该被忽视的。在这一大背景之下，为何人们开始关注长期以来不被重视、不被看好的非正规金融，其原因还必须从经济发展决定金融发展这一基本逻辑关系之中去求证。从非正规金融活动的领域可以看出，农村的非正规金融多于城市的非正规金融，小规模分散经济圈层中的非正规金融多于大规模垄断经济圈层中的非正规金融，发展中国家的非正规金融多于发达国家中的非正规金融。为此，我们大致可以得出这样一个判断：经济的非均衡发展导致非正规金融的存在与发展、农村经济与城市经济的对立、小规模分散经济与大规模垄断经济的对立、发展中国家与发达国家的对立是导致经济非均衡发展的原因，也是经济非均衡发展的体现。既然经济发展是非均衡的，与之相适应，金融的发展也必然是非均衡的，非正规金融之所以表现出十分顽强的生命力，一方面是经济的发展为之注入了活力，另一方面则是非均衡的经济格局为非正规金融提供了生存的土壤。这里，我们仅就农村经济的非均衡发展导致非正规金融存在与发展的问题进行具体分析。

3.3.1　体制性矛盾的必然结果

第一，农村经济体制改革超前起步与农村经济服务支撑体系建设滞后的矛盾。中国的经济体制改革，是首先在农村拉开序幕的。今天回过头来看农村的经济体制改革，会发现看似简单的联产责任制，实际上包含着产权制度的变革。联产责任制之所以能够获得成功，不仅是因为这种生产方式使农民的劳动投入与之获得的收入在量上取得了对应关系，更为重要的是它是对原来不适应农村生产力发展水平的"三级所有制"的否定，使原来不清晰的产权关系由于包产到户而变得清晰透明，原来"出工不出力"的问题得到了较为彻底地解决，故而极大地激发了农民的积极性。然而，旧的矛盾解决了，新的矛盾又出现了。"一大二公"的农业生产组织形式解体之后，与之相适应的农村经济服务体系并没有迅速建立起来，从而造成农业经济可持续发展的障碍。这里的服务体系特指官方认可并且扶持的支持农业经济发展的组织、机制、制度等，其中一个重要内容就是农村金融服务体系。既然正规的服务体系无法满足现实的农村经济发展要求，非正规金融必然要出来填补这一空缺。

第二，农村经济的分散性与农村金融供给集中性的矛盾。这一矛盾与前面的问题是紧密相关的。联产承包责任制度否定"三级所有，队为基础"的体制之后，农村经济组织形式经历了一次化大为小的蜕变。从生产关系必然要适应生产力的角度看，这次蜕变无疑是积极的。但由此形成的新的非均衡格局是：农村金融的供给自人民公社产生之后，就一直保持着大一统的格局，这种格局到今天为止也是基本如故，没什么变化。金融当局之所以选择"大一统"金融供给格局，有其制度方面的原因，也有技术方面的原因。从制度角度看，金融是经济的命脉，抓住了金融，就等于抓住了经济增长的动力源，在政府负有直接组织安排经济活动的责任，且 GDP 增长速度作为考核政绩的主要指标的体制下，从中央到地方的各级政府部门，必须要强化对金融资源的控制，因此，保持金融供给的"大一统"是顺理成章的事情；从技术角度看，金融业规模过小，不仅不能形成规模经济效应，也难以抵挡较大的金融风险，因此国家必然要全面控制正规金融部门。集中性的供给与分散性的需求之间必然形成难以协调的矛盾，由此形成的结果就是：正规金融越来越远离"三农"。近年来，从较小的信用合作社不断组合为规模较大的各级联社，到各种农村股份制银行的出现，无不反映出这种非均衡的趋势。如此，本来改革开放过程中先行一步的农村经济，又陷入了"缺血"状态。

目前，我国农村金融制度结构中存在两类正规金融机构：一是政策性金融机构，即中国农业发展银行；二是商业性金融机构，即中国农业银行与农村信用合作社。中国农业发展银行是我国三大政策性银行之一，严格以国家政策为导向，以粮、棉、油收储贷款业务为主，一般不与农民发生信贷业务关系。中国农业银行的工作主要放在筹措资金保证支付和清算票据上，在对农民提供贷款业务方面也有所欠缺。在国家清理整顿农村"两会一部"、国有商业银行部分机构从农村市场退出之后，农村信用合作社逐渐成为农村地区唯一的正规金融机构，承担着支农信贷业务的重要职能。由此，农村金融服务的"真空地带"又有所显现。

此外，农业保险的有效供给也显不足。我国农业保险发展缓慢，20世纪90年代中后期又陷入了停滞不前、日益萎缩的局面。在1994年财政部对人保公司实行了以上缴利税为主要目标的新的财务核算体制之后，保险公司开始调整农险结构，对一些风险大、亏损多的业务进行了战略性收缩，目前农险规模和保费也呈逐年下降趋势，政策性的农业保险体系尚未建立。

正规金融服务的不足表现在三个方面：一是资金支持方面。2010年，我国农村地区人均贷款余额不足5 000元，城市人均贷款余额超过50 000元。二是经营网点设置方面。2009年末全国银行业机构网点约17.5万个，平均每万人1.34个，而农村银行网点仅为2.7万个，平均每万人0.36个。全国平均每万人金融服务人数，城市为43人，县及县以下为11人，行政村平均不到1人。三是金融产品的提供方面。目前农村金融机构只能提供基本的存、贷、汇"老三样"服务。而中国人民保险公司自1982年承办农业保险以来，农业保险业务日渐萎缩，承保率不足5%，该公司2009年农业保险收入仅占公司保费总收入的0.6%。从整体上看，目前中国农业保险收入占农业增加值的比重仅为0.043%。

为了维持其简单生产或扩大再生产，只有通过各种游离于政府控制以外的金融体系与机制来补充能量。

第三，商业金融"奢侈性"与政策金融严重短缺的矛盾。与其他产业相比较，农业是一个弱质产业是毋庸置疑的。正因为如此，无论在市场经济十分发达的国家，还是市场经济欠发达的发展中国家，政府部门都要设立庞大的政策性金融体系来扶助农业，保护市场竞争当中的弱者。无论是美国的农业信贷体系，还是日本的"二行九库"，都是政府信贷政策的执行者，都在为保护农业提供数额巨大的公共产品。在我国，改革开放以前，所有的金融机构都被界定为"政策性金融机构"，此时自然不存在所谓政策性金融供给短缺的问题。

在计划经济条件下，尽管农村经济的发展也受到资金短缺的困扰，但与政策性金融供给的短缺没有直接联系，而是由我国整体资金供给的布局所引起的。改革开放以来，从数量上看，农村金融有了较快的增长，但从结构上看，农村金融的构成，特别是商业金融与政策金融的比例关系，出现了严重的失调。迄今为止，实力最强的中国农业银行已经大踏步走上了商业化的轨道，由农业银行政策性业务分离出来的中国农业发展银行，无论是资金规模、机构布局，还是从业人员等各方面都远远不能适应当今农村经济发展的需要，而农村经济发展所需要的政策性保险体系与政策性信用担保体系还基本处于空白状态，信用合作社作为与"三农"联系最密切的一支金融力量，在目前所给定的政策函数下，也是在被动地朝着商业化方向迈进。从经济学原理上讲，金融产品与金融服务是一种不折不扣的"奢侈品"，这是金融资本属性所决定的，从而也是不以人们意志为转移的客观规律，正因为如此，商业性金融服务从来都是"锦上添花"，而不是"雪中送炭"。在这样的环境下，农业经济要生存、要发展，不得不借助非正规金融。前面谈到，非正规金融因人、因时、因地有很大的差异性，在某些情况下，非正规金融具有"高利贷"特征，而在另外一些场合，它又具有"社区公共产品"、"家族公共产品"、"行会公共产品"的特征。因此，非正规金融在一定程度成为政策性金融短缺的替代品。

第四，经济自由化与金融管制日趋严格的矛盾。与封建专制时代的经济制度相比较，市场经济无疑是一种自由经济，因为有了自由这一前提，才有竞争，从而整个社会经济机体才有活力。但金融发展过程中一个不可扭转的趋势是各国都在加强对金融业、金融活动的监管。虽然在不同的时期，各国对金融业的监管重点、力度、方式各有所不同，然而自 20 世纪中后期世界范围内大规模金融创新活动产生以来，各国都在不遗余力地通过加强金融监管来维护金融的稳定。这一点还可以从《巴塞尔新资本协议》的基本指导思想当中观察出来：稳妥处理资本与风险的关系。之所以如此，不仅仅是因为金融业经营的是特殊的货币信用产品，而且市场经济的发展经验还证明，通过加强金融监管来创造一个良好的金融环境以促使市场经济的健康发展是各国当局的必然选择。因而，无论在发达国家还是在发展中国家，在经济自由化程度加深的同时，对金融业的监管是在日趋加强的。正因为如此，在经济结构二元化比较突出的国家出现了经济发展与金融发展之间的"二律背反"现象，即经济发展加速要求金融深化加速，而由于金融监管的加强又在提高金融市场的准入难度，限制着内生金融因素的创新。由此形成的真空，也只有非正规金融才能弥补。

3.3.2 一个传统农区金融需求状况的案例①

这里选取 2007—2009 年河南省孟州市三个自然村的农户金融需求状况作为案例，以分析农村金融需求在消费与生产方面的状况。其中，孟州市的南董村与北董村都是以传统农业生产为主要收入来源，桑坡村以皮毛加工业为主要收入来源。

3.3.2.1 资金的用途

南董村和北董村的人均年收入水平在 2 500 元左右，而桑坡村早在 1997 年的时候人均年收入水平就达到了 6 500 元。调查结果显示，农户借贷资金的用途与农户的收入水平有一定联系。

在以传统农业生产为主的南董村和北董村，农户借贷资金放在消费上面的比例为 35.29%；其次为非农业生产性投入，所占比例为 31.38%；该村农业基础设施投入借贷需求排在第三位，所占比例为 29.41%；用于农业简单再生产的最少，只占到了 3.92% 的比例（见表 3-1）。在以皮毛加工业为主的桑坡村，接受调查的 29 户有借贷需求的农户中，有 27 户都表示其所借款项主要用于购置皮毛加工所需的原料，为非农业生产性借贷需求，只有 6 户表示其借款是用于消费性目的，其中有 4 户明确指出借款是为了子女教育。

表 3-1 南董村和北董村的借贷用途选择

融入资金意图	户数	近 3 年借贷总户数	占比（%）
农业简单再生产	2	51	3.92
农业基础设施投入	15	51	29.41
非农业生产性投入	16	51	31.38
消费性支出	18	51	35.29

注：农业简单再生产包括买化肥、种子、农药等；农业基础设施投入包括购买大型农机用具、打井、买水泵、规模化种植投入和养殖业中场地设施的购置、饲料的购买等；非农业生产性投入包括从事运输、产品加工、做小生意等流动资金和扩大再生产的需要；消费性支出包括婚丧嫁娶、盖房、看病、子女教育、购买大型家电产品等。

在经济欠发达地区或者收入较低的农户中，生活性借贷需求是主要的方面。在经济较发达地区或者收入水平较高的农户中，其借贷资金需求的生产性

---

① 该案例中，除特殊说明之外，其数据样本取自 2007—2009 年。

显著增大；而在生产性的借贷需求中，非农业生产性需求上升而农业生产性需求下降。有一些学者的调研也可以证明这个问题，朱守银等（2003）对安徽亳州和阜阳6个县的问卷调查显示，若按笔数计算，借贷资金中用于家庭生活、农业生产、非农业生产和其他的比例分别为54.2%、24.8%、13%和8%；按资金量计算，借贷资金中用于家庭生活、农业生产、非农业生产和其他的比例分别为45.4%、13.4%和32.7%、8.5%。根据2003年全国农村固定观察点农户数据也可以看出，全国生活性借款占年内累计借入款余额的47.75%，该比例在东部为46.61%，中部为54.48%，西部为41.69%。生活性借贷在经济发达地区的农户借贷需求中仍然占据着比较重要的位置。

3.3.2.2 农户借贷资金的金额特征

由于农业在我国尚为弱质产业，农户家庭一般都是小规模分散式的经营，所以我国农村的信贷需求明显具有小额性，大规模资金量的单笔借贷在农户家庭中出现的比率还是比较低的。根据朱守银等（2003）的调查可以看出，样本农户的信贷资金数额很小，2007—2009年，样本农户每笔借贷数额平均为3 073.4元，其中2007年为2 644.8元，2008年为3 945.3元，2009年为2 630.2元，均在5 000元以下。但是在对桑坡村和南董村、北董村的调查中我们可以发现，随着以产业升级为主的农业和农村经济结构的调整，农户的单笔借贷需求开始出现金额扩大化的趋势。

从表3-2可以看出，南董村和北董村有借款需求的农户中，单笔需求金额在5 000元以下的有10个，5 000~50 000元的有12个，50 000~100 000元的有1个，100 000元以上的有1个，农户的单笔借贷需求集中在5 000~50 000元的金额上；而在桑坡村，50 000元以上的单笔借贷需求金额则达到了93.10%的比例，只有1户样本表示自己只需要5 000元以下的借款就足够了，这是和桑坡村经济发展水平较高的因素分不开的。此外，非农业生产活动和农业生产活动对农户借贷需求金额的影响也是不同的，非农业生产性目的所带来的单笔借贷需求金额明显要大于农业生产性目的带来的单笔资金需求金额。通过南董村和北董村的调查数据，我们来考察单纯为非农业生产性投入而借款的数额和单纯为农业生产性投入而借款的数额：以5 000元为界，前者5 000元以上的单笔借贷需求比例达到了80%，后者则只有42.86%；以50 000元为界，前者50 000~100 000元的单笔借贷需求有1户，100 000元以上的单笔借贷需求有1户，后者则根本没有产生50 000元以上的单笔借贷需求。

表 3 - 2　　　　　　　　不同类型农户的单笔借贷需求金额

	5 000 元及以下		5 000 ~ 50 000 元		50 000 ~ 100 000 元		100 000 元以上	
	户数	比例（%）	户数	比例（%）	户数	比例（%）	户数	比例（%）
（1）桑坡村中有借款打算的农户（N = 29）	1	3. 45	1	3. 45	9	31. 03	18	62. 07
（2）南董村和北董村中农户中借款目的单纯为非农业生产性投入（N = 10）	2	20	6	60	1	10	1	10
（3）南董村和北董村中农户中借款目的单纯为农业生产性投入（N = 14）	8	57. 14	6	42. 86	0	0	0	0
（2）+（3）：南董村和北董村有借款打算的农户（N = 24）	10	41. 67	12	50	1	4. 17	1	4. 17

3. 3. 2. 3　农户借贷需求的期限特征

农户的借贷需求在时间上与工商业贷款有很大的不同。工商业贷款的回收期一般都比较短，其短期的流动资金贷款期限往往只有 3 ~ 6 个月，长期的也不过是 3 ~ 5 年。但是农户贷款的期限则普遍比较长。一般来说，农民从事养殖业需要 1 ~ 3 年，从事农产品加工和储运业需要 1 ~ 4 年，从事林果业需要 3 ~ 5 年才能产生效益。而在农户借贷中，还有相当一部分是不定期限的，即农户在计划一笔借贷时，根本没有考虑其偿还期限的长短。近些年农村市场经济不断发展，工商业活动频繁增加，既增加了农户的收入，也创造了大量的农村短期借贷。

桑坡村的皮毛加工业具有一般工商业流动资金短期贷款的性质，其资金回收期一般都可以在 1 年以内完成，这项比例在具有借贷需求的农户中占到了 82. 76% 的高比例（见表 3 - 3）。而据了解，桑坡村 5 户借贷期限在 1 年以上的农户家庭的借款目的主要是为了生活性的消费支出，其中以子女教育为主。而在以传统农业为主的南董村和北董村，农户的借款期限正如前面的分析结果，多为 1 年以上的中长期（58. 97%）。

表 3-3	桑坡村与南董村和北董村的借款期限比较			
	借款期限在 1 年以内		借款期限在 1 年以上[①]	
	户数	比例（%）	户数	比例（%）
桑坡村有借款打算的农户（N=29）	24	82.76	5	17.24
南董村和北董村有借款打算的农户（N=39）	16	41.03	23	58.97

注：①包含了无限期贷款在内。

在上述各类金融需求当中，能通过正规金融渠道所满足的不到30%，余下的只有通过非正规渠道得以满足。由此进一步说明了为何在农村特别是金融服务不发达传统农区，非正规金融普遍存在的原因。

3.4 非正规金融的地位与作用

3.4.1 缓解了农村资金供求矛盾

非正规金融对我国农村发展天然地具有较强的市场亲和力，它的存在和适度发展有利于弥补农村地区正规金融供给的不足。非正规金融是民间经济存在和发展的直接产物，为民间经济的发展提供了有力的金融支持。

据相关估算，中国农村非正规金融规模早在2002年就达到了2 001亿~2 750亿元。农业部农研中心关于农村固定观察点的数据显示，2003年全国农户户均借款来源中，来自银行和信用合作社的贷款仅占年末借款余额的19%，占年内累计借款余额的26%，而来自非正规金融的贷款则占71%。从地区结构看，东部地区农户资金借贷来源有81%来自非正规金融，中部和西部地区的这一比例分别为76%和60%。从这个意义上看，非正规金融以其庞大的资金规模和独特灵活、多样化的服务方式，广开融资信贷门路，在很大程度上缓解了农村经济发展中的资金供求矛盾。

3.4.2 有效提高了农村金融资源的配置效率

虽然非正规金融分流了部分正规金融资金，但与之同时不可否认的是，非正规金融也在一定程度上遏制了农村资金"农转非"的倾向，使得一部分社会资金以"非正规"的方式留在了劳动生产率相对较低下的农村领域。从整体上看，这提高了农村金融资源的配置效率，进而促进了农村经济主体的生存与发展能力。同时民间借贷在一定程度上缓解了银行借贷资金的压力，特别是解决了部分乡村小微企业和农民、个体工商户季节性的生产周转之需，促进了地方经济的发展。

3.4.3　有利于改善社会信用环境①

在非正规金融体系下，农户普遍反映信誉最重要，如果失去信誉，就等于失去一切，全家老小都没法在本村落生活下去，必遭唾弃与排斥。借户在还款问题上相当重视，认为"人穷没关系，但一定要讲信用"，因此民间借贷的违约率要远远低于农村正规金融机构贷款的违约率。民间借贷的活跃能够帮助农民建立现代信用观念即资金的有偿使用和增值收益，从而有助于民间借贷主体发展良好的社会信用关系。由此，民间借贷在社会信用培育和发展过程中起到了改善整个社会的信用环境的重要作用。

3.4.4　推动了农村金融体系的多样化竞争格局

在农村金融体系中，由于非正规金融机构的参与，其中的利益分配由于竞争对手的增加而将发生许多变化，这有利于增强农村金融体系的竞争，形成多样化的竞争格局，在一定程度上打破了我国农村金融体系中的垄断局面。正当合理的民间借贷活动与国有商业银行在平等和公开的基础上形成了有序竞争的局面，给正规金融机构造成了巨大的外在压力。一方面，农村非正规金融的发展，在一定程度上增加了农村金融市场主体的多元化程度，对农村正规金融机构的经营形成了竞争压力，这种压力有助于农村正规金融挖掘内部潜力、改善金融服务；另一方面，农村正规金融的改进也有助于非正规金融把较高的名义利率降下来以便增强自身的市场竞争力。另外，农村非正规金融活动的参与主体始终高度关注资金的安全性、流动性和盈利性，在组织创新、技术创新、产品创新、市场创新上充满活力，反应灵敏，逐渐成为农村正规金融制度设计的重要参照物。因此，有必要促进非正规金融和正规金融之间的良性互动关系，培育健康的农村金融市场。

3.4.5　解决了农村借贷中的信息不对称问题

我国农村社会现在仍保留着传统乡村社会的痕迹，特点是相对比较封闭、内部人口流动性不大。在这个没有"陌生人"的熟悉社会中，通过长期的共同生活和交往互动，每个人的信息都成为具有高度共享性和流通性的共同知识。从相对意义上说，个人的信息都是对称的，有资金供给能力的农户根据掌

---

① 后文将进一步分析这个问题。

握的信息以及自己的动机（是否以盈利为目的收取利息）决定是否放款。现实中的非正规金融体系，包括合会、民间集资、民间借贷等多种形式，本质上一般都是建立在人缘、地缘和血缘关系的基础上，都利用了可以低成本获得信息的优势，这也使得民间非正规金融呈现出无（低）抵押担保和借贷中正式合同比例低的特点。正是因为农村非正规金融有效地解决了信息不对称的问题，才成就了其对农村正规金融的补充甚至替代的地位。许多实证研究也证明了这一点，温铁军（2001）对中部省份的调查发现，民间借贷的发生率高达95%；何广文等（1999）的调查发现农产贷款中来自民间借贷的比重高于75%，贷款来源倾向约为0.3；农村固定观察点办公室的调查显示，2000年每个农户累计借款为1 020元，其中约700元来自民间借贷，约占68.6%；IFAD（2001）的研究报告也指出，中国农民来自非正规金融市场的贷款大约为来自正规金融市场的4倍。

3.5　关于农村非正规金融的进一步思考

在我国正规的经济与金融理论框架范围内，长期以来是没有非正规金融体系的地位的。我们不仅没有正视其存在，更没有深入探究其在不同的历史时期、不同背景之下生存、繁衍及其与经济发展的耦合规律，只是简单地认为非正规金融扰乱了金融秩序，分流了社会资金，助长了社会丑恶现象，容易形成不稳定的社会因素，因此在我国数十年来的金融实践工作当中（包括改革开放之前与改革开放以来的一段时间内）对非正规金融一直是采取打压、限制直至取缔的态度。从新中国成立之初取缔"金融黑市"到改革开放中期以来数次整顿金融秩序，非正规金融每每都是"出头之鸟"，被首先予以治理。但正如前所述，非正规金融之所以能够"野火烧不尽，春风吹又生"，是因为在现阶段的社会经济环境当中，有其生存与发展的基础，换言之，它是生产力决定生产关系、经济基础决定上层建筑的必然产物。因此，简单地将其归结为"非理性金融活动"的范畴，这本身就是一种非理性的行为。20世纪90年代以来，我国陆续有学者开始将非正规金融纳入研究视野，并取得了一些成就，但到目前为止，还远没有形成"主流"的看法，因此也没有形成能够影响决策层改变我国农村金融制度安排的动力。然而，如本书开头所述，这是一个涉及中国农村金融改革与发展核心内容的问题。为此，笔者也在此谈点粗浅的看法。

第一，经济二元结构必然伴生非正规金融活动。由于我国经济结构二元化的状况还将存在相当长的一段时间，因此，非正规金融活动也将随之延续。根据发展经济学家麦金农和肖的观点，二元结构导致金融压抑，而金融压抑又限制资本的形成，产生资金缺口，正是资金缺口的存在，构成了非正规金融产生与发展的条件，这是不以政府偏好为转移的客观现实。实际上，二元结构的存在，必然导致在正规市场上资金由农村流向城市、由短缺地区流向相对富裕地区、由欠发达地区流向发达地区的资源逆配置现象，而非正规金融的存在，却使得资金逆配置的状况在一定程度上得到缓解，这也是非正规金融的积极作用所在。

第二，正规金融与非正规金融之间并非简单的替代关系。由于正规金融与非正规金融二者的效用不同，因此，通过外延增长方式来扩大正规金融的数量与规模，并不能将非正规金融全面排挤出农村金融市场。由此得出的推论是，尽管在今后一个时期的农村金融改革过程中，我们应当不遗余力地增加正规金融的供给，特别是政策性金融的供给，但是不应当以"铲除"非正规金融为己任，那样不仅会耗费巨大的成本，而且未必能实现预期的目标，因为非正规金融规模的大小及其活动范围，并不能直接证实或证伪正规金融体系改革的成功与否。

第三，非正规金融的存在有可能成为促进农村金融文化发育的一个内生因素。在经济社会当中，金融要成为推动经济增长的有效动力，金融文化建设是其中一个不可或缺的要素。在这里，本书将金融文化与信用观念视为同义语，信用观念恰恰是建立健全社会信用体系的重要一环。试想，如果信用观念缺失，何以构筑信用经济大厦？虽然金融文化与信用观念都属于上层建筑范畴，但我们都知道经济基础决定上层建筑而上层建筑反作用于经济基础的辩证关系。山西票号之所以雄踞中国近代百余年，源自晋商内部所创立的独特金融文化不能不说是一个重要因素。按照今天的标准，山西票号在产生之初也属于"非正规金融"之列，但是这些票号之所以能在商品货币关系欠发达的中国封建社会当中一发而不可收，并且在整个世界金融发展史上写下重重的一笔，晋商文化的贡献是不可磨灭的。今天看来，晋商文化特别是其中的金融文化的形成，并非外部灌输的结果，而是源自晋商内部，源自晋商所处的独特社会经济环境。同理，农村非正规金融的存在与繁衍，也有可能成为培育农村金融文化的经济基础。这种金融文化发育基础的优势在于，它能够与中国农村特有的历史、社会、人文、地缘等我们称之为"国情"的因素形成良好的默契关系，最终形成一种源于小农经济内部而又超越小农经济的金融文化理念。

第四，正确对待非正规金融有可能带来的风险及负面效应。由于非正规金融是金融体系当中未被当局登记与记录的活动，因此，如何对之进行监管也是很令政府头痛的事情。从我国改革开放之后一段时间内出现的各种非正规金融活动来看，其形式可谓五花八门，有亲友邻里之间的直接借贷，也有通过中间人的间接借贷；有直接与农业生产相关的资金融通，也有属于纯消费性质的金融交易；有行会色彩极为浓厚的合会、标会等，也有带有博彩性质的集资活动。其中的一些非正规金融活动曾经引发过局部性风险，甚至成为导致社会不稳定的诱因，因此，笔者并不赞同对非正规金融采取"无为而治"的观点，而是应该分门别类地区别对待。对于非正规金融当中对农村经济发展有益的部分，应该予以法律上的肯定，并保护当事人的合法权益，这种做法能使得政府以最小的成本获得最大的社会效益。而对非正规金融当中容易导致消极后果的部分，应当加强监督，实施必要的监管，这是政府的职责所在。在这里必须明确，"未被当局登记"的活动并不是当局可以"放弃监管"的活动，而这恰恰是政府在今后转变职能过程中应当做好的事情，应当通过制度的完善以及各种技术手段的运用，最终使非正规金融在农村金融市场中达到"管而不死，活而不乱"的境地。

3.6 非正规金融体系下的隐性征信活动

建立健全征信制度是整个社会信用体系建设不可或缺的一个环节，也是健全市场经济秩序的重要组成部分。在我国城乡二元经济格局依然存在，并且还将延续相当长的一个历史时期的条件下，社会征信制的建设就必须考虑这一特殊的国情。换言之，目前城市当中已经普遍推广的征信制度在我国广大的农村并不一定适用，但农村金融体系的发展又不能因为征信这一瓶颈而踌躇不前。事实上，在农村的非正规金融活动（被一些学者称为"内生金融"）中，征信活动也是存在的，只不过不是一种显性的制度，而是隐藏于信用活动过程中的，这在传统农区当中表现得尤为典型。我们将这种征信活动称为"隐性征信"。所谓"隐性征信"即指信用主体之间基于经济或者非经济交往所形成的一种信誉评价积累，这种积累往往存留于相关当事人的观念之中而非以正式记录方式出现。相对于城市的征信方式与制度而言，这种征信方式是很不规范的，但不可否认的是，在一定时间域范围内，它依然是一种相对有效的制度安排。在重构农村信用体系过程当中，这种隐性征信的思路是有借鉴之处的。

所谓征信，从本质上讲就是一种信用调查活动和一种信用调查过程。当人类社会经济发展进入信用经济阶段之后，信用活动与每一个市场主体都有了密不可分的关系，因此在发生信用交易之前，相互之间进行信用调查，就成为几乎每一项信用活动的起始点。随着社会分工的不断细化，征信活动改为由专门的中介机构来进行，于是征信有了现代约定俗成的含义：依法收集、整理、保存、加工自然人、法人及其他组织的信用信息，并对外提供信用报告、信用评估、信用信息咨询等服务，帮助客户判断、控制信用风险，进行信用管理的活动。当市场经济的开放度越来越大，市场活动范围不断跨越地域限制，冲破民族、种族的传统界限，于是市场活动当中加入了越来越多的"匿名因素"，也就是说对方"是谁"并不重要，重要的是做成交易，使双方共享市场活动的成果。此时，征信活动就变得至关重要了。相对于其他的市场活动而言，信用交易首先是一种价值单方面的让渡，经过一段时间之后，才会有增值后的价值回流。如果不了解对方的守信程度，贸然让渡价值，极有可能造成日后价值不能回流的后果。正是为了维护市场主体的权利，征信制度进入了法制化的建设轨道。

随着征信环节的上层建筑不断推进，征信制度逐步成为社会信用体系的核心，得到全社会广泛的认同、坚定的支持和切实的维护。这主要体现在：征信基础数据不仅在银行信贷领域、商业领域发挥着防范控制风险、降低交易成本和提高交易效率的重要作用，而且在公共事务管理、公民社会道德维护等方面也起着越来越重要的作用。支撑这一功能与作用的首先是匿名经济下信用观念不断提升，其次是信用约束力不断强化，最后是相关信用数据征集运用的技术手段越来越先进，满足征信活动普及化的要求。随着社会经济的不断发展，这三者是相辅相成的。

3.6.1 传统农区信用制度及征信活动的特征

在二元经济模式下，与城市经济的开放性及扩张性不同，农村经济依然具有较强的内敛性与封闭性。

传统乡村信用制度是我国农村在长期的历史演进中形成的一种以地缘、亲缘等为基础，以伦理道德为守信保障信用制度，进而形成的一种信任规制。① 在金融领域当中，理论界又将这种信用制度称为"非正式信用制度"，亦即在同乡、同宗、同族、同村之间发生信用行为较多，而在这一圈子之外，较少发生信用活动。尽管多年来，这种非正式的信用制度受到农业银行、信用合作社、农村商业银行等正规金融机构活动的冲击，但是，由于正规金融的供给严

---

① 张维:《信任、契约及其规制》，48~52 页，北京，经济管理出版社，2004。

重短缺，远远不能满足农村经济成长的需要，因此非正式的信用活动在很大程度上还是居于强势地位。一个时期以来，一些农村地区出现的农民自发组成的担保协会，还有20世纪后期经过整治被打压下去的基金会、股金服务部等正是这种非正式信用活动的衍生物。总结归纳一下，这些信用活动有如下特征：

第一，手续简便、方式灵活。与正规金融活动相比较，非正式的信用活动程序极为简便，方式相当灵活。这是因为基于血缘、亲缘、熟人基础上所形成的社会圈层类似一个放大了的家族，在这个圈层内部的各种交易活动既类似于家庭内部的资源转移，也类似于企业内部的资源配置，因此节省了外部市场交易种种"进入成本"与"讨价还价"机制，手续相当简便，形式相当灵活。这正是小规模的农户经济可以承担的社会成本。也正因为如此，民间信用在广大的农村得以长盛不衰，在很大程度上弥补了国家正式制度安排下正规金融短缺造成的信用供给短缺。

第二，较好地解决了信用活动信息不对称问题。正规的信用活动首先面临的一个问题就是信息不对称，而信息不对称又是交易活动中永恒存在的问题。正是信息的不对称产生了道德风险，而道德风险的大量出现又极大地抵消了信用活动优化社会资源配置的积极作用。为此，人们在不断寻求着降低信息不对称从而降低道德风险的途径。在农村信用活动中，特定圈层内部的信息不对称被降至最低，这也正是封闭经济的一大特征。正是因为血缘、亲缘、宗族圈层内部的人数有限，大家都在同一地域相处多年、生活多年，上至祖宗、下至子孙了如指掌，彼此间的性格特征、行为操守一目了然，相当于在每个人的心目中都建立一部无形的"信用记录"。正是这部无形的信用记录，维系着农村特定领域内信用秩序的有序运行。

第三，农村非正规的信用活动具有特殊的信用约束方式。正规金融活动是以法律的强制力对失信行为进行惩戒的，而法律的执行与实施也是需要耗费巨大的行政与司法资源的，在广大的农村，相对匮乏的司法资源往往显得鞭长莫及。非正规的信用活动则是通过另外一种约束方式生存下来，即通过亲戚邻里之间、熟人之间的"传闻"、"闲话"等方式对人们的失信活动进行道德约束。尽管从形式上，道德约束的力量比不上法律约束的力量，但在相对封闭的小农经济圈层内，没有什么比"恶名远扬"、"臭名昭著"更为糟糕、更为可怕的了，因为一旦背上了"不好"的名声，不仅失信者本人难以在圈子里立足，就连自己的子女、亲属也难以在这个圈子里继续混下去，因此这种道德的约束往往是很奏效的。

由对农村普遍存在的非正规信用活动过程的分析得知，在整个信用活动过程中，并没有一个明显的征信过程，也就是说对信用交易的对方进行调查了解的过程。因此，有观点认为，农村信用活动缺失征信过程。事实上，在传统的农村非正式信用活动中，征信是普遍存在的，只不过是一种"隐性征信"程序而已，亦即这种征信并不是由城市经济当中的专门中介机构来进行，而是由交易的一方，通常是信用提供方来完成的，其中的"信用记录"也是非常简单的，往往没有固定的介质记载，而是由特殊圈层内部某人的"口碑"积累形成的，这种"口碑"犹如印记一样深深烙在社区之内每个人的心目当中。相对而言，虽然这种征信很不规范、很不正式，但所耗费的社会成本很低，在特殊的圈层内可以方便地共享，因而较好地替代了正规金融机构"贷前调查"的功效。

3.6.2 隐性征信的存在及历史功效

农村金融体系的重构，是新农村建设当中的内容，因为农村信用活动的发展、金融服务的普及，不仅仅可以解决发展农村经济资金短缺的矛盾，更为重要的是金融活动是促使农村经济由封闭走向开放、由自给走向市场、由保守走向兼容，最终实现城乡一体化发展的重要推动力所在，这也正是博迪和莫顿[①]所归纳的金融功能理论给我们带来的最大启示。然而，在目前正规金融机构着力开拓农村金融服务的过程当中，最为头痛的事情莫过于建立有信贷需求农户的基础资料，其实这就是一个正规金融机构的征信过程。由于在现有的官方征信记录当中根本查不到一家一户的"小农"信用记录，而金融机构模仿城市当中去为每一个农户建立一套完整的客户资料又受到人力、物力、财力等诸多方面的"硬约束"，所以农村金融服务的"创新"就裹足不前了。

事实上，目前城市普遍实行的征信制度并不适合于在农村全面推行，而从上面的分析可知，农村非正规信用活动中存在的"隐性征信"是可以为正规金融机构所借鉴、所引用的。

首先，隐性征信可以极大地降低征信的成本。从经济学的角度思考法制建设得出的一个基本原则是：一项制度如果实施成本过大，乃至到了相关主体难以承受的地步，那么，即便这项制度再严谨、再全面，也不能说是一项好的制度，至多只能是一种可望而不可即的美好愿景而已。相反，一项制度尽管从形式上不是那么严谨、完善，但可以方便地实施，这项制度就算得上是较好的制度。相对于城市当中正在快步与国际惯例接轨的征信体系而言，如果将其直接

---

① 博迪、莫顿：《金融学（中文版）》，23～30页，北京，中国人民大学出版社，2000。

移植到农村，用于考核评价农户的信用行为，不仅会因为成本过大而夭折，还会因为传统观念、习俗等不兼容的非经济因素而难以实施。相反，农村社区与圈层内部的隐性征信因为其运行成本低廉而拥有巨大的优势。正规金融机构的服务也好，产品创新也好，就可以直接共享隐性征信的成果而进入决策程序。这可以在很大程度上降低农村金融服务的成本。事实上，目前在农村地区出现的"农户联保"的信用贷款就是借鉴了隐性征信的优势。调查中发现，愿意为他人担保的农户，都是对被担保对象的品行、道德、能力、主营副营业务情况非常了解的，这种担保行为，其实就是用"担保意愿"来证实被担保者的良好的信用记录，从某种意义上讲，这种低成本的征信方式，其中就包含了正规金融机构深化业务创新的契机与空间。

其次，隐性征信是日后建立显性征信的前提条件与过渡阶段。显性征信是信用制度高度发达的产物，是一种较为规范的征信方式，其优势：一是有完善法律制度的配套；二是有完善的技术手段支持。但其缺陷是显然存在的，就是运行成本偏高。就广大农村而言，这种运行成本目前趋近于无穷大。因此，还必须有一种"替代品"来维系农村信用体系的存在与发展，使之与农村现阶段的发展水平相适应。前一阶段，通过由政府牵头，以农村信用合作社为实施主体，以农户信用户经济档案和借还款信息为主要信息平台的农户征信管理和服务模式，随着部分地区省级信用联社的成立，其信息通过省级信用联社的汇集、整理、分类等程序，形成了征信数据库。于是，业内有人预言，这是农村征信制度重大的阶段性成果，一旦将省级联社的数据与人民银行的征信系统相连接，城乡一体化、全国一体化的征信系统就会形成，然后就可以解决农村小信贷"贷前调查"手续烦琐，耗费人力、物力巨大的问题。其实，每一个关心中国农村金融体系建设的有识之士都期盼着这一天的早日到来，关键是这一天的到来是要受到客观条件与环境制约的，不能因为我们期盼强烈就会早些来临。以现有各级信用合作社的综合实力而论，要维护这样一个数据系统动态更新，使之与不断变化的农村经济与农户经营活动相匹配，无论从人力、物力，还是财力上都是难以胜任的，特别是获取信用信息的最前端——基层一线的信用合作社，其实力更是捉襟见肘。因此，在今后的一个时期内，农村金融活动维系于一种"征信残缺"的运行状态将是一个必然的选择。这在当前信用合作社一方面要作为农村正规金融服务的"主力军"，另一方面又没有被界定为"国家金融机构"的前提下，将是一种必需的选择。前面已经谈到，这种"征信残缺"状态并非是"征信缺失"，而是以符合现阶段农村经济发展水平、广大农民从观念上易于接受的通行"隐性征信"替代成本昂贵、实施困难的显性征信。

从目前农村金融活动现状来看，通过评定信用户等方式来降低金融机构信用风险，就是一种植入了隐性征信的乡村信用制度建设方式。要进一步发挥既有征信制度优势，还需要把这种评定结果在一定范围内共享，使之成为一种乡村公共产品，而不必是地方政府、信用合作社、村镇银行、邮政储蓄银行、农业银行各搞一套，这样可以进一步降低农村金融活动的成本，有利于推进新农村的建设。

最后，隐性征信的局限性决定了这种征信模式存续的暂时性。尽管隐性征信的成本较低，但其归根结底依然是一种不规范的征信方式。这种征信方式仅在一定社会圈层内是有效的，一旦突破了相应的社会圈层，就是低效甚至无效的了。"隐性征信"是一种完全人格化的征信模式，一旦农村社会经济发展到与匿名社会接壤，这种隐性征信也就失去了存在的根基。现代社会信用制度是一种具有社会性、规范性、专业性与商业性的信用制度。它所构建的信用为一种普遍信用，即不仅限于相识相知的两个人之间的个人评价，而且扩展为事先没有任何直接或间接关系的陌生人之间的社会评价；也不再仅仅依靠道德规范，而更多地依靠法律规范和制度规范；不仅来源于交易双方对另一方的直接了解，而且扩展为来自专业化的第三方对交易对手的间接了解、分析和判断；不仅是为交易双方所利用，而且成为一种商品，具有其他商品共有的属性。为此，在条件逐步成熟的情况下，作为农村的正规金融机构，除了不失时机地推进显现征信制度的建设之外，作为农村的各级基层政府部门也应通过各种培训、教育、宣传等途径，引导农民认知、了解、适应现代化的征信制度，号召农民自觉维护并遵守现代市场经济下的各种信用规则。到那个时候，不仅城乡一体化的征信体系会水到渠成，而且城乡一体化的信用制度乃至金融体系也会为期不远了。

3.7 传统农区非正规金融活动的创新

长期以来，我国农村金融体制的安排与构建，大致走的都是一条外生供给的道路。在某些特定的历史阶段，外生供给的模式的确会产生一些"应急"的功效，并且也常常是国家实现支农意图所依赖的路径所在。然而这种外生金融的供给模式在发展演进过程中也暴露了不少问题，例如单一层次的金融服务供给与多样化的农村金融需求"貌合神离"，严格程序化的信贷审核程序与尚未进入社会化大生产过程的小规模农户经济活动难以兼容，等等。在这样一个特定农村社会环境之下，培育农村内生的金融创新活动就显得尤为重要。2004年以来，在河南省焦作地区出现了一批农户自己创办的担保协会，其实就是一种农村微型的金融中介机构，在正规金融机构的供给（主要是信用社的信贷业务）与农户之间架设了一座桥梁，使得原来供需不匹配的农村金融活动实现了较为平滑的对接。此举曾引起了全国人大、全国政协等部门的关注。这些担保协会运行一段时间以来，一直活跃在当地农村金融领域，充分显示了这一内生金融制度的生命力。本书将以此作为一个典型，对农村内生金融制度的成长作一分析。

3.7.1 内生金融理论在农村金融实践中的发展

麦金农和肖创立金融深化与金融抑制理论以来，不仅在理论界引发了轰动，而且在金融实践领域特别是发展中国家的金融实践领域引发了金融改革的热潮。继麦金农和肖之后，Kapur（1976）和 Mathieson（1980）、Galbis（1977）和 Fry（1978）等人基于麦金农—肖的框架，相继提出了一些改进的金融发展模型，对麦金农—肖的理论进行了扩展，形成了金融发展理论的麦金农—肖范式（M - S 范式）。一些学者按照理论发展的时间顺序，将后来的金融发展理论的研究成果称为内生金融发展理论。早期的金融发展理论认为：金融市场、金融机构、金融产品等的发展与繁荣通常被视做是由法规和政府管制等外生因素决定的（Bencivenga 和 Smith，1991）。正是这一基本思路导致很多发展中国家的金融改革采取了政府主导的模式。然而，政府主导的模式并不是在任何情况下都大获成功，反而在某些国家与地区出现了"揠苗助长"、"欲速则不达"的情况。其典型的例子就是 20 世纪后期的拉美金融危机与亚洲金融危机。于是，内生金融理论开始浮出水面。

从 20 世纪 90 年代特别是 21 世纪以来金融发展的研究文献和理论发展的脉络来看，金融发展理论的研究范围已经由发展中国家（地区）扩展到各种类型的国家（地区），研究内容从发展中国家如何通过金融深化促进经济增长扩展到金融中介、金融市场如何产生和发展，从发展中国家的金融结构问题扩展到不同金融体系的比较上，从具体的金融机构观扩展到一般的金融功能观，从研究金融发展与经济增长关系这样的显在问题深入到研究金融（自身的）发展规律等潜在问题，进而由仅考虑经济变量扩展到考虑正式制度变量，再发展到考虑非正式制度变量以至于历史、文化、宗教和社会习俗等制度背后更深层面的因素，由把制度变量当做外生变量处理发展到把制度视做经济体系的演化博弈的内生过程，研究方法由传统的简单的线性回归发展到更为接近现实的非线性复杂演化方法。总之，金融发展理论已经由早期的以新古典经济学为基础的 M－S 范式，经由以内生增长理论为基础的内生金融发展理论，发展到以新制度经济学、新政治经济学为基础的新制度金融发展理论。

值得欣慰的是，国内的一些学者也借鉴这些成果与思路，用以分析中国农村金融体系存在的矛盾及其改革路径。

基于以上思路，目前学术界对我国农村金融系统问题产生的原因有几种解释：

第一种观点认为，由于农村金融制度安排上存在着缺失和压抑的现状，对农业的现实投入与农村经济需求极不相称，正规金融机构逐步撤离农村金融市场，导致农业产业结构调整、农民开拓新的生产门路等都难以获得良好的信贷支持和服务，农村金融制度成为制约农业和农村经济发展的瓶颈。另外，市场与政府干预的双重失灵使得农村的金融资源非农化趋势加剧，农民的贷款需求得不到满足，即便是作为合作性金融机构的农村信用合作社，也缺乏合作性，具有浓厚的"官办"色彩①，资金向城市倒流。从深层次分析看，农村金融机构缺少激励和约束机制，金融从业人员素质普遍较低，管理知识和能力不适应现代金融业发展要求，而且由于对农村市场经济发展过程中出现的新情况、新问题、新变化无所适从，制度压抑的强度进一步加剧了。的确，从制度层面看，现有农村金融体系确实存在缺失和压抑现状，但该观点没有考虑到这种制度的安排正是一种基于对外部金融模式的移植，是由政府采取自上而下方式建立的，是一种政府主导的金融制度安排，未考虑到农村金融需求的独特特点，因此不能提供农村经济真正需要的金融产品。

第二种观点认为，现阶段中国农村金融机构组织体系不完整和功能不健全，从而表现出明显的制度缺陷。自 2001 年以来，如果撇开民间金融或借贷行为不谈，我国农村正规金融体系基本上形成了政策性功能、商业性功能和合作性功能相区别的三类金融机构。然而农村政策性金融功能不全，中国农业发展银行因资金来源不稳定、资金运用效益不高、业务范围狭窄等原因，难以承担中国政策性金融的重任；国有商业金融在农村金融领域内的功能趋于弱化；中国邮政储蓄银行抽走大量农村资金；农业保险不适应农业发展的需要。上述机构功能性的不健全导致农村正规金融供给不足。此外，从组织体系完整角度看，作为金融机构组织体系的另一部分，非正规金融如农村扶贫社、农民互助储金会，其规模小、资金实力有限、抵御风险的能力差，同时某些业务的开展

---

① 后面将专门讨论信用合作社"变异"的问题。

还面临如何与中国现行金融法规协调的问题；至于民间私人借贷，其在中国农村较为普遍，在中国的发展一般处于一种非公开的状态。于是组织体系的不完整性和机构的功能不健全导致制度缺陷。这种观点对制度性缺陷的原因进行探讨，分析更深入。但是若进一步分析，为什么会产生组织体系不完整呢？为什么金融机构功能不健全？那答案仍然在于原有的改革是一种"外生成长模式"的改革，是一种外部金融模式的移植，而没有真正考虑农村经济所需的金融产品。

第三种观点认为，最主要的原因在于农村信用合作社存在诸多问题，如产权制度不科学，产权约束弱；管理体制不完善，管理上有"缺位"、"越位"现象；内控意识薄弱，内控制度不健全；农村信用合作社资产负债比例问题突出、自有资本金比例低、资本金中收益积累不足、附属资本偏低等。这种观点明显是"只见树木、不见森林"，只看见了问题的表层，没能深入挖掘现象的本质。

正是"外生成长模式"主导下的改革路径导致了目前农村金融体系的现状。金融成长是金融增长和金融发展概念的综合，包含了增长与发展双重内涵，如果我们把金融资源规模的大小看成量的规定性，把金融结构与效率归结为金融成长的质的规定性，则金融成长本身就是质与量的有机统一体。从理论上分析，由于起始条件各异，我们可以把金融成长分为外生金融成长和内生金融成长。外生金融成长是基于对外部金融模式的移植，即在外部金融业发展的示范下，将外部金融模式移植于本国或某一专业经济领域的一种方式。该模式由于不是通过金融市场的扩展和提高微观经济主体的参与程度来刺激金融成长，往往由政府主导、政策移植、人为推进，而与实体经济、文化结构相排斥，通常表现为由政府采取自上而下的方式建立，金融组织机构或微观金融企业处于被动地位。内生金融成长主要是基于微观经济主体的参与和贡献，基于实体经济内在机制的作用下自觉形成的金融增长。在这一过程中，企业部门和个人自主的作用是主要的，政府只是在企业和个人自主活动的基础上介入金融成长过程。因此，内生金融成长一般包含着较为完善的金融激励、创新、约束机制，金融成长是一个自发、自主、渐进的演化过程。在这种金融成长方式下，企业和个人作为资金的供给者和需求者，其多样化的金融需求是金融机构进行金融创新的动力。

我国农村金融体制改革与农村金融制度变迁几起几落，但从整体上分析，仍未从根本上改变外生金融成长的基本路径。到目前为止，农村金融改革取得的进展主要体现在对现有金融机构的分工整合、管理规范和体制完善等方面，尚未建立一个竞争性的、充满活力的市场机制。因此，农村金融改革思路应该换个角度：政府放弃对金融机构的具体组织和参与，将重点放在规范和鼓励发育金融市场方面，只有这样才能充分满足农村地区分散化、多样化的金融需求；此外，重构我国农村金融体系，还需使得农村经济主体在改革中实力不断增长和壮大，使得国家对金融体系的外在供给让位于农村经济主体自发性的对金融体系变革的内在需求，降低市场准入门槛，建立市场退出机制，让农村地区的金融交易行为发展出更多更大的市场所需的金融组织，以此不断循环来逐步形成一个稳固的农村金融体系。

对此，中国农业大学的何广文（2009）教授还提出了更为明确的观点：现在正规金融机构的改革取向不利于农村金融的满足。正规金融机构的改革，无论是国有银行还是农村信用社系统，或者政策性银行，都有一种取向，就是商业化、股东化。持股，通过股份化的方式，能够解决农村金融机构自身能力的培育问题，这种方向是对的。但是，它与农村存在的金融服务需求是有矛盾的。股份化以后，就要追求市场价值，就要追求股东利益，就要以盈利为目标，而在农村领域很多需求是难以通过市场化的手段来得到满足的，这是矛盾的。现在新型农村金融机构的发展不能解决农村金融服务的问题，不能解决服务于中低收入群体或者农村领域的弱势群体的问题。从已有的或者已经产生的这些机构，不管是村镇银行还是贷款公司，我们都会发现它们建在经济比较发达地区或者城市里面，或者是经济欠发达地区里的经济发达部分。为此，要建立成员之间内生与农村社区之间的农村互助，培育解决农户和农村微小企业重要的服务力量。这个时候需要培养基于农村本土的金融力量。这种内生的金融力量克服了商业金融在开展业务合作过程当中的诸多不足，它具有众多的制度优势，更能满足农村金融需求。

下面，我们将通过河南省焦作地区农民自发创新金融服务的例子，来佐证上述思路与观点。

3.7.2　武陟县建立农民信用担保协会的尝试

3.7.2.1　担保协会产生的背景

长期以来，农村信贷存在着一个奇怪的现象：一方面，农民正常生产与生活需要信贷，农民致富奔小康更需要金融服务的支持，但这种需求从正规金融机构（主要是信用合作社）那里很难得到满足；另一方面，农村信用合作社大量资金贷不出去。① 这就是所谓农村信贷"两难"。

一方面是农民贷款难。农民对此颇为形象的说法是："无钱经营、无物抵押、无人担保。"

无钱经营。据典型调查，农民从正规金融的贷款申请获批率不足40%，而在贷款量上的满足率仅为20%～30%。相比较而言，同一地区企业的这一比例为81.6%。据亚洲发展银行对农村信用合作社的贷款情况的统计，覆盖率低的村仅为17.4%，平均覆盖率为41%。

无物抵押。按照现行金融政策，农民到金融机构贷款需要提供担保或资产抵押。农民的物质财产主要包括三部分：房屋、宅基地和牲畜。但是，由于宅基地属集体所有，房屋、宅基地均无法进行贷款抵押，牲畜等活体动物也不能作为质押物。因此，一般意义上来讲，农民进行质押贷款几乎是不可能的。

无人担保。在"无物抵押"的情况下，农民贷款只能请人担保。农民靠个人力量在农村社区中寻找符合正规金融要求的担保人搜寻成本很大，即便是找到了符合条件的担保人，也常常需要农民付出各种各样的"好处费"才能达成担保协议，这种"好处费"实际上就是各种金融中介的服务费和佣金。但相对于经济力量薄弱的农户而言，这样的中介服务费往往是超出负担能力的。

另一方面是农村信用合作社放贷难。一是放贷成本高。农民贷款多数是小额贷款，对每一笔贷款，农村信用合作社按照监管部门的规定以及内部控制的要求，必须进行严格的所谓"贷款三查"，亦即前期信用调查、市场调查，贷款期间监督、催促还款等复杂烦琐的程序。这相对于额度较小的贷款而言，信贷成本极其昂贵。二是抵押品缺失。农村信用合作社不愿接受农村客户提供的诸如没有房产证的房屋②、小型乡村企业的厂房设施、农产品、农业生产资料等抵押品。即使接受了这些抵押品，也难以找到一个拍卖市场去处理。三是农村信贷风险大。农村信用合作社贷款面临"三重风险"：农业生产经营面临的自然风险、市场风险、贷款户信用风险。面对这样的"三重风险"，加之现行的监管制度要求农村信用合作社对信贷员实行责任终身追究制度，故而农村信用合作社对农户有很强的惜贷、惧贷心理，"有资金、无处贷"也就顺理成章了。

归结一下"农民贷款难"、"农村信用社难贷款"问题的症结，其中一个

---

① 这并非意味着农村资本出现大量剩余，而是在现行制度安排下的一个假象。我国金融监管部门是将信用社与国家银行等同对待的，在这种制度下，信用社自然不敢、也不愿意向农户多放款。这种制度方面的掣肘还要进一步分析。

② 众所周知，农民在自己宅基地建筑的房屋是不像城市一样具有房产证明的。

关键因素是担保难，因为担保是沟通农民贷款需求和农村信用合作社放贷的桥梁。解决了担保问题、农民"无钱经营、无物抵押、无人担保"的问题，农村信用合作社惜贷、惧贷问题就可以迎刃而解了。①

焦作地区的农民担保协会在武陟县嘉应观乡较为成功，下面着重介绍嘉应观乡的农民担保协会。

嘉应观乡地处武陟县东南部，南临黄河，北、西两面靠郑常路和新孟战路。全乡21个行政村，5.2万人，耕地面积9万亩，其中黄沁河滩地7万亩。2000年以来，嘉应观乡党委带领全乡广大人民群众，充分利用滩区肥沃的土地资源，调整农业产业结构，兴起了青贮养牛和庭院养鸡业的热潮。与此同时，资金紧张、贷款难也就成为摆在广大农户面前的现实问题。多年来，信用合作社只对农户发放30 000元以下的小额贷款，对数额较大的贷款一般不予发放。对此，农户自发组织起来，经过与信用合作社协商，探索出了一条引导农户自发成立担保协会，解决农户贷款难的新路子。

3.7.2.2　担保协会的组织形式和运作情况

担保协会是若干个农户本着自愿结合、互惠互利、诚实守信的原则，自发组织，自愿为本村贷款户提供担保而成立的民间组织。协会设会长、副会长各一名，协会成员必须符合以下条件：一是本村村民，并具有完全民事行为能力；二是有一定的生产经营项目；三是经济基础好、信用程度较高，本人及家庭成员在信用合作社无不良贷款记录；四是自愿向信用合作社存入3 000～5 000元的担保保证金；五是自愿履行担保协议职责。协会、信用合作社签订协议书，协议书规定：一是自愿为本村贷款户在信用合作社贷款提供担保，担保贷款最高限额为15万元，一般控制在5万元以下，农户需要贷款，可向协会写出申请，协会60%以上会员签字，信用合作社审查后，农户可得到贷款。二是贷款不能按期归还，信用合作社可直接扣除协会保证金，担保协会成员所承担的保证责任为连带保证责任，保证金不足时，由担保人的私有资产作为补偿，直到贷款本息还清为止。三是担保协会有监督所担保贷款户生产经营状况，并负责协助信用合作社清收贷款的义务。四是会员退会，向协会提出申请，在申请人所担保贷款全部归还后，办理退会手续。五是信用合作社根据"互惠互利、共同促进"的原则，为担保协会提供一些优惠条件：担保协会所担保的贷款在政策允许的范围内实行利率优惠，下调0.8个百分点；担保协会

---

①　这并不是说解决了担保问题，农村信贷的一切矛盾就都可以解决了，而是在现行的制度框架下，担保是打开这个问题症结的一把钥匙。农民自发组织的担保协会就是在这样的条件下应运而生的。

所担保的贷款，少收工本费，不收公证费；信用合作社按担保协会所收回的贷款利息的1%支付劳务费。

这些由农户自己组织起来的金融组织，名义上是一个信用担保机构，但在实际运作过程中，还承担着"批发转零售"的任务，亦即农户申请贷款的时候并非直接面对信用社，而是向担保协会提出申请，担保协会对申请作简单的判断之后，很快会作出贷与不贷的决策，这就是前面提到的隐性征信过程；而信用的直接放贷对象也不是农户，而是担保协会。担保协会获得信用合作社的"批发贷款"之后，再根据已作出的信贷决策"分销"给农户。具体如图3 - 1和图3 - 2所示。

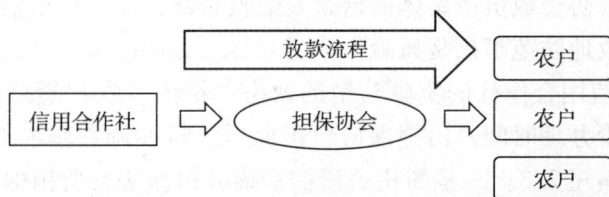

图3 - 1　担保协会功能示意图

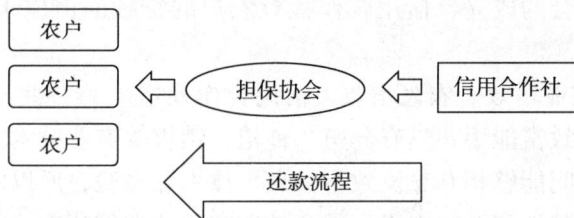

图3 - 2　担保协会功能示意图

正是因为担保协会不仅分担了信用合作社的信贷风险，而且还承担了信用合作社贷款"三查"、催收贷款等责任，故而信用合作社非常乐意有这样一个"二传手"的存在，所以在当地，信用合作社每年都会根据担保协会的工作业绩，支付一定的费用或者给予一定的奖励。这正体现了内生路径金融创新的生命力所在，也从另一个角度证明了非正规金融①存在的现实意义。

3.7.2.3　担保协会的初步功效

1. 解决了长期困扰农户的贷款担保难、信用合作社营销难问题。农民承包的耕地、房屋、农用机械、消费品等不宜抵押，几乎没有可以用来抵押的财

---

① 根据前面给出的界定，这里讨论的担保协会依然属于非正规金融的序列。

产，而担保协会实行自愿组合，多户为一户担保，有效地解决了农户贷款担保难和贷款难的问题。由于担保协会成员多为经济较强的人员，信用合作社对其提供担保的借款人比较认可，在一定程度上消除了信贷人员的惜贷、惧贷心理，扩大了"三农"贷款的投放空间。

2. 提高了信用合作社放贷质量，找到了既能有效支持"三农"发展，又能切实防范风险的切合点。由农户自愿组成的担保协会，共同为一个贷款人承担连带保证责任，担保协会对借款人的监督关心程度较信贷员还高，专门设有台账，所担保的贷款什么时间到期，什么时间该清利息都一清二楚。有的担保协会为了保障贷款到期能够按时归还，要求贷款户给担保协会写出了书面保证。贷款到期，协会成员便集体向借款人催收贷款，协会成了信用合作社的义务收贷员，有效地防范了信贷风险。

3. 提高了信用合作社的贷款营销的效率，扩大了农户贷款的投放面和投放量。一是减少办理时间。由担保协会担保后，贷前调查基本上由协会完成，办理贷款时间缩短 2/3。二是简化了贷款手续。担保协会所担保的贷款，贷款人凭身份证、印章、担保协会保证书便可直接到信贷专柜办理贷款手续。不仅方便了农户，而且也使信贷人员有更多的时间和精力加强贷款发放后的跟踪管理。由于担保协会的成立，信用合作社对农户的贷款面由原来的 10% 上升到现在的 43%。

4. 实现了农业增效、农民增收、信用合作社增盈的"共赢"效果。担保协会成员多数为致富能手，具有养殖、种植、销售等专业技术。由于协会媒介的作用，农民之间能够相互交流致富信息、技术和经验，所以农民担保协会成为农民学习培训基地和调动农民发展商品生产基地的催化剂，使一些农户致富的梦想变成了现实，从而拉动了本乡经济的发展。

5. 遏制了地下高利贷性质的民间借贷。担保协会因利率优惠、手续简化，使农民在贷款中减轻了负担、得到了实惠。现在该乡已成立担保协会的村基本消除了具有高利贷性质的民间借贷方式。农民信用担保协会的成立，使农村信用金融纽带作用进一步发挥，解决了农村更多农户的资金需求，更好地促进了农村经济的发展，同时也稳定了农村的社会秩序。

小结：这类担保协会目前依然属于典型的非正规金融组织，至于以后它们是否会成长为"正规金融"并不重要，也不是我们这里关注的重点，我们关心的重点应当是在现阶段最大限度地发挥它们的正面效应，弥补现有农村金融制度安排中的缺陷。或许有朝一日这类组织会得到官方的"批文"，成为正规金融组织的一员；也许随着农村经济结构的变迁，它们又会走向式微。

4 农村金融体制改革滞后及其对传统农区的影响

中国经济体制改革发端于农村。农村联产承包责任制的推行，赋予了农民对于土地使用的自主权，中国经济为之改观，并开创了一个波澜壮阔的改革开放的新时代。然而，农村金融体制的变革却远远滞后于农村经济体制的变革，这是不能简单地以改革时序上的"错位"来下结论的，其中必定有令我们反思的深层制度因素。我们将以此为切入点，从制度变迁的角度探寻其原因，并进一步分析我国农村金融体制特别是传统农区的金融制度今后重构的取向问题。

4.1 农村金融改革滞后之制度分析

4.1.1 农村金融体制改革的起始点

如果对我国改革开放以来农村金融发展作一简要回顾，首先就会发现一个引人注目的现象，即我国农村金融体制变革是远远滞后于农村经济变革的。这一点，无论是理论界还是实业界都普遍公认。但具体滞后的时间跨度，目前尚无明确的共识。在此，我们不妨以制度安排迈出实质性的步伐[①]作为衡量标准。如果以 1978 年为中国农村经济体制改革起始点的话，则我国农村金融变革的起始点至少向后推迟 16 年，理由有三：其一，1994 年，国有商业银行政策性业务与商业性业务开始分离，新设立了三家政策性银行，其中一家就是中国农业发展银行[②]，这意味着在我国原有的金融体系当中，出现了专业性的农村金融机构与服务的"增量"，因此，这一步应该是具有划时代意义的，可以

[①] 在 1984 年，国务院批转了中国农业银行《关于改革信用合作计管理体制的报告》，其中提到了要把信用社办成"自主经营，自负盈亏"的金融组织，但是事实上，这个文件对当时农村金融存量与增量都没有什么触动，农村金融体制依然维持原有格局，因此，将 1984 年作为农村金融改革的起始点无论从理论上还是实践上理由都不充分。

[②] 尽管中国农业发展银行目前承担的农村金融服务职能常常受到人们的质疑，但在市场化的经济体制下，农村政策性金融机构单设，这毕竟是迈出了历史性的一步。同时，国有农业政策性金融机构自成体系，也是许多市场经济国家的惯例。

作为农村金融变革的一个标志，在此之前，尚无哪一项改革举措可以与其相提并论。其二，在此之后，即 20 世纪 90 年代中期之后，农村金融体制改革迈出新的步伐，各种重大的改革举措与日俱增，对农村金融体制的影响也越来越大。1996 年，《国务院关于农村金融体制改革的决定》颁布实施，提出了对农村金融体制进行重大改革的意见，要求信用合作社脱离与农业银行的隶属关系，于是有了"行社脱钩"的举措，有了人民银行专门设立的农金部门对农村信用合作社的金融活动进行监管①，有了 1998 年及 2003 年农村信用合作社进一步深化改革方案及实施步骤。其三，从宏观角度看，我国的经济体制改革是政府主导型的改革，作为整个经济体制改革的一个重要组成部分——农村金融体制改革也必然由政府来施加主导动力，就农村金融体制的改革而言，无论是政府主导的力度还是对农村金融体制格局产生的影响，都是在 90 年代中期之后才明显地显现出来。如果这一时段划分基本合理并具有一定说服力的话，就自然会引出一个令所有关心中国"三农"的学者深思的问题：中国农村金融体制变革为何比中国农村经济体制改革乃至整个中国经济体制改革滞后那么长的时间？倘若我们将其视为一个必然的过程，那么对此无论从传统的经济发展决定金融发展观点，还是当代金融结构理论、金融功能理论，都很难找到合乎逻辑的解释。然而，这又是一个不容回避的问题，因为今天我国正在进行农村金融体制改革所面临的重重矛盾的困扰，促使我们必须去思考并回答这样一个深层次的问题：今后一个时期中国农村制度的构建是继续与农村经济体制变革保持一定的"缓冲距离"，采取"金融约束"（斯蒂格利茨，1996）的思路，还是尽快赶超，与农村经济体制变革齐头并进甚至适度领先，采取"金融发展"（Shaw，1960）的思路？为此，我们将以此为切入点，从制度变迁的角度探寻其原因，并进一步分析我国农村金融体制特别是传统农区的金融制度今后重构的取向问题。

4.1.2　农村金融体制改革滞后的悖论

理论界公认，中国经济体制改革的序幕是从农村拉开的，其导火线是安徽凤阳小岗村的农民采用"非正规"的契约方式实行包产到户，这一做法被政府发现之后加以认可，并迅速在全国推广，从而使得铁板一块的计划经济体制首先在农村出现了裂痕，"队为基础，三级所有"这种一大二公的、不适应我

---

① 此前，农村信用社的各项业务活动均由农业银行管理，连存款准备金都是上缴农业银行，因此，信用社不是一个独立的实体，更不是一个完整意义上的金融组织。

国农村生产力状况的制度安排成为历史。此后，农村经济无论从组织形式到产权结构都发生了深刻的变化。从理论上讲，农村经济体制当中最核心的成分（生产制度及其组织形式）变革之后，必然带来与之相关的一系列制度安排的变化，其中理应包括金融制度安排的变化，根据戈德史密斯的金融结构理论（1969），金融上层建筑的发展必然要适应实质部门的经济增长，并且呈逐渐加速的态势。然而这一态势并未在我国的农村金融发展中得到印证，农村金融体制长期维持原有的格局，这形成了我国金融体制改革的一个悖论：经济体制变革最先爆发的领域，金融体制一直维持着近乎僵化的格局。直至改革开放的晚近阶段，"体制外"涌现出来的"三会一部"[①]似乎给原有的农村金融体制掺进了一些"沙子"，使得农村金融体系的组织成分丰富了一些，活力增加了一些。但好景不长，这些民营的、非正规的金融组织经过当局以"走着看"的态度试验一个阶段之后，其结局并不像小岗村农民所进行的联产承包责任制的试验，最后得到当局认可进而成为正式的制度安排，而是在 1999 年通过"治理整顿"方式予以全面取缔。迄今为止，"三会一部"已经由"非正规金融"变成了"非法金融"，在公开的农村金融舞台上已经没有其存在的余地了。农村金融体制的活力似乎只是经过短期的昙花一现，就又回到了原来"大一统"的格局。与此形成鲜明对照的是，后起的城市经济改革与城市金融体制改革之间的关系倒是基本上印证了戈德史密斯的观点，尽管城市金融体制的改革也滞后于城市经济改革[②]，但城市金融体制在改革的晚近阶段是呈加速态势发展的，无论金融的组织机构增长还是金融工具的数量的扩张都是如此。一些学者的研究表明，中国目前城市的金融相关率已接近美国 20 世纪 80 年代的水平。[③]

农村金融体制长期以来大幅度滞后于农村经济体制的变革，其加速发展的状态至今尚未显现，这已成为中国金融体制乃至整个经济体制改革当中的一个悖论，其原因究竟是现阶段农村生产力发展水平的限制，使得金融这一"奢侈品"暂时无法与农村经济取得足够的"亲和力"，还是我国特有的社会、经济因素使得一个时期以来农村金融发展受到严重压抑，下文将进一步探讨。

---

① "三会一部"是指前一阶段在我国农村出现的合作基金会、互助基金会、储金会、股金服务部一类组织。其实质都是金融机构。

② 理论界较为一致的观点是，1984 年为我国城市金融体制改革的起始点。当年，中国工商银行与中国人民银行分离，前者专门从事城镇工商信贷业务，后者专司中央银行职能。同时，金融市场问题正式进入金融界的视野，在我国由理论探讨走向实践。

③ 王晓芳：《中国金融发展问题研究》，58～62 页，北京，中国金融出版社，2000。

4.1.3　农村金融体制改革滞后的原因分析

由于中国是一个历史悠久的农业大国，因此从某种意义上可以说，中国的农村问题，就是中国几千年来各种社会矛盾、各种经济关系的缩影。据此，有学者认为，中国农村问题当中，哪怕是十分细小的微观枝节都有可能引出硕大的宏观问题；哪怕是一个非常短期的问题，要把它搞清楚，也得追溯其长期的根源（张杰，2003）。分析中国农村金融变革滞后的原因也是如此，如果仅仅将其视为"改革安排时序的错位与失误"，不仅令人难以信服，而且也没有触及问题深层的实质。为此，我们有必要拓宽视野，从不同的角度与层面探寻中国农村金融体制变革这一"悖论"的成因。同时，更为具有现实意义的着力点是，追溯过去，是为了把握未来农村金融体制变革的规律及走向。

4.1.3.1　渐进式改革的必然选择

中国的整个经济体制改革模式是在政府的主导之下的渐进模式。这一改革模式不同于苏联、东欧国家在经济转型期间所采取的激进式休克疗法。尽管学术界对渐进式改革还有不同的看法，但毋庸置疑的是，这种模式已经成为经济转型的一种创举，在中国改革开放的前期与中期获得了巨大的成功。通过二十多年来的渐进式改革实践，我们可以看到其中许多独特的地方，诸如可以从容地设计、选择各种改革方案。可以暂时搁置意识形态的争议，先"试试看"；可以采取"摸着石头过河"的方式不断地"试错"，遇到一些难点问题可以"绕着走"。历史地看，在这些特征后面，还隐含着一个确保改革能够获得成功的比较优势，即渐进式改革可以在传统与现实的激烈冲突之间建立一个巨大的缓冲区，通过逐渐显现的改革绩效来证明传统的"错误"与改革的"正确"，从而使得改革具有可持续性，能够不断向纵深推进。众所周知，政府主导型的改革不断得以推进的一个重要前提是，每项改革措施在正式出台之时，必须得到权力部门大多数人的认可，否则，哪怕是再优的改革决策，也难以推行。综观中国历史上的改革或改良，凡是要触动传统格局的，凡是与"祖制"相悖的，绝大多数都是在传统与现实的激烈冲突中最后以改革者失败而告终，改革愈激进，改革寿命愈短暂。为此，在中国这样一个传统积淀十分厚重的国度当中，自上而下的改革要获得成功，渐进模式的道路具有必然性。也正是因为如此，金融体制改革滞后于经济体制改革就在情理之中，而作为金融改革的一个组成部分的农村金融改革，自然也就被局限在金融体制改革起步之后，而不可能是紧随农村经济改革同时发生相应的变革。虽然在农村经济体制发生变化之后，农户对于多样化、多形式、多层次的金融服务需求日趋强烈，以致后来在农村涌现出"三会一部"这样一批非正规金融形式来增加农村金融供给，但这些形式的出现没有在事先"规划好"的金融改革进程当中，因此得到决策层认可的期望值自然较低。更为重要的是，未加规范的非正规金融大量出现，影响了农村信用合作社这一"正规金融"的地位与作用（后面还要对此进一步考察），给政府部门一心一意要扶持的正规金融的发展造成了干扰。与此同时，由于当局对非正规金融的监管缺乏经验，导致一些局部金融风险的出现，因此非正规金融昙花一现，最后被取缔也就在情理之中了。

4.1.3.2 各种利益关系博弈的结果

改革就是要塑造一种更加富有效率的制度安排，来激励微观主体的积极性、创造性，从而实现整个经济机体更富有活力地发展。在市场经济条件下，对于微观主体的激励，都是通过经济利益的分配来实现的。当社会经济尚未达到帕累托最优时，可以通过经济利益增量配置来激励效率，而当社会经济接近或者已经实现帕累托最优之后，就必须通过经济利益存量的再配置（亦即经济利益关系的再分配）来实现同样的目的。显然，对存量的再配置要比对增量的配置难度大得多，因为每一轮的存量再配置都会引发一场经济利益关系的博弈。在我国改革开放初期，社会经济距离帕累托最优点较远，因此，改革开放初期的一段时间内的各种举措，基本上都是围绕利益增量分配来进行的。在利益增量分配的过程中，获得改革利益的群体并没有侵占另一部分社会群体的既得利益，因此，早期的各项改革并不直接导致各利益集团经济冲突，改革过程中也不会出现纷繁复杂的利益关系博弈（遗憾的是，农村金融体制改革没有赶上增量配置的"末班车"）。而在改革的晚近阶段，我国的社会经济已经接近帕累托最优的均衡点，[①] 因此每一轮改革都会引发各种利益关系的博弈，而各种利益关系博弈的结果，往往影响着改革的时序以及相关利益群体通过改革可以获得的"优惠"。就农村金融体制改革而言，所涉及的利益关系十分复杂，诸如财政与金融的利益、中央与地方的利益、城市与农村的利益、工人与农民的利益、政策性金融与商业金融利益等。在诸多的利益关系之中，农村金融当中的主体几乎都是弱势群体，农村金融需求的主体——农民，是中国社会各阶层当中的弱势群体已是不争的事实，而被称为"农村金融服务主力军"

---

① 事实上，我国经济距离严格意义上的帕累托最优依然有相当的距离，为了分析问题方便，笔者在这里只是借鉴了帕累托最优的一个准则：在不使任何人境况变坏的情况下，不可能再使某些人的处境变好。换言之，要使一部分人的处境好一些，就意味着必须使另一部分人丧失若干既得利益。

的农村信用合作社，在诸多的金融组织当中，也是名副其实的最大的弱势群体。因此，在各种利益群体的博弈过程当中，农村金融自然被排在利益序列当中靠后的位置。本来，由于金融体制改革的滞后，农村金融改革就已经向后延迟了一段时间，而在改革的第二阶段，由于在利益关系博弈当中不占优势，因而具有实质性的改革内容一再被延迟。因此，我们便不难解释改革开放以来，最高决策当局几乎从来就没有中断强调"三农"问题的重要性，但真正涉及对"三农"利益倾斜的各种具体措施的时候，却又是显得如此乏力；也不难解释改革过程当中，许多呼吁已久的问题一直难以解决，例如农村信用合作社曾经办的保值补贴储蓄之后很长一段时间得不到财政的贴息，农业银行与信用合作社分家过程当中前者利用其"领导者"的地位将大量不良资产推向信用合作社等。事实上，这些都是各种利益关系博弈之后形成的均衡，要打破这种均衡，又有待于新一轮的利益关系博弈。从某种意义上讲，利益关系博弈是不同利益集团之间经济地位与经济实力的较量，在较量中占据上风的主体，往往可以先于其他主体得到改革的果实——集团垄断利益，反之，则要丧失一部分利益。正是在这种一轮又一轮的利益关系博弈过程当中，与农村金融有关的特别是牵涉向农村金融倾斜利益分配的改革措施不得不一再向后推移。

4.1.3.3　支付改革成本的需要

从制度变迁的角度看，经济转型过程当中的改革与自然演进过程当中的跃迁相比，就是前者要在相对较短的时间（即改革获得持续动力的时间段以内）集中支付一笔更大的成本，而且成本支付的数量与改革获取的动力成正比。这就是所谓的"拆楼效应"，亦即旧的制度框架无法容纳社会经济更加高效的增长而必须以新的制度框架取代的时候，社会经济运转在两种体制框架之间转移必须借助一个中间通道，这个通道的具体表现形式就是在新旧体制转型过程中每项改革所涉及的对象都能够"安居乐业"，更为形象的比喻就是要拆掉旧楼建新楼，必须先盖好拆迁居民的"中转房"，否则新旧体制的交替就无法实现。对于政府主导的改革，这笔成本当然需要由政府来设法支付，否则政府主导的改革就失去了原动力。当然，最理想的境况是由中央财政来承担这项转型期间的巨大的社会成本，这样，每一项事关全局的改革举措推出来的时候，都可以同时解决由此产生的各种"后顾之忧"，从而使得改革可以顺利地推进。然而，改革开放以来，随着增量改革阶段的结束，国家财政所直接掌控的财力大幅度下降，统计资料显示，1978年国家财政占GDP的比重是31.2%，1995年则变为10.7%（在此我们暂且不讨论这种格局形成的必然性，仅讨论其后果）。由此产生的直接矛盾焦点就是，如何支付与日俱增的改革成本，从而保证中国整个经济体制改革的可持续性？实际上，当财政已经无法承受越来越大的改革成本的时候，这一成本绝大部分转嫁给了金融部门，金融部门成为支付巨大改革成本的实际承担者。从形式上看，这一笔成本是由国有商业银行直接承担的（张杰，2003），例如国有商业银行对国有企业实行债转股，以"短贷长用"的方式支持国有企业改制转轨，国有商业银行奉命发放"安定团结贷款"等，这些有悖于一般金融原则而又颇具中国特色的"银行业务"，实际上都是在支付改革的成本。但进一步分析就会发现，虽然支付这些成本的资金出口都基本上集中于国家商业银行，但这些资金来源，却有相当一部分源自于农村市场。农业银行走向商业化的道路之后，实际上已经加入了城市金融发展的序列当中（亦即常说的农业银行"脱农"），县域以下的网点大规模撤并，对农业提供的贷款迅速萎缩，但农业银行等国有商业银行相当一部分储蓄网点依然固守农村阵地，[①] 于是，中国最大的"农"字号国有商业银行扮演着不断向城市改革提供"存差"的角色，而改革开放以来加入农村领地的邮政储蓄机构，则成为不折不扣的农村资金抽水机。邮政储蓄银行吸收的资金70%左右来自县以下机构，然而这笔资金却通过上存人民银行的方式全部流出了农村领域，尽管中央银行通过再贷款的途径可能使这笔资金一部分变成支农再贷款，但无论如何，这笔资金的流出与流入是不对等的，即流出远远大于流入。一个时期以来，农村资金大量外流的现象成为许多学者抨击现行农村金融体制落后于农村经济发展的靶标，但换一个角度分析，如果没有这笔资金从农村源源不断地流向城市，那么无论是为国有商业银行剥离不良资产也好，还是国家向国有商业银行三番五次注资为其包装上市也好，均难以成为现实。为了保证城市当中国有企业改革能够进行下去，为了保证现代商业银行制度建设能够按照预期的时间表推进，农村资金源源不断输往城市的这条路径就必须暂时存在，而为了保证农村资金能快速流向城市，原有的"大一统"农村金融体系就是一种相对"高效"的制度安排。而一旦农村金融体系"活起来"，结构与成分"丰富起来"，这条资金逆向流动路径就会受到阻滞。由此，我们也就容易理解1999年最高当局"果断而坚决"地取缔"三会一部"等非正规金融的另一个深层原因。因此，我们可以说，正是农村经济的负重在为城市经济改革支付成本。同理，正是农村金融的负重，在为城市金融改革乃至整个中国经济体制

[①]　在实地调查中我们发现，国有商业银行在县域以下收缩网点一般是以分支机构"降格"的方式进行，既支行降为分理处，分理处降为储蓄所，这一过程完结之后，国有商业银行在县域以下基本上只剩下储蓄业务，而无其他金融服务了。

改革支付成本。

4.1.4　农村金融体制改革滞后带来的问题

综上分析，我国农村金融体制变革滞后，是我国目前社会经济体制各种矛盾相互交织而造成的结果，从某种意义上讲，这种滞后具有一定的必然性。一些学者把这样的改革路径选择称为"循序渐进"模式（樊纲、胡永泰，2005）。按照这些学者的分析，"循序渐进"模式自然有其优点，例如充分考虑到改革的长期性与艰巨性，按照先易后难的顺序依次将改革推向纵深，在财力物力有限的情况下先解决难题的一部分，然后再解决难题的另一部分。但是，"循序渐进"模式有一个很大的缺陷，就是这种改革路径会带来"不协调成本"，如果"不协调成本"过大，就会抵消前期改革的正效应。事实上，我国目前的经济体制就是面临着这种不协调成本过大带来的困扰。农村经济体制先行变革，对我国整个经济体制变革所起到的作用是巨大的，甚至可以说，如果没有农村的联产承包责任制，就不可能有后来的城市当中的国有企业改革。然而到了改革的中后期，最先获得改革动力的农村经济，却又落在了整个经济体制变革的后面，以致农业作为"国民经济基础"的地位受到威胁。当然，我们可以说，社会经济发展是不均衡的，拉动经济增长的火车头也会随着情况的变化而不断变换位次。但我们不应当忽视，中国这个传统的农业大国还没有全面实现工业化，工农还没有完全融为一体，农业与工业相互支撑、相互援助的内在机制尚没有形成。在这样一个历史阶段，如果农业发展被冷落、被边缘化，其后果可能是不堪设想的。这正是当今社会经济矛盾的焦点所在。在制约农业经济发展的各种矛盾当中，农村金融体制变革的滞后是其中一个十分重要的因素。金融制度变革的滞后必然导致资金投入的匮乏，进而使得传统的小农业向现代化大农业的变迁是不可能的。

4.2　农村金融体制改革滞后对传统农区的影响——以河南传统农区为例

构建和谐社会，促使全国经济协调发展，是我国今后一个时期社会经济发展的重要任务。中部诸省区多为传统农业大省，亦为我国粮食及经济作物主产区，农业经济的比重相当大，因此，无论是中部崛起也好，还是中原经济区建设也好，统统离不开农业崛起。在中国的传统农区当中，河南无疑是其中一个最典型的地区。河南省作为一个农业大省，要在中部崛起与中原经济建设当中发挥应有的作用，农业的崛起与振兴是不可或缺的重要环节。而农业崛起的关键就是要使中部农业尽快走出传统农业的格局，尽快改变农业结构层次低，专业化组织程度低，科技含量低，与第二、第三产业关联度低，产业链条递延能力低，市场反馈灵敏度低的传统格局。要走出"农业凹陷"的困境，从而进一步摆脱"中部凹陷"的局面，建立健全"三农"金融服务体系是其间一个不可或缺的重要环节，因为金融是当代经济的核心与中枢。

就区域经济而言，当周边地区金融发展速度快于本地区发展速度、金融发达程度超过本地区发达程度的时候，无疑会形成金融落后地区资本发散效应，因为在诸经济要素当中，唯有金融资源流动性最强，对信息的反应最为敏感，由此形成的聚集与反聚集效应也最明显。而目前我国的中西部广大农村地区恰恰是处于这样一个金融资源的发散区域当中。因此，健全我国中部农村金融服务体系，具有重要的现实意义。

改革开放以来，农村金融体制发生诸多重大变革，但是，时至今日，我国农村金融发展现状并不令人满意。特别是在传统农区，现有农村金融格局对农村经济发展的影响与制约主要体现为金融服务体系单一性与农村经济体系多元化不对称。在整个改革开放的期间，无论城市经济还是农村经济，都是在朝着商品化、市场化的路径推进的，但到 20 世纪 90 年代以来，农村金融服务的供给发生了大幅度的逆转，农村金融体系又回潮为信用合作社一统天下的单一性结构，这种单一性的金融结构必然制约农村经济多元化、多层次、多角度、多方位的发展。其典型表现是：农村资金流入与流出不对称；农村信用合作社承担的重任与其资产质量不对称；政策金融的功能与其业务规模不对称；农业保险的供给与需求不对称。因此，加快改革步伐，重构适应"三农"对金融服务需求的农村金融体制已经成为一个迫切的问题。

4.2.1　传统农区省情分析（以河南省为例）

4.2.1.1　河南省与全国部分指标比较分析

从表 4 - 1 我们可以得出以下基本判断：一是河南人口占全国总人口的比例为 7% 左右，并呈逐年下降趋势。二是河南城市人口所占比例低于全国城市人口的平均比例，而农村人口所占比例高于全国农村人口的平均比例，即传统农区的城市化率低于全国平均值 6 ~ 7 个百分点。由此可见，城市化率偏低河南省首当其冲，其隐含的问题是河南省的"三农"问题比中部其他省区更为严重。

表 4 - 1   2002—2010 年河南省与全国总人口及城乡人口构成表   单位：万人、%

年份	城乡构成	全国	河南
2002	小计	128 453	9 613
	城市	50 212	2 480
	占比	39.09	25.80
	乡村	78 241	7 133
	占比	60.91	74.20
2004	小计	129 988	9 717
	城市	54 283	2 809
	占比	41.76	28.91
	乡村	75 705	6 908
	占比	58.24	71.09
2006	小计	131 448	9 392
	城市	58 288	3 050
	占比	44.34	32.47
	乡村	73 160	6 342
	占比	55.66	67.53
2008	小计	132 802	9 429
	城市	62 403	3 397
	占比	46.99	36.03
	乡村	70 399	6 032
	占比	53.01	63.97
2010	小计	134 091	9 405
	城市	66 978	3 649
	占比	49.95	38.80
	乡村	67 113	5 756
	占比	50.05	61.20

资料来源：根据各年度地方统计年鉴与金融年鉴资料整理。

从表 4 - 2 数据可以看出，2002—2010 年，河南省地区生产总值年增长速度均快于全国 GDP 的年增长速度，其中，2002 年快 0.4 个百分点，2004 年快 3.6 个百分点，2006 年快 1.7 个百分点，2008 年快 2.5 个百分点，2010 年快 2.1 个百分点，基本上呈逐年加快之势。说明这段时间传统农区经济发展速度并不慢。但发展速度快不能排除的一个原因是经济基础薄弱，基数不大。

表4-2　2002—2010年中部六省地区生产总值与全国GDP及增长速度

单位：亿元、%

年份		全国	河南省	占全国比例
2002	总量	120 332.7	6 035.5	5.0
	增速	9.1	9.5	
2004	总量	159 878.3	8 553.8	5.4
	增速	10.1	13.7	
2006	总量	216 314.4	12 362.8	5.7
	增速	12.7	14.4	
2008	总量	314 045.4	18 018.5	5.7
	增速	9.6	12.1	
2010	总量	401 202.0	23 092.4	5.8
	增速	10.4	12.5	

资料来源：根据各年度地方统计年鉴与金融年鉴资料整理。

　　从表4-3中数据可以看出，2002—2010年，河南省消费品零售额的增长速度总体上快于同期全国社会消费品零售额的增长速度，但社会消费品零售额占同期全国社会消费品零售额的比例总体呈下降趋势。如果考虑到河南是全国人口大省，则更是说明"三农"问题是其制约内需扩大、制约市场向广度与深度拓展的一个核心问题。

表4-3　2002—2010年全国与河南省社会消费品零售额及增长速度

单位：亿元、%

年份		全国	河南	占全国比例
2002	总量	48 135.9	2 189.8	4.5
	增速	10.0	12.6	
2004	总量	59 501	2 808.2	4.7
	增速	13.3	15.7	
2006	总量	76 410	3 880.5	5.1
	增速	13.7	15.5	
2008	总量	114 830.1	5 815.4	5.1
	增速	21.6	23.2	
2010	总量	156 998.4	8 004.2	5.1
	增速	18.3	19.0	

资料来源：根据各年度地方统计年鉴与金融年鉴资料整理。

从表4-4数据可以看出，2002—2010年河南省粮食产量保持在4 209.98万~5 437.10万吨，河南省粮食产量的增长速度与全国粮食产量的增长速度有比较大的相关性。若河南省粮食产量增长较快，则全国粮食产量增长也较快，反之则相反。这充分说明河南省作为传统农区在整个国家国民经济当中的基础地位。

表4-4　　　　　　2002—2010年全国与河南省粮食产量及增长情况　单位：万吨、%

年份	全国	河南	占全国比例
2002	45 705.75	4 209.98	9.21
2004	46 946.95	4 260.00	9.07
2006	49 747.89	5 010.00	10.07
2008	52 870.90	5 365.50	10.15
2010	54 647.70	5 437.10	9.95

资料来源：根据各年度地方统计年鉴与金融年鉴资料整理。

从表4-5数据可以看出，在这段时间里，河南省农村居民人均纯收入增长速度均高于全国农村居民人均纯收入增长速度，整体上河南省农村居民人均纯收入增长速度与全国农村居民人均纯收入增长速度变动趋势一致，但河南省农村居民人均纯收入低于同期全国农村居民人均纯收入的局面基本没有改变。如表4-6所示。河南省农村居民人均纯收入加权平均值，2002年为2 215.7元，低于全国平均值259.9元，低10.5%；2004年为2 553.1元，低于全国平均值383.3元，低13.1%；2006年为3 261.0元，低于全国平均值326.0元，低9.1%；2008年为4 454.2元，低于全国平均值306.4元，低6.4%；2010年为5 523.7元，低于全国平均值395.3元，低6.7%。不但河南省农村居民人均纯收入绝对值的差额有拉大的趋势，而且相差的幅度也有拉大的趋势。而在全国范围内，河南省农民的人均收入水平基本上是位于低端，这充分凸显一个时期以来"中部凹陷"的不争事实，可见河南省提高农民的收入水平任重而道远。

表4-5　　　　　　2002—2010年全国和河南省居民收入及增长速度　单位：元、%

年份	收入与增速	全国	河南
2002	农民人均纯收入	2 475.6	2 215.7
	增速	4.8	5.6
2004	农民人均纯收入	2 936.4	2 553.1
	增速	6.8	14.2

年份	收入与增速	全国	河南
2006	农民人均纯收入	3 587.0	3 261.0
	增速	7.4	13.6
2008	农民人均纯收入	4 760.6	4 454.2
	增速	8.0	15.6
2010	农民人均纯收入	5 919.0	5 523.7
	增速	10.9	15.0

资料来源：根据各年度地方统计年鉴与金融年鉴资料整理。

表 4－6　　　2002—2010 年河南省与全国农民人均纯收入绝对值比较 单位：元、%

年份	2002	2004	2006	2008	2010
全国农民人均纯收入	2 475.6	2 936.4	3 587.0	4 760.6	5 919.0
河南省农民人均纯收入	2 215.7	2 553.1	3 261.0	4 454.2	5 523.7
低于全国水平	259.9	383.3	326.0	306.4	395.3
低于全国的比例	10.5	13.1	9.1	6.4	6.7

资料来源：根据各年度地方统计年鉴与金融年鉴资料整理。

通过上述相关指标与全国对应指标平均值的比较分析，我们可对传统农区省情得出以下初步判断：一是城市化水平和工业化水平比较落后；二是社会消费品零售总额整体偏小，市场化比率偏低；三是农村居民人均纯收入普遍较低；四是农业产业化程度不高。而以上四个方面，均与中部地区的"三农"问题有直接联系。

4.2.1.2　中原经济区与"三农"问题

中原经济区战略是在特定的背景下提出的，一是先富论指导下的地区差距不断扩大，西部大开发战略、振兴东北等老工业基地战略相继提出；二是国际竞争加剧，要求产业在空间上重新布局；三是国家实力的增强，为协调地区发展提供了更多的手段。

中部问题的实质要从多角度考察。第一，从宏观角度看中部的明显特征：发展水平低、发展任务重、二元结构特征显著、农村人口比重很大。第二，如果将中部与西部和东北作比较，则不难发现：面临突出二元结构矛盾的中部，关键要创造优良的环境，推动产业综合发展。

因此，中部问题的实质是通过加快中部地区城乡一体化的步伐，实现全国地区经济协调发展。中部问题其实就是中国问题，中部崛起的核心任务就是加快推进工业化，在工业化的基础上推进城市化和现代化，实现社会转型，而解决"三农"问题又是实现这一核心任务之中的核心。

中原经济区政策的支点有二：一是中部地区"三农"问题和城乡二元结构矛盾最为突出，解决这些问题的任务最为紧迫。二是从经济和社会转型方面来看，中部问题的解决必须与整个中国的现代化进程结合起来。此外，新时期制定中原经济区战略和政策必须坚持协调发展原则、公平待遇原则、合理补偿原则和制度建设先行原则。促进中原经济区发展，应以功能性政策为主，区域性政策为辅。

从数字上来看，1996—2004 年，我国东部地区占全国 GDP 比重上升了1.1%，环渤海地区上升了 0.83%，珠江三角洲地区上升了 0.3%，唯独中部地区下降了 1.01%。2004 年全国经济增长速度列入前五名的没有中部的身影，中部地区生产总值仅相当于东部的 33.6%；地方财政收入仅占全国的 15.3%，低于地区生产总值所占比重；中部地区农民人均纯收入低于全国平均水平。

从我国当前各地区发展的现状看，在中国的整体经济版图上，中部地区已经陷入"凹地"，整个中部地区显现出"凹陷"的状态。因此，要打破这种状况，实现我国经济的区域协调发展，除了继续实施东部率先、西部开发和东北振兴战略外，努力促进中部地区崛起已经成为我国政府统筹区域协调发展的一个具有重大战略意义的现实课题。从某种程度上来说，中原经济区是实现我国区域经济布局均衡、协调发展的坚实支撑。若中部地区经济发展出现"凹陷"，东西部必然失衡；中部若梗阻，东西部必然割裂。只有促进中原经济区，才能为东西互动、南北合作提供坚实的支撑点，实现全国现代化的战略目标。在这种背景和形式下，"中原经济区"的提出便顺理成章。

"中原经济区"的主角是河南以及湖北、安徽、河北和山东部分地区。中原经济区地处我国内陆腹地，起着承东启西、接南进北、吸引四面、辐射八方的作用。长期以来，中部地区一直是我国重要的工业、农业和能源基地，广袤的华夏腹地更是全国重要的交通枢纽和物流中心。从更悠久的历史发展来看，中部地区一直是著名的"鱼米之乡"和"天下粮仓"，在各个历史朝代的经济发展中都起着重要的作用。然而，近年来中部地区却出现了经济放缓的趋势，特别是在东部沿海开放、西部大开发和东北振兴的背景下，位于中国版图中心的这一地区正面临"凹陷"之忧。国家科技部"国家中长期发展规划课题组"的研究报告显示：中部地区的人均生产总值在 1980 年时相当于全国平均数的

88%，1990 年下降到 83%，到 2003 年时则只有 75%；在地区生产总值总量上，中部与东部之间的差额在 20 多年间增加了 6 倍。为什么资源丰富、人口众多的中部地区会出现发展滞后的状况呢？中部又该如何摆脱这种"凹陷"状态，实现经济上的发展呢？"中原经济区"的突破口在哪里？

"中原经济区"突破口的选择，与中部地区在发展中面临的共性问题有关。迄今为止，国内已经形成的三大政策区域板块，都有非常明确的突破口：东部是开放，西部是开发，东北是老工业基地改造。中原经济区至今没有形成一个干脆简捷的政策概念，与没有找到突破口有很大关系。

"三农"问题可能是中原经济区的一个突破口，因为它涉及很多深层次的问题。中部之痛，首痛在"三农"，直接表现是城乡二元经济结构。中部有 3.6 亿多人口，劳动力资源丰富。但中部的城市化率只有 25%，比全国整整低了 10 个百分点。由于城市化、工业化水平低，大量的农村剩余劳动力反而变成了中部发展的制约因素。从全国范围看，在外省（市）打工人数最多的是四川省，而第 2 至第 6 位依次为安徽、湖南、江西、河南、湖北，全是中部省份。

中部的城乡二元经济结构在中国最具有典型性。因此，只有抓住这个问题，才能带动全国的发展。而中部真正的投资方向是城市的产业扩容，重点是发展能够大量吸纳劳动力的加工制造业和第三产业，创造机会让农民跨过进入城市的"槛"。如今既然中央已经把解决"三农"问题作为一切工作的重中之重，既然 1/3 的农民又高度集中在中部地区，破解"三农"问题的重点自然也要放在中部，中国能不能实现全面、协调、可持续发展，关键看中部地区的二元结构能不能解决。

发展中部首先要发展农业。中部发展对于中国总体竞争力的提高非常重要，在东部、中部、西部三部分发展中，"中原经济区"起着承东启西的作用。中部发展了，对于推进国家整体竞争力的提高非常重要。从农业、工业、能源、科技以及人才等决定经济发展的因素来看，中部地区的比较优势最主要的还是农业。

目前，中部地区的粮食产量占到全国产量的 40% 左右，这从另一个角度告诉我们，中国中部地区的农业问题，不仅是解决中部问题的关键，而且在某种程度上也是解决我国"三农"问题的关键。所以中部要发展，必须充分发挥农业这一比较优势，而要使这一资源的比较优势转化为市场和经济的比较优势，需做好以下三方面的工作：一是抓住东部产业升级后腾出的巨大农产品市场空间，争取建立统一大市场。目前东部的比较优势是轻工制造业，其优势充分发挥后，必然造成农业劳动力短缺、城市化率提高、农业用地减少等情况，这就相当于无形中让出了很大一块农产品市场，对于紧邻东部且以农业生产为主的广大中部地区，这无疑是个巨大的市场机遇。二是要加强农业科技和农田水利等基础设施建设，以增强农产品供给能力。农产品市场空间腾出来了，现在关键的问题是中部能不能保障供给，这在很大程度上取决于中部的农业结构调整、农业技术升级、农田水利及相关的信息化建设水平如何。三是要在提高农业劳动力素质方面下工夫。满足市场对农产品从量到质的需求，并能及时根据市场变化调整生产，是新型农产品市场对现代农业的要求。作为全国重要的农副产品生产与输出基地的中部地区要崛起，就必须以市场为导向，以农业产业化和农村城镇化为中心，走具有地区特色的农业现代化建设之路。积极推进农业产业化，使农业朝着科技含量高、经济效益好、资源优势得到充分发挥的方向发展。利用生态优势，积极引进新资源，大力发展绿色食品、特色食品生产和精深加工。另外，中部地区必须在更大范围和更高层次上参与国内外的经济技术合作和竞争。应在巩固提高传统产品出口的同时，积极开拓新产品特别是高附加值产品的出口。扶持一批具有规模、品牌和市场优势的大中型企业集团到境外投资，引导优势企业"走出去"，积极开拓国际市场。在吸引投资的同时，重视技术尤其是高、精、尖技术的引进，把技术引进与自主创新结合起来，切实做好技术引进的消化吸收工作，使技术引进成为中部地区加快工业化的助推器。

"三农"问题，对中原经济区来说是一道绕不过去的槛。解决"三农"问题，工作千头万绪，需要解决的热点难点问题很多，例如农村医疗卫生体制改革、农村教育体制改革、农村基础设施建设、农业产业化发展、农业生产组织结构升级、城乡一体化大市场的建设等，解决这一切的问题都需要有一个前提：源源不断的资金投入。在市场经济条件下，除了市场主体的自我积累之外，整个社会巨额资金的形成与来源主要有两个渠道：财政与金融。在解决"三农"问题的过程当中，财政主要利用再分配的手段，通过转移支付的方式支援农业，这可形象地称为"输血机制"；而金融则是通过储蓄向投资的转化机制来增强农村经济的活力，这可形象地称为"造血机制"。为此，建立健全农村金融体系、完善农村金融制度在中原经济区当中的重要意义就不言而喻了。

4.2.2 河南农村金融发展现状分析

4.2.2.1 农村金融总量

1. 机构人员概况

截至 2010 年末，河南省共有农村金融机构 6 940 家①，其中法人机构 2 200 家，非法人机构 4 740 家。在这些农村金融机构当中，农村信用合作社的机构占据绝对优势，其他类别的农村金融机构寥寥无几。从农村机构②总量上看，在全国各地（市）当中排第一位，约占全国农村金融机构总量的 7.6% （见图 4 - 1）；在中部诸省当中也排第一位，占中部地区农村金融机构总量的 35% （见图 4 - 2）。③农村金融机构从业人数为 51 500 人，占全国农村金融机构从业人数的 8.1% （见图 4 - 3）。

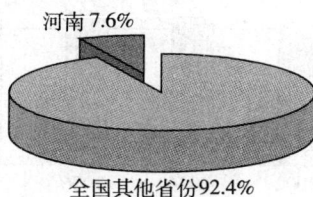

资料来源：根据《中国金融年鉴》有关数据计算整理。

图 4 - 1　2010 年河南农村金融机构占全国农村金融机构比重

资料来源：根据《中国金融年鉴》有关数据计算整理。

图 4 - 2　河南农村金融机构占中部六省区农村金融机构比重

2. 信贷总量及变化趋势

2001—2010 年河南农村信贷总量及变化情况如图 4 - 4、图 4 - 5 所示，农

---

① 这里的农村金融机构主要是农村信用社，其中也包括了一部分其他金融机构，如农业发展银行分支机构、邮政储蓄银行分支机构等。

② 指官方认可的农村金融机构，不包括非正规金融机构。

③ 由于各地正在进行农村信用社改革，以上数字处于动态变化之中，但总体格局依然不会有太大的变化。

村存款与农村贷款比较如图 4 - 6、图 4 - 7 所示。

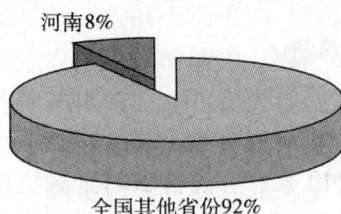

资料来源：根据《中国金融年鉴》有关数据计算整理。

图 4 - 3 河南农村金融机构从业人数占全国农村金融机构从业人数比重

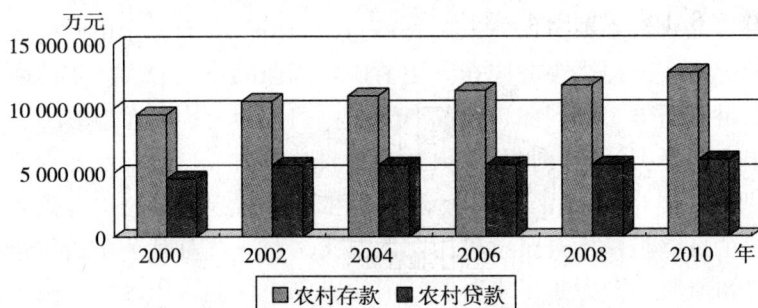

资料来源：根据各年度《河南统计年鉴》、《中国金融年鉴》有关数据计算整理①。

图 4 - 4 2000—2010 年河南农村信贷总量

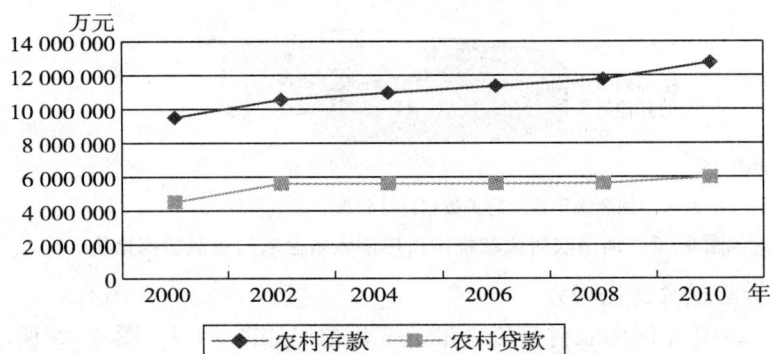

资料来源：根据各年度《河南统计年鉴》、《中国金融年鉴》有关数据计算整理。

图 4 - 5 2000—2010 年河南农村信贷变化趋势

---

① 由于统计口径与数据来源等关系，这里整理的结果只是近似值。

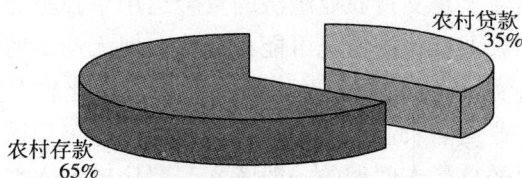

资料来源：根据各年度《河南统计年鉴》、《中国金融年鉴》有关数据计算整理。

图 4-6 2000 年河南农村存款与农村贷款比例关系

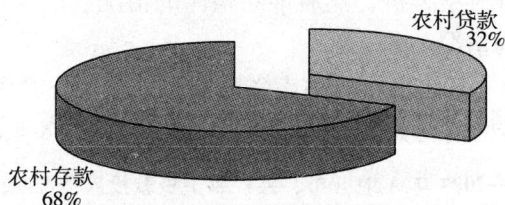

资料来源：根据各年度《河南统计年鉴》、《中国金融年鉴》有关数据计算整理。

图 4-7 2010 年河南农村存款与农村贷款比例关系

3. 初步小结

通过上面的总量数字及简单图表分析，大致可以得出这样的初步推论：

第一，河南作为一个农业大省，农村金融机构的总量及从业人员数量，无论在全国还是在中部地区当中都是排在首位的。这既是中国国情的反映，也是河南省情的反映。[①]

第二，从 2000 年到 2010 年河南农村信贷总量的规模及发展趋势看，都是处于不断上升的状态。这反映了随着河南农村经济的不断发展，金融也随之发展。特别是 2002 年以来，农业贷款的增幅较大，达到了 15% 以上。

第三，从信贷总量当中存款与贷款的比例关系看（这里可以视为农村金融活动集中资金与运用资金的关系），从 2000 年到 2005 年基本没有变化，其"存差"[②] 现象比较典型，而近年来存差还有扩大的趋势。这至少反映了两个问题：一是河南农村依然是一个资金净流出部门（由于统计数据方面的原因，这里无法将存款准备金、超额准备金等因素剔除，也无法准确地将一部分形式

① 这一数字当中还隐含着一个忧虑，机构多、从业人员多并不必然意味着效率高，反而可能导致人均资产数额较低、人均盈利水平较低这样一个矛盾。

② 一般而言，存款大于贷款称为存差，这里的存差特指农村存款大于农村信贷投入的差额。

上用于乡镇企业、实际上是支持农业经济的资金运用单独考虑，因而实际上存贷比之间的差距比图表上反映的情况可能小一些，但无论如何，农村资金净流出却是一个不争的事实）。二是"金融压抑"状态依然比较严重，缺乏融资转换为投资的能力，工业反哺农业、城市支援农村的整体格局尚没有得到体现。

以上仅仅是从金融总量方面做的一般考察。要比较深入地分析河南农村金融与农村经济之间的关系，还要进一步从结构方面进行考察。

4.2.2.2 农村金融供给结构分析

由于获取详细统计数据方面遇到较大的困难，本部分只能通过河南省有关地（市）的情况进行典型分析，然后推断整体的情况。

1. 贷款投入结构情况

此处统计的 A 市、B 市两市为河南省的农业地级市，其资料具有一定的典型性，其贷款投入结构情况如表 4-7 至表 4-8 及图 4-8 至图 4-11 所示。

表 4-7　　　2001—2009 年 A 地（市、县）以下贷款投入情况统计　　单位：万元

年份	2001	2003	2005	2007	2009
各项贷款	245 896	269 022	282 660	298 495	317 492
农业贷款	58 289	74 311	86 217	95 406	97 436
种植业贷款	50 458	41 416	75 870	62 862	63 841
养殖业贷款	6 381	6 796	29 316	9 377	9 463
农户小额贷款	23 315	48 302	47 875	37 834	47 834
消费贷款	477	447	467	456	456
其他贷款	106 976	97 750	42 915	92 560	98 462

资料来源：根据各年度地方统计年鉴与金融年鉴资料整理。

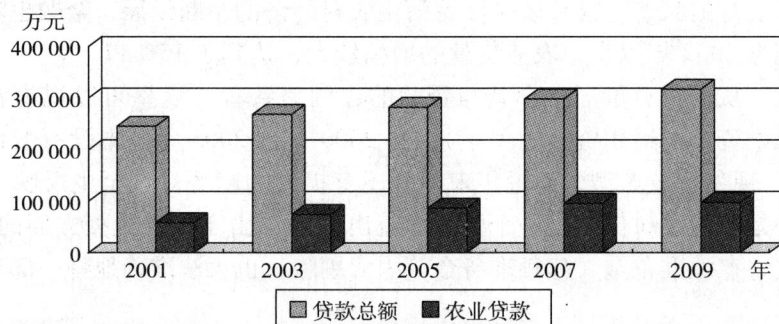

资料来源：根据各年度地方统计年鉴与金融年鉴资料整理。

图 4-8　2001—2009 年 A 市农业贷款占贷款总量比重关系

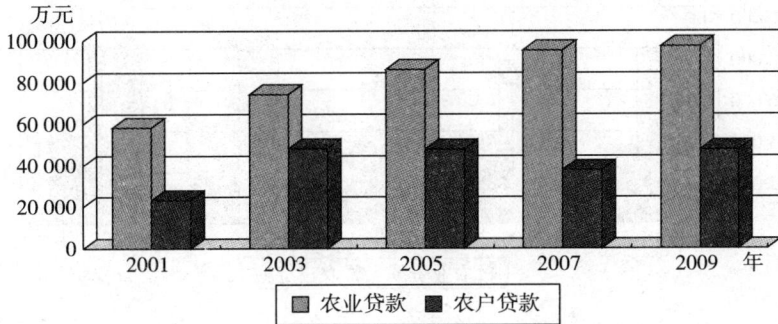

资料来源：根据各年度地方统计年鉴与金融年鉴资料整理。

图4-9　2001—2009年A市农户贷款占农业贷款总量比重关系

表4-8　　2001—2009年B地（市、县）以下贷款投入情况统计　单位：万元

年份	2001	2003	2005	2007	2009
各项贷款	54 589	56 902	58 266	59 849	61 749
农业贷款	7 828	7 431	7 217	8 406	8 536
种植业贷款	4 458	4 314	4 408	4 518	5 318
农户小额贷款	3 331	3 830	3 787	4 783	4 783
消费贷款	217	245	207	236	226
其他贷款	38 755	41 082	42 647	41 906	42 886

资料来源：根据各年度地方统计年鉴与金融年鉴资料整理。

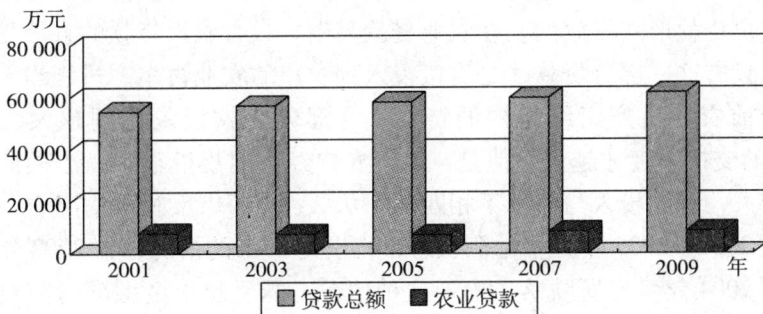

资料来源：根据各年度地方统计年鉴与金融年鉴资料整理。

图4-10　2001—2009年B市农业贷款占贷款总量比重关系

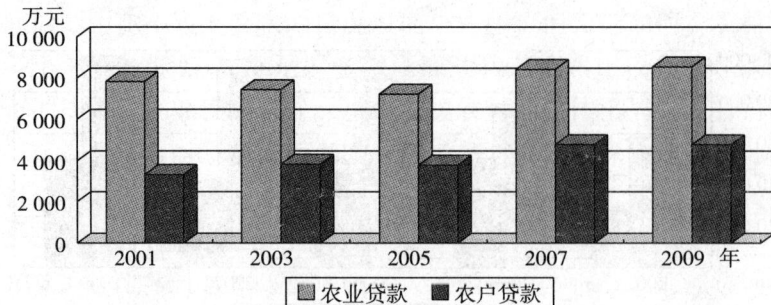

资料来源：根据各年度地方统计年鉴与金融年鉴资料整理。

图 4 – 11　2001—2009 年 B 市农户贷款占农业贷款总量比重关系

从 A、B 两市的资料可以作出以下初步推断：

第一，在县以下贷款总额当中，真正用于农业贷款的比重不是很高，平均在 25%～35%。对于工业基础较强的地（市），这样的结构应该是比较正常的，但是所取数据样本来自工业不发达而农业占据主导地位的地区，这种投入结构则反映出一个不容忽视的事实：农业信贷投放严重不足。

第二，在农业贷款当中，种植业贷款的比例很大。这充分反映了河南作为全国粮食主产区农业产业结构的一个特征，这是河南农业为全国农业乃至为全国经济发展承担的一个不可推卸的重任。然而，从另外一个侧面也反映出这种结构的一个问题：农业产业结构比较单一，经济作物种植、广义农业的发展还比较缓慢。如何促进广义农业的发展，优化农业产业结构，是今后农业信贷投入及农村金融结构调整必须思考的一个问题。

第三，在农业贷款当中，农户贷款占 50%～60%。这些农户贷款主要是以小额农户贷款形式发放的。在农业贷款当中，只有农户贷款的直接受益者才是农民，只有这一部分贷款才是直接投入到农户的农业再生产过程当中的。根据我国目前农业生产组织结构的特点，这部分贷款投入比例越大，金融对"三农"的支持力度才越大。但是，由于农户经济的规模很小，小额信贷的投入成本较大，因此投入与需求不相匹配。从 A、B 两市反映的情况看，这一部分贷款在 2001—2005 年处于徘徊状态，特别是 A 市的情况，在 2002 年达到较高点，到 2004 年又有所跌落。出现这种情况，既反映出金融部门向农户直接发放小额贷款的内在动力不足，也反映出农户规模小，承贷能力偏弱。这也是今后河南省农村金融发展当中值得认真思考的一个问题。

以上结论不仅适合于河南省 A、B 两市，而且基本上适合于传统农区大部分农业地（市）的情况。

2. 政策性金融支农情况及其结构

表 4 - 9　　　　C 地（市）2000—2010 年政策性支农投放情况　　　单位：亿元

年份	2000	2002	2004	2006	2008	2010
金融机构各项贷款	152.48	162.82	183.48	213.58	253.14	254.13
农业发展银行贷款	19.27	20.67	19.21	18.13	16.73	17.12
支农再贷款	1.40	2.40	3.02	3.20	3.30	3.40
扶贫贷款	0.12	0.19	0.36	0.36	0.36	0.36
三项合计	20.79	23.26	22.59	21.69	20.39	20.88

资料来源：根据各年度地方统计年鉴与金融年鉴资料整理。

根据表 4 - 9 绘制的统计图如图 4 - 12 所示。

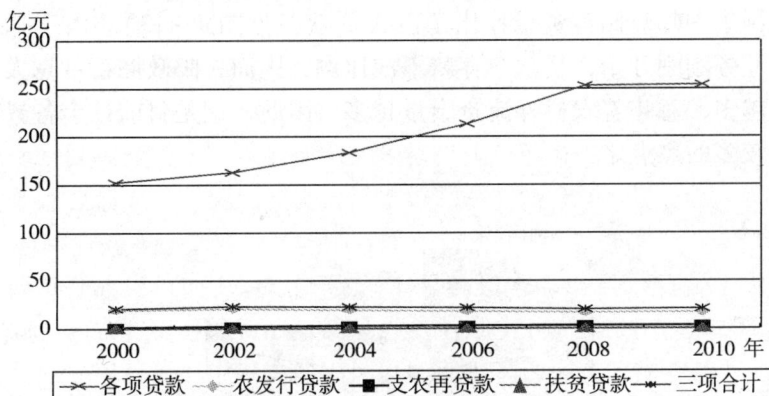

资料来源：根据各年度地方统计年鉴与金融年鉴资料整理。

图 4 - 12　C 地（市）2000—2010 年政策性支农投放情况

从 C 市统计数据反映的政策性支农信贷与占金融机构各项贷款比例数字来看，其结果有些令人吃惊。农业作为弱质产业，应当更多地受到政策性金融的支持是毫无疑问的，然而，C 市所反映的主要情况是，从 2000 年到 2005 年，政策性支农信贷的投入不仅没有随着金融机构贷款总量的增长而相应增长，反而其占比是趋于萎缩状态。2000—2010 年，信贷总量的投入增加了 0.67 倍，绝对增长额为 101.65 亿元，而政策性支农信贷投入仅增加了 2 亿元。这一数字对比绝对不能说明 C 市的农业对政策性金融需求下降了，而是说明政策性金融的投入严重失衡。这里至少反映了两个问题：一是整体上政策性金融的供给严重不足；二是政策性金融投入的标准过于刻板，没有随着农村经济结构的变化而创新，导致农村经济总量不断增长的同时，政策性金融供给原地徘徊。其中，还有一个值得关注的现象，即在政策性资金投入的比例当中，农业发展银行贷款的比重占据绝对优势。然而，目前农业发展银行的业务范围，是只对农产品流通环节提供政策性金融支持，而流通环节的承担者是粮食及其他农产品的流通企业，并非农民，因而这部分数量不多的政策性贷款的"支农含金量"也大打折扣。

3. 邮政储蓄业务发展概况

截至 2009 年末，河南省共有邮政储蓄网点 2 050 个，其中 2/3 以上位于县城以下，因此邮政储蓄网点也成为农村金融机构的一个组成部分，而邮政储蓄业务也成为广义的农村金融业务的一个不可缺少的内容。2009 年末，邮政储蓄机构的存款余额为 5 525 500 万元，占当期全国邮政储蓄总额的 6% 左右，在中部六省当中，河南邮政储蓄排位第一，这可以说明，在中部六省区当中，河南为全国集中邮政储蓄资金作出了巨大贡献（见图 4 - 13）。由于邮政储蓄银行信贷业务刚刚开始，贷款与存款不成比例，因而，邮政储蓄量越大，邮政储蓄网点越多，意味着农村外流资金量越多。因此，这是目前社会各界对邮政储蓄议论较多的焦点之一。

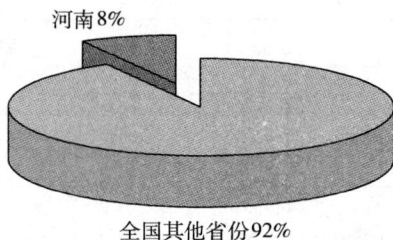

资料来源：根据《中国金融年鉴》有关数据计算整理。

图 4 - 13　2009 年河南邮政储蓄占全国邮政储蓄比重

但是，我们也应当看到邮政储蓄业务迅速发展的积极一面：在提供汇兑结算方面为农村、农民、农业提供了便利，而这一优势目前恰恰是信用合作社不具备的特长。2009 年，全国通过邮政储蓄的汇兑金额为 2 425 亿元，开出汇票 21 159 万张；同期河南省邮政储蓄汇兑金额为 35 亿元，开出汇票 440 万张。这一数据与中部六省区其他省份平均业务量大致持平（见图 4 - 14）。

由此反映的问题也是值得今后农村邮政储蓄业务在进一步发展中总结思考的。

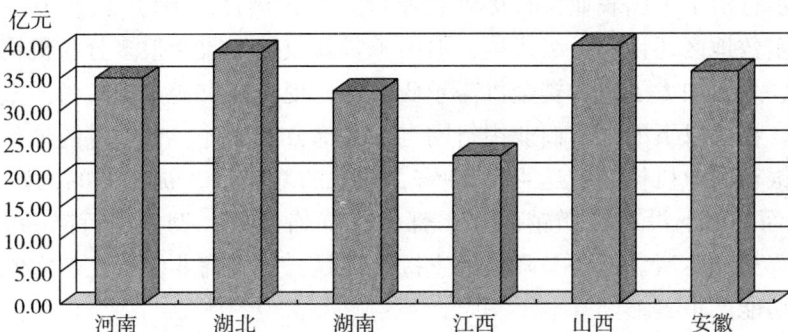

资料来源：根据《中国金融年鉴》有关数据计算整理。

图 4 - 14   2009 年中部地区邮政储蓄汇兑业务比较

4.2.3   农村现有金融格局的功效及问题

4.2.3.1   农村金融体制改革的绩效评判

1979 年以来，农村金融体制开始由计划经济的金融格局向市场化的金融格局演变，其间经历了一系列变革，包括机构、资金投入渠道、金融运作机制等。以下结合前面的分析对此进行简要评判。

1. 对国有商业性金融的影响

从改革开放到目前，冠以"农"字号的最大金融机构莫过于中国农业银行。尽管中国农业银行的大部分政策性贷款业务已经划归给了 1996 年成立的中国农业发展银行，但中国农业银行仍然承担了许多政策性贷款业务，这些贷款的管理均属政策性金融管理范畴，无法免除政府职能部门的干预。中国农业银行还必须根据政府的要求发放"救灾"贷款、"安定团结"贷款等带有明显政策性质的贷款，这些贷款直接影响到中国农业银行的资产质量。

商业化改革更直接影响到了农业银行向农业和农村经济提供融资服务的积极性，表现在以下几个方面：（1）中国农业银行的业务可以涉及几乎所有经济活动，在现有经济体制下，投资农业的回报相对较低，因此中国农业银行的贷款流向具有天然的"非农化倾向"。（2）1997 年中央金融工作会议确定"各国有商业银行收缩县（及县以下）机构，发展中小金融机构，支持地方经济发展"的基本策略以后，包括中国农业银行在内的国有商业银行日渐收缩县及县以下机构。1998 年至 2002 年初，包括中国农业银行在内的四大国有商业银行共撤并 3.1 万个县及县以下机构，且撤并还在继续。这样一种组织结构明显加大了中国农业银行向分散的中小农户以及乡镇企业进行融资的成本，从而进一步打击了中国农业银行提供农业贷款的积极性。（3）虽然中国农业银行在大多数地区还设有县级机构，但由于贷款权的上收，很多分支机构都是只存不贷，从而加大了农村资金供需矛盾。这一现象在农业大省尤为严重，据抽样调查，在县以下的国有商业银行网点绝大部分被撤并，在中等的地市被撤并的国有银行商业机构一般达40~50家，较大的地（市）被撤并的机构达80~90家，而县以下没有被撤销的几乎都做了降格处理，例如支行降为分理处、分理处降为储蓄所。撤并与降格的直接结果是：国有商业银行在广大农村的金融服务功能严重萎缩。

2. 对农村信用合作社的影响

中国农业银行不断收缩在农村金融领域中的战线以及政府对农村合作基金会等准正规金融组织的打击，客观上确立了农村信用合作社在农村金融市场上近乎垄断的地位。1997—2001年，农村信用合作社各项存款余额从10 555.8亿元增加到17 263亿元，分别占金融机构存款总额的近13%和12％；各项贷款余额从7 273.2亿元增加到11 971亿元，分别占金融机构贷款总额的近10%和11%，其中农业贷款余额从1 776.8亿元增加到4 417亿元，分别占金融机构农业贷款总额的近54%和77%。1997—2000年，乡镇企业贷款余额从占金融机构乡镇企业贷款余额的69.5%增加到75.4%。河南省的信用合作社也是如此，截至2005年7月末，全省农村信用合作社贷款余额为926.94亿元，比年初增长144.6亿元，比上年同期增加44.5亿元，农业贷款余额占全部贷款的比例为74.46%，新增农业贷款占新增贷款的83.06%，农村信用合作社的农业贷款占全省金融机构农业贷款总额的87.57%。

自从中国农业银行的服务网点大规模收缩之后，目前在县城以下的广大农村地区，能够与农民及乡镇企业发生业务联系、直接提供金融服务的金融机构只剩下农村信用合作社了，因此，农村信用就责无旁贷地戴上了"农村金融服务主力军"这样一顶桂冠。

3. 对农业发展银行的影响

在现行政策性金融体制下，中国农业发展银行实际上仅是单纯的粮棉收购贷款银行，业务仅限于支持粮棉流通，根本无法充分发挥支农作用。即使在支持粮棉流通方面，也同样存在突出的问题。棉花购销已经市场化，随着粮食购销市场化程度的提高、种植业结构的调整、粮棉购销主体的多元化，国有粮食购销企业收购量明显下降，以购销信贷为主的农业发展银行的贷款资产业务也出现规律性明显下降。据中国农业发展银行统计，2002年，放开粮食购销市场的8个主销区省份，中国农业发展银行的粮油购销贷款比上年下降56%。而与此同时，一些支持难度远远小于粮食收购资金供应的带有公益性的经济活动如良种繁育、种子购销等，不能得到政策性信贷的扶持，更得不到商业性信贷。

由于以上因素的作用，农村正规金融组织无法很好地满足农业和农村经济对金融服务的需求。1997 年以来，农户和乡镇企业贷款困难问题加剧。据统计，全国乡镇企业贷款余额占（正规金融机构）全部贷款余额的比重呈下降趋势，由 1997 年的 6.7% 下降到 2000 年的 6.1%、2001 年的 5.9%。2000 年底全国金融机构各项贷款余额 99 371.07 亿元中，农业贷款余额仅占 4.92%。前面对河南省的农村金融状况的分析也充分印证了这一问题。

中国农业发展银行是我国唯一冠以“农”字号的国家政策性银行，从理论上讲，这家银行应当为支农兴农竭尽全力。按照中国农业发展银行原有的功能定位，其业务范围定位在粮、棉、油等大宗农副产品收购、调销、储备贷款的管理，扶持贫困地区经济发展，加速农业开发，提升农业产业化水平，增强农产品的国际竞争力。然而，中国农业发展银行运作 10 多年来，并没有实现其功能定位，反而退化为一家“粮食收购银行”，其投放信贷资金的范围仅仅覆盖农产品收购环节，直接支持的对象不是农民，而是粮食收购、储运部门。因此，政策性银行的业务实际上并没有与“三农”直接发生联系，政策性金融机构的支农作用基本没有得到发挥。究其原因，有以下几个方面：

第一，筹资渠道单一。中国农业发展银行自成立以来，资金来源一直主要依靠中央银行再贷款，尽管从实施支农的货币信贷政策的角度来看，中央银行有责任、有义务向政策性金融机构注入资金，但从政策性金融机构方面来看，过多地依赖中央银行的资金来源，等于将金融风险转嫁给了中央银行，因而要求中央银行每年不断扩大对政策性金融机构的再贷款数额是不现实的。从政策性金融机构的属性上看，应当是一个财政资金运用与金融机制运作的混合体，为此，其筹资渠道中，财政应当担负重要责任，通过发行特别国债和金融债券的方式筹集资金应当是财政不可推卸的责任，也是政策性金融机构重要的资金来源渠道；此外，多方寻求国际金融机构的合作，争取国际金融机构长期优惠资金的援助，也是拓宽政策性金融机构资金来源的思路，在这方面也需要国家财政以国家信誉去努力争取。

第二，组织机构设置有缺陷。尽管与其他两家政策性金融机构相比，农业发展银行设立了较多的分支机构，其员工人数也要多于其他两家政策性银行。但是，考虑到中国农业经济发展的特殊性及生产力水平，这样的组织机构是远远不足以服务于“三农”的。设立分支机构不能完全只考虑规模经济原则，更要考虑为农村经济发展提供更加充分的公共产品这样一个公益原则，这一点正是市场机制无法做到而需要政府功能来弥补的。正是中国农业发展银行组织机构设计的缺陷，使之难以承担原来设计的所有政策性业务,[①] 最终导致其支农功能严重退化。

第三，资金运作与管理水平还不高。目前，中国农业发展银行基本上还属于国家的一个资金代管机构，行使的职能仅相当于国家支农资金的会计与出纳。与国际上类似的金融机构相比，其资金运作与管理水平还处于较低的层次。一个时期以来，中国农业发展银行在降低资金成本、提高资金使用效率、优化信贷投放结构、强化审批管理、降低信贷风险等方面的业绩还不是十分突出，这也在很大程度上制约了政策性金融机构的支农效益。还有一个不容忽视的倾向值得指出：前一阶段由于受商业利益的驱动，我国几家政策性金融机构纷纷与一些大型企业签订了信贷协议，这种做法完全是以商业利益为导向，违背了政策性金融机构不得参与商业性业务竞争的基本原则；这也在一定程度上干扰了政策性金融机构职能的有效发挥。为此，应当从制度建设上、管理上遏制这种倾向。

4. 对非正规金融的影响

正是由于正规金融机构收缩农村阵地，农村金融市场中正规金融机构的金融服务供给越来越少，农民的信贷需求不得不转而依赖于非（准）正规金融。据国际农业发展基金的研究报告，中国农民来自非正规市场的贷款大约为来自正规信贷机构的 4 倍。对于农民来说，非（准）正规金融市场的重要性要远远超过正规金融市场。实地调查也证实了这一点。例如，对河南省部地区（主要是偏远地区）一些村庄进行的个案调查，发现民间借贷的发生率高达 95%，高利息的民间借贷发生率达到了 85%。这种现象令课题组成员有些吃惊，因为高利贷在我国是明令禁止的。由于非正规金融具有非公开性的特征，对于这部分金融活动的规模很难统计，但其存在充分说明了现有农村金融体系的非均衡性。

我国金融当局对非正规金融的发展一直持怀疑态度，1997 年亚洲金融危机后，为了维持健康的金融秩序、打击非法融资活动，一度在农村民间融资中极度活跃的农村合作基金会被管理当局勒令撤销和关闭，从而结束了中国民间金融的有组织状态。政府对非正规金融的态度使民间金融要么消亡，要么转入地下金融状态。虽然非正规金融组织远较正规金融灵活（例如相较后者而言，前者可以收取更高的贷款利率），但由于无法组织化和正规化，非正规金融在

---

① 从国外成功的经验看，政策性业务也可以委托其他金融机构办理。但在我国，政策性金融机构与其他商业性金融机构的良好互动关系并未形成。

满足农村融资需求方面所起的作用终究有限。

4.2.3.2 现有农村金融格局对农村经济发展的影响与制约

1. 金融服务体系单一性与农村经济体系多元化不对称

在整个改革开放期间，无论城市经济还是农村经济都是在朝着商品化、市场化的路径推进的，但20世纪90年代以来，农村金融服务的供给发生了大幅度的逆转，不仅是商业性金融服务的供给大量向城市回流，政策性金融服务的供给也是趋于萎缩的。农村金融体系又回潮为信用合作社一统天下的单一性结构，这种单一性的金融结构必然制约农村经济多元化、多层次、多角度和多方位的发展。

2. 农村资金流入与流出不对称

自20世纪80年代以来，我国农村信贷的存差逐步扩大。截至2004年，全国农村存差余额接近13 000亿元。河南省作为农业大省，这一问题表现得较为突出。据不完全统计，2000年以来，河南省各地（市）商业银行分支机构以资金上存的方式从农村市场划走的资金占每年储蓄净增额的30%以上。金融机构在农村的信贷活动表现出大量的存差，并不意味着农村资金的过剩，而是农村金融服务体系的缺陷导致的资金"农转非"。

3. 农村信用合作社承担的重任与其资产质量不对称

行社脱钩之后，农村信用合作社被仓促推上"农村金融服务主力军"的位置，其处境是相当尴尬的：一方面，要承担全面服务"三农"的重任；另一方面，由于种种原因，农村信用合作社的信贷资产质量在所有金融机构当中是最差的。1996年河南省农村信用合作社与农业银行脱钩，遗留给信用合作社的不良贷款达151亿元，历史挂账亏损34亿元，行社分家时形成的财产、债务纠纷遗留问题10亿元。如此沉重的不良资产包袱，使得信用合作社难以通过调整信贷结构的方式拉动农业结构的调整与优化，更无法以提供全方位优质金融服务的方式来促进农业经济的发展。

4. 政策性金融的功能与其业务规模不对称

从理论上讲，政策性金融机构承担着支持、扶植农业省市的重任，担任着提供公共产品、矫正市场机制偏差的功能。而我国农业政策性金融机构提供的农业信贷工具单调且支持力度呈减弱之势。目前我国政策性支农的信贷工具有扶贫与农业开发贷款（由中国农业银行发放）、粮棉油收购贷款（由中国农业发展银行发放）、支农再贷款（由农村信用合作社发放），这三类信贷工具对于内容日趋丰富、层次日趋复杂的农业经济活动来说，显然是远远不能满足其需求的。更为值得关注的是，就是这极为有限的政策性支农贷款，近年来对农业经济的支持也处于徘徊乃至递减状态。针对河南省四个地（市）2001—2004 年该三项贷款合计投放数额的典型调查显示，其中三个地（市）四年来基本没有增加，一个地（市）还呈现递减之势，而这些地（市）均为河南省的农业地（市）。

5. 农业保险的供给与需求不对称

目前，河南省农业保险发展严重滞后，不适应农业战略性结构调整的需要。我国每年约有 5 亿亩农作物受灾，占全国农作物播种面积的 1/4，成灾面积占受灾面积的比重在 40% 以上。近年来由于频繁的自然灾害，河南省作为一个粮食主产区，农业生产的安全与稳定受到严重的影响。目前农业仍然主要依靠传统的农业风险保障途径：民政主管的灾害救济。这种补偿性质的灾害救济，一是受到国家财力限制，二是不适应农村经济市场化程度日益深化后的要求，此时，商业性保险在农村市场的发展就日显其重要性。

虽然中国人民保险公司于 1982 年就开始承办农业保险业务，但全国农业保险费收入占财产险保费收入总额的比重由 1992 年的 3.6% 下降到近年来的 1% 左右。因农业保险的高赔付率（1982—2000 年，中国人民保险公司的综合赔付率为 108%），商业保险机构的农业保险业务极度萎缩，农业保险的承保率不足 5%。中国人民保险公司 2004 年的统计资料显示，农业保险收入仅占该公司保费总收入的 0.6%，远远不能满足农村经济发展和农业产业化发展的需要。

4.3 农村金融体制改革几个问题的思考

根据一些学者的研究，为了最大限度地避免"不协调成本"的困扰，应当采取"平行推进"（樊纲，2005）的改革安排。其具体思路是：在所有制度领域尽可能早地推进改革；不要指望任何一项改革在短期内完成；在体制转轨的任何一个阶段都要防止不协调发生。诚如研究者所言，这一模式的提出具有理想化的因素，但"它是思考实际改革政策的有用方法"。笔者认为，这种思路，对解决我国目前农村金融体制所面临的困扰具有借鉴意义。

首先，应该从更为宏观的层次来把握、设计农村金融体制改革的方案。农村金融体制是金融体制的一个子系统，金融体制又是整个经济体制的一个子系统，根据系统论的原理，大系统当中各个系统是相互决定、相互影响、相互制约的，不同的系统功能有所区别，但没有"重要"与"非重要"之分，任何一个子系统运转失灵，整个大系统必然运转失灵。笔者认为，如果说在增量改革阶段，"单兵推进"与"重点突破"的策略所带来的整体收益较大的话，在存量改革阶段，"平行推进"策略显然要优于前者，因为在存量格局调整阶段，系统论的观点更能刻画各个经济体系内部各种变量相互掣肘的格局。为此，我们可以说，尽管城市经济体制、城市金融体制的持续改革还需要支持，还需要支付成本，但需要另辟蹊径或适当调整速度，以农村金融体制大幅度滞后的方式来支持城市金融体制改革的路径已接近末端。

其次，农村金融体系作为一个整体，其功能不可能由单一的主体发挥出来。改革开放中期以来，由于农业银行"脱农"速度越来越快，农村领域又形成了农村信用合作社一统天下的格局。此时，无论我们怎样对农村信用合作社"定位"，不论是把它定为"社区性"金融组织还是官方金融组织，不论是把它定为商业性金融组织还是半商业性金融组织，均不可能满足农村经济发展的要求，因为只有一个金融供给者的市场必定是机制扭曲的市场。单一性的金融供给如何可以满足已经多元化的农村经济发展的要求？一个时期以来，尽管我们对农村信用合作社改革投入了大量的时间与精力，但却收效甚微，这正是以农村信用合作社改革取代农村金融体制改革、以部分改革取代整体改革的结果。

再次，基于"平行推进"的思路，应当重新审视未来农村金融发展格局。其一，农业银行的发展取向问题。农业银行是冠以"农"字号的最大国有金融机构，从其发展历史看，曾经为支农作出过巨大贡献，但其实行商业化改革以来，农业银行的支农效应迅速递减，如果不是还承担一部分政策性业务职能的话，恐怕目前农业银行的支农作用已经趋近于零了。笔者对此不作任何价值判断，从经济学的角度分析，农业银行这种选择是理性的，不管农业银行的名称如何，但只要走上商业化道路，无论是"进城"也好，还是"嫌贫爱富"也好，都是作为企业要生存、要发展、要追求利润最大化的必然选择。问题的关键在于，农业银行退出农村之后，由什么样的主体替代其撤离后的空缺？如果依然要农业银行承担支农的功能，那么农业银行目前以及下一步的改革就不可走与其他几家国有商业银行一样的路子，这是决策层在目前以及下一步改革当中必须予以考虑的。其二，关于农村非正规金融的地位与作用问题。从某种意义上可以说，"三会一部"等非正规金融机构产生的原因正是由于"官办"的金融机构无法满足多元化、多层次农村经济发展的要求，因此产生了一批农民自发组织的"非官方"金融组织与金融活动。从金融发展的角度观察，这是金融适应经济发展的必然结果，因此，有必要从促进农村经济发展的角度对农村非正规金融予以重新定位，采取监管与激励并举的方式对待非正规金融的成长与作用。其三，关于农村政策性金融的问题。中国农业发展银行由于受资本金数量、资金来源渠道、机构网点数量等多方面的限制，其政策性金融的供给严重短缺，但鉴于目前国家财力的现状，拿出巨额资金支持农业发展银行迅速扩张，使其成为改革开放初期的"中国农业银行第二"又是不可能的，面对这样的现实，政策性金融的供给主体也应当走多元化发展的道路。对此，发达国家如美国、日本等国的农村政策性金融体系以及发展中国家的特殊政策性金融体系都有值得借鉴之处。

最后，中国目前农村经济处在由小规模生产逐步向大规模产业化生产模式演进的阶段，在这样一个阶段，农村金融应当扮演什么样的角色？是"缓慢跟进"还是"适度引领"？这是本书在开始提出的问题。根据前面的分析，在前一阶段，农村金融体制变革之所以呈现出"后进"的态势，是由于前期改革的整体布局是不得已而为之，而今后一个阶段改革，随着改革路径的调整，"适度引领"应成为必然选择，因为这种思路是符合我国改革开放总体取向的，采取这种思路，才能有效避免下一轮改革当中由于农村金融体制与其他体制不匹配造成的"不协调成本"。其判断的基本依据是：国家财政实力逐步增强，金融体系不断完善，改革的各种外部环境与条件日趋好转。

5 农村金融组织变迁及其效应分析

任何经济活动都要通过一定的经济主体加以实施，金融活动也不例外。在农村，金融组织体系既是农村金融供给的载体，也是实施农村金融活动的主体，同时还是传递各种金融信息、提高市场活动效率、降低交易成本的重要媒体。从宏观上看，金融组织还是实现国家农业产业政策意图的中介环节。正因为如此，市场经济的发展，也贯穿着金融机构体系发展这样一条线索。

就农村金融活动与其金融组织结构的关系而言，有什么样的金融制度与金融运行模式，必然要有与之相适应的金融组织体系，因此，有学者将其归纳为"组织行为类型不仅取决于企业在其运行中的单个市场的多样动态性，还取决于更广泛的制度框架"（柯武刚、史漫飞，2000）。观察各国不同历史阶段的金融组织体系，都会发现农村金融机构体系与城市金融体系的不同特征及其功能，例如美国的农业信贷体系、日本的农林渔业金融公库、韩国的农业协同组合中央会、泰国的农业合作社银行、印度的地区农村银行体系等。这些农村金融机构产权结构各不相同，业务特征与业务范围各有差异，在整个国家金融体系中的地位也各显千秋，但从根本上讲，这是经济发展决定金融发展，从而决定金融组织体系发展的一种体现。

一般而言，一个国家经济体制的二元特征越显著、二重性越典型，其农村金融组织体系与城市金融体系也彰显出越大的差异。同理，一个国家区域经济发展不平衡，其农村金融组织结构也会随之体现出非均衡的格局与成长。

上述理论为我们的研究提供了有益的思路。传统农区农村金融体制改革的一项重要任务，就是要构建一个适合我国目前农村经济结构，并能有效促进农业产业化发展、推动农业社会向工业化社会转移的这样一个充满活力的经济体系。其间，调整金融组织体系的所有制结构，培养各种形式的金融组织体系是一个不可或缺的重要环节。

5.1 农村金融组织体系的历史演进

5.1.1 影响农村金融组织结构及其行为的因素

影响金融组织的因素有很多，这些因素可以归结为两大方面：

第一，产权结构。制度经济学认为，产权是一组受保护的权利，它们使所有者能够通过收购、使用、抵押和转让资产的方式持有和处置某些资产，并占有这些资产所产生的效益，因此，产权决定财产运用上的责任和收益（柯武刚、史漫飞，2000）。产权是市场经济的基础，一旦社会制度通过规则的方式明确和保护产权，允许个人和组织自由缔约，并占有运用财产所产生的效益，就会推动财产所有者去发现他人的需要，并积极按照这种需要来运用其财产，从而推动社会经济的发展。从某种意义上讲，信贷这种金融活动正是授信方（金融资产所有者）发现了受信方（金融资产使用者）的需求，在自己明确了相应权利和收益的情况下，将资金让渡的一种行为。信贷活动产生之后，社会经济的个体实现了由内源融资向外源融资的飞跃，这一飞跃对社会经济所产生的推动作用是无法估量的。而信贷活动产生的前提是产权明晰、借贷双方权责明晰。

从所有权的角度考察产权，在人类社会历史上，产生了两种产权结构形式：一是排他的私有产权形式，二是非排他的共有产权形式。私有产权的特征是一项财产的所有者独立占有该财产，并独自占有该财产使用过程中所产生的利益。共有财产属于一个群体的所有成员共同所有，群体中的一个或一些成员对公有财产的使用不能排除其他成员对财产的使用。共有财产因其运用过程中具有外溢效果，所以，它可以克服私有产权运用过程中的利益不公平问题；而私有产权却因为其排他性质所产生的激励作用较大，因而配置资源的效率较高。根据制度经济学的分析，两种产权制度特征及其效益的差异源自交易成本，这种交易成本是指产权运用过程中的信息成本、谈判成本、缔约成本、监督成本、违约成本等。对于共有产权而言，由于所有者数量众多，倘若每一项交易活动都需要经过所有者协商讨论，最后形成一致意见再做决策的话，则会因为交易成本太大、效率过低而无法实施。因此，共有产权的运用领域往往是在不经过市场交易的领域，亦即非竞争领域。而在这一领域，往往又是由政府出面来行使产权的运用与配置职能。只有在这种情况下，政府行为比市场经济更能全面地对资源进行配置与再配置（哈罗德·德姆赛茨，1997）。为此，考虑到农业经济活动既是市场活动，同时农业产业又是弱质产业，需要政府在某些方面予以扶助，因而为"三农"服务的农村金融机构体系必须是多元化的，而多元化的实质在于产权形式、产权结构的多元化。

从我国目前农村金融机构的产权形式上看，中国农业银行、中国农业发展银行无疑是属于国家所有的共有产权的形式，而农村信用合作社产权归属尚不清晰，名义上为社员所有，实际上为"准国有"。考虑到农村信用合作社长期作为国有银行的"基层机构",其运作模式与治理结构已经深深打上了官办金融机构的烙印,这种状况在信用合作社体制历经多次改革之后也没有根本性的变化,因此,农村信用合作社与国有商业银行基本上可以划归为同一类产权属性的农村金融机构,至此,我们可以认为:我国农村的金融组织体系及其产权结构是高度单一的。

第二,制度与规则。这里说的制度是为了维护市场活动的有序进行,人们制定的一系列行事的规则,包括商业惯例、行业规范、法律法规三个层次。制度为一个共同体所共同遵循,制度抑制着人际交往中可能出现的任意行为和机会主义行为;制度总是依靠某种惩罚而得以贯彻(柯武刚、史漫飞,2000),这一点,在法律法规这一层次上的制度表现得尤为突出,法律是依靠国家机器的强制力量迫使人们遵守的规则。制度可以创立一定程度的秩序,可以将人类的行为导入某种可以合理预期的轨道。制度通过增进秩序鼓励信赖和信任,降低交易过程中的摩擦与成本。人们通常所说的市场秩序即为制度规范的结果,当产权的界定完结之后,其运作效率就取决于各种有效的制度规范,这就是人们为何如此关注市场秩序的一个重要原因。"在一个有序竞争的市场当中,财产所有者会受到一次又一次激励,运用他们的资产并搜寻知识。结果,权势受到抑制,经济实现进步"(柯武刚、史漫飞,2000)。

从我国农村金融体系的现状来看,尚没有形成一个完善的符合市场经济要求的制度环境与竞争秩序,特别是还没有发育成一个有效竞争的市场,各种金融组织行为还缺乏规范性,为此信用合作社的不良资产比例居高不下、面临的金融风险压力较大也就在所难免。

以上的讨论既是为了寻求一种理论分析工具,同时也是为进一步考察我国目前农村金融组织体系的演进及其行为特征打下基础。

5.1.2 中国农业银行的发展及其演变

从名称与规模上看,中国农业银行是我国目前从事农村金融业务最大的一家,同时也是国家所有的商业性金融机构。从历史上看,中国农业银行为推动我国农村经济的发展作出了巨大的贡献,但中国农业银行发展的历程并不平坦,而是充满了坎坷:历经4次成立与3次撤并。

第一次成立与撤销。1951年8月,为了加强农村工作,经政务院批准成立农业银行。此次成立,时间非常短暂,在其机构尚未健全、业务尚未开展的情况下就被撤销,因为1952年即开始全国大规模精简机构,刚刚成立的农业银行既占人员又占编制,自然在精简之列。

第二次成立与撤销。1955 年 3 月，为了支援农业合作化运动，由国务院批准，再次成立中国农业银行。此次对农业银行的机构实行四级建制，中央设立总行，各省自治区设分行，各专区设中心支行，各县设支行，办理农业信贷业务。这一建制，与当时的中国人民银行建制高度统一，在最基层的县支行其业务活动与业务范围完全交叉，难以区分，特别是在当时大一统的计划经济条件下，人民银行与农业银行的业务也没有必要区分，因此，到 1957 年 4 月，农业银行再次被撤销，其人员、机构以及业务被并入中国人民银行。

第三次成立与撤销。1963 年 11 月，在贯彻国民经济"调整、巩固、充实、提高"方针的过程当中，为了强化农村资金的管理工作，全国人大再度批准建立中国农业银行。其机构设置类似于第二次，不过这次更加强调农业银行基层机构的建设，分支机构一直延伸到各乡镇营业所。在 1965 年的机构精简过程中，中国农业银行又被撤并，其人员、机构及业务再度并入中国人民银行。

上述三上三下的深层原因在于：其一，在"大一统"的计划经济体制下，中国人民银行实际上已经囊括了所有的金融业务，与此同时，人民银行既作为货币发行者，同时又作为储蓄、信贷等业务的经办者，更有利于为计划经济活动提供"配套资金"，此时，单独设立农业银行显得多余，农业银行的业务无论多么"专业化"也难免与人民银行的业务相交叉和冲突。其二，农业银行作为共有产权的产物，无论单设还是被撤并，都无须通过外部市场的抉择，完全取决于产权所有者的单方意志。其三，当时农业银行的设立与撤销，主要从政治角度而非经济角度出发。而共有产权的特性很容易满足这种设立与撤并的需求，因此，设立与撤并过程简单而迅速，似乎是在一夜之间可以成立，而后一夜之间又会被撤并。

第四次成立。1979 年 2 月，国务院下达了《国务院关于恢复中国农业银行的通知》，该通知要求，由上至下与行政区划紧密挂钩，恢复设立农业银行的各级机构，同时将人民银行所属的农村营业所和信用社划归农业银行管理和领导。农业银行这次设立，与以往有所不同，其背景是我国经济体制改革的序幕已经拉开，而众所周知，我国经济体制改革的起点是在农村而不是城市，因此，此次农业银行的重新设立不完全是一种政治力量的左右，而且有了很强的经济需求。这次农业银行的恢复，不仅是机构与人员有了更大的独立性，其业务也有了较为明晰的范围。中国农业银行在 1979 年 3 月 13 日正式恢复以后，其业务范围是：经办各项农村存款和农村贷款，办理乡镇企业贷款、供销合作社系统贷款。与此同时，农业银行所承担的另外一项重要任务是经办政策性金融业务。在当时，作为农村地区唯一的一家国有商业银行，农村政策性业务必然要落到农业银行的肩上。农业银行除了经办农村一般性存贷业务之外，还担负农副产品收购贷款、农业开发贷款、扶贫贷款等业务。据统计，到 1993 年末，政策性贷款占农业银行全部贷款的 40% 以上。因此可以说，这一阶段中国农业银行对农村经济发展所作的贡献是不可磨灭的。

改革开放以来，我国农村经济发展非常迅速，经济活跃程度空前增加，经济结构的多层次、多样化迅速显现，加之我国幅员辽阔，各地农村经济发展情况差异巨大，此时，单纯依靠一家国有商业银行包揽所有的农村金融服务显得越来越力不从心。在随后的金融体制改革过程中，中国农业银行与中国工商银行、中国建设银行、中国银行一道走上了商业化发展的道路。1994 年，农村政策性金融业务分离给了中国农业发展银行，1996 年，中国农业银行与信用社脱钩，而后中国农业银行开始收缩网点、裁减人员，业务重心开始向城市聚集，逐渐远离了"三农"。

5.1.3 农村信用合作社的发展与演变

农村信用合作社是我国农村金融组织的基础力量，在中国的广大农村，信用合作社队伍庞大、点多面广，其业务活动最接近"三农"。从信用合作社的本来属性看，它本应属于农民自己的合作金融组织，具有独特的产权属性与治理结构，亦即后来我国总结的信用合作社"三性"（组织上的群众性、管理上的民主性、经营上的灵活性）。然而，其在成长与发展的过程中，却经常脱离"三性"，在大多数时间里，信用合作社演变成为官办的农村金融机构。

早在 20 世纪 20 年代，基于农业经济互助的需要，我国就产生了最早的信用合作机构，其中以河北香河信用合作社为典型的代表。为了分析问题方便起见，这里将我国信用合作社的逻辑起点设为 1949 年，新中国成立伊始的时间。从新中国成立开始到现在，农村信用合作社的发展演变大致经历了三个阶段。

第一阶段，信用合作社产生。新中国成立之后，广大农民翻身做主，较之于以往的经济制度而言，这种"翻身做主"在经济上最重要的体现莫过于农民实现了千百年来"耕者有其田"的梦寐以求的愿望。从当时生产力发展的水平来看，"耕者有其田"是建立在分散的小农经济基础之上的，单个农户抵御各种自然灾害及抗击风险的能力极为薄弱，为了克服这种缺陷，必然要求产生一种能够联合单一农户，使之能够产生一定"规模效应"的制度供给，这种要求实际上就是合作经济组织产生的土壤。为此，在当时生产力水平的条件下，供销合作社、生产合作社、信用合作社等合作性质的一批经济组织应运而生。这种合作社的出现，一方面体现了翻身农民"当家做主"的政治要求，更为重要的是符合当时农业生产的组织结构与生产力发展水平，成为一种联合生产、民主管理、互助自救的新制度安排。应该承认，包括农村信用合作社在内的这样一批合作经济组织的建立，为新中国成立后我国农村经济恢复与发展以及第一个五年计划顺利完成作出了积极的贡献。这种贡献的微观基础在于，当时基本上是按照前面所分析信用合作社属性及基本原则运作的，可以说信用合作社在某种程度上就是"社员之家"。换言之，当时信用合作社的这种制度供给与新中国成立之初农村生产力发展水平的一致性使得信用合作社的功能得到了较好的发挥，为我国国民经济的发展起到了积极的作用。

第二阶段，信用合作社的变异。正是由于信用合作社这种制度安排符合当时农村生产力的发展水平，为农村经济的恢复起到了积极的作用，更为重要的是，为支持我国的工业化建设也起到了间接的推动作用，因此很快得到管理层的肯定与认可，并以"制度化，规范化"的方式在全国范围内加以推广与执行，于是"乡乡有社，村村有站"的格局就基本形成了。单从数量与外延规模上看，在当时就形成了一支相当庞大的队伍。然而就在信用合作社应当进一步发挥自身特有的功能为农村经济建设服务的时候，"大跃进"开始了，为了适应"大一统"计划经济的体制以及"纯而又纯"的公有制的要求，信用合作社在一夜之间被并入国家商业银行，其员工（其实本来就是由农民身兼二职）也成为"国家干部"；为了消除"私有制"的残余，农民的入股财产也顷刻变为"国家财产"。尽管这一切从形式上看似乎是为了"跑步进入共产主义社会"的政治需要，其经济根源依然是"大一统"计划经济的内在要求，因为纯粹的公有制只有统一的计划与命令，不需要比国家更小的小范围"集体协商"的存在。从此以后，尽管信用合作社这一概念还在使用，但是信用合作社的本质内涵在我国的经济生活中已经不复存在了。从制度角度分析，信用合作社的变异是符合当时计划经济体制要求的，但是与生产力发展水平却失去了协调性。因此，从信用合作社的原本意义上讨论这一时期信用合作社"对计划经济贡献"实际上是没有意义的。

第三阶段，信用合作社复归。其实，"复归"一词用在这里不是十分确切，因为信用合作社向何处走至今没有最后定论，我们在此将其界定为摆脱了计划经济体制的束缚，必然要按照经济规律发展的含义。改革开放以后，随着我国市场经济体制日趋向纵深发展，金融体制改革也在不断深化，金融机构之间及内部划清权、责、利关系成为必然，而信用合作社作为农业银行基层机构的一段时间内，农业银行利用其"领导者"的特殊地位，向信用合作社转嫁了许多不合理的成本，以致许多债权债务至今还一直处于"打官司"的相持状态，不能很好地了结。此时，信用合作社继续作为农业银行的"基层机构"，显然有悖于市场金融体制的基本原则，因此二者的分离成为必然选择。1995—1996 年，我国信用合作社与农业银行脱钩的工作全面铺开，称为"行社脱钩"。脱钩以后的信用合作社形式上脱离了农业银行的管制，但是事实上依然没有摆脱按照原有的体制运行的习惯，没有能够真正恢复到"三性"原始状态（尽管理论界对此的呼声较强）。自 1996 年信用合作社与农业银行脱钩以来，我国信用社体制进入了新一轮的变革时期，这一阶段持续至今已近 8 年。尽管全面评价此次变革的绩效尚为时过早，但从目前信用社改革过程中所反映的一些倾向性问题来看，值得关注。根据 1996 年《国务院关于农村金融体制改革的决定》，农村金融体制改革的重点是恢复农村信用社的合作性质；改革的核心是把农村信用社逐步改由农民入股，由社员民主管理，主要为入股社员服务的合作性金融组织。以上表述可以说是政府对改革目标的一种预期，然而，从改革的具体推进过程来看，还无法得出信用合作社体制越来越趋近上述预期目标的结论。2003 年，国务院审批通过的《深化农村信用社改革试点方案》对信用社的改革目标作了新的表述，即农村信用社的发展目标是逐步成为由农民、农村工商户和各类经济组织入股，服务'三农'的社区性地方金融机构。与前面的表述相比，其形式上的差异为：后者以"社区性"取代前者的"合作性"，更为耐人寻味的是后者增加了信用社作为"地方性金融机构"的补充。对此，我们可以给出各种各样的诠释，例如，"全面推进信用社体制改革"，"构建多层次农村金融机构体系"，"赋予地方更大的金融发展空间"等，然而从另一个角度，也足以说明，重构我国农村金融制度的艰巨性远比我们想象的要复杂得多，信用合作社改革过程中许许多多的矛盾依然无法回避。为此，有学者认为中国农村金融问题还没有破题（温铁军，2004），此观点虽有所偏激，但至少说明我国信用合作社制度改革依然处于"摸着石头过河"的探索之中，现有的理论及既往改革实践还无法为我国信用合作社未来的发展指明一条"康庄大道"。

5.1.4 中国农业发展银行的产生及业务活动

为完善我国农村金融服务体系，更好地贯彻落实国家产业政策和区域发展政策，促进农业和农村经济的进一步发展，中华人民共和国国务院于 1994 年 4 月 19 日发出《国务院关于组建中国农业发展银行的通知》，批准了中国农业发展银行章程和组建方案。

中国农业发展银行总行于 1994 年 6 月 30 日成立以后，接受中国农业银行、中国工商银行划转的农业政策性信贷业务，共接受各项贷款 2 592 亿元。1995 年 3 月，中国农业发展银行基本完成了省级分行的组建工作。1996 年 8 月至 1997 年 3 月末，中国农业发展银行按照《国务院关于农村金融体制改革的决定》增设了省以下分支机构，形成了比较健全的机构体系，基本实现了业务自营。在此之前，中国农业发展银行业务由中国农业银行代理。1998 年 3 月，国务院决定将中国农业发展银行承办的农村扶贫、农业综合开发、粮棉企业附营业务等项贷款业务划转到有关国有商业银行，中国农业发展银行主要集中精力加强粮棉油收购资金封闭管理。

中国农业发展银行的成立还有一个重要背景需要介绍。1994 年以前，我国的政策性信贷业务由中国人民银行和四大国有专业银行承担。国家专业银行既办理商业性业务，又办理政策性信贷业务，一身二任，其弊端是导致专业银行的职能不清、业务界限模糊、风险责任不明，难以实现自主经营、自负盈亏、资金自求平衡、自担风险及自我发展，难以办成真正的商业银行。中国人民银行作为中央银行办理政策性业务，也影响其宏观调控职能的正常发挥。为此，党的十四届三中全会决定成立政策性银行。在 1994 年，与中国农业发展银行同时成立的还有另外两家政策性银行，分别是国家开发银行和中国进出口银行，设立政策性银行的直接目的之一就是要实现政策性金融业务与商业性金融业务分离，解决专业银行一身兼二任的问题，割断政策性贷款与基础货币的直接联系，为原来的专业银行的商业化改革铺平道路。

中国农业发展银行成立之后，曾经管理过包括粮、棉、油收购贷款，农村开发贷款，扶贫贷款在内的所有农村政策性信贷业务，但是后来由于受到资金规模不足、机构网点短缺、人员匮乏等多方面原因的限制，除粮、棉、油收购贷款以外的政策性金融业务又划归其他金融机构办理。至此，成立时间不长的唯一一家农村政策性金融机构退化为"农副产品流通贷款银行"。众所周知，农副产品流通贷款的"享受对象"是粮食收购企业而非农民。因此，这一格局的出现，实际上使农村专业性政策性金融机构所提供的服务远离了"三农"，这与农业发展银行的设立初衷是有矛盾的，且对"中国农业发展银行"这一称谓也多少具有一些讽刺意味。

5.1.5 农村合作基金会的兴衰

农村合作基金会原来是农户按照自愿互利、资金有偿使用原则建立起来的社区性互助性组织，资金来源为集体资金加农户入股资金。从其资金结构上看，农村合作基金会非常类似于信用合作社的竞争性替代品。农村基金会在后来的发展过程中，规模迅速扩张，除了"挤占"信用合作社的业务与市场份额以外，还导致了农村金融秩序混乱、农村金融风险频发等一系列问题，到最后，农村合作基金会像城市经济当中的各类信托投资公司一样，成为整顿治理的对象。到今天，农村合作基金会一类的金融组织在我国已经成为昙花一现的历史，但这段历史还是十分值得我们回味的。

综观中国农村合作基金会产生和发展的历史过程，大体上可划分为以下几个阶段。

第一阶段：萌发。早在 1983 年下半年，在一些较为典型的农业地区的乡村当中，为有效地管理和用活集体积累资金，通过清理整顿集体财产，试行集体资金"队有村管"或"队有乡管"等办法，利用所统管的集体资金在乡村集体经济组织成员之间有偿借用，进行内部融资。这种对集体资金的代管代投活动所产生的效果是积极的，既保障了集体资产的安全和增值，又在农村内部开辟了新的增加农业投资的渠道，因此受到了农民的欢迎，也得到了地方政府农经部门的支持。从 1984 年河北省康保县芦家营乡正式建立农村合作基金会起，全国各地许多地方都在试办。到 1986 年末，黑龙江、辽宁、湖北、浙江、广东、四川、江苏等地农村社区内部融资活动都有了一定的发展，并产生了农村合作金融组织的雏形。

对于这种自发性的资金内部融通方式，中央曾经是鼓励的。中共中央 1984 年 1 号文件提到"允许农民和集体的资金自由的或有组织的流动"。这是农村社区内部融资活动得以存在的政策依据。而农村合作基金会兴起的政策依据，则最早是在中共中央 1985 年 5 号文件中，该文件对"发展多样化的资金融通形式"予以肯定。

但在这一阶段最为关键的问题是，国家金融管理部门对此从未认可，有些地方金融管理机构甚至予以限制。

第二阶段：发展。在这一阶段，农村合作基金会这种农村合作金融组织，虽然是由农民群众自己创办的，但其作用和效益已发挥出来，并逐步得到了政府和有关部门的承认、鼓励和支持。1986 年 8 月中央指出：在不开展存贷业务的情况下，这种在内部相互融资的办法应允许试行。后来又指出通过中国农业银行在信贷业务上予以指导。接着，1987 年 1 月中共中央政治局通过文件《把农村改革引向深入》，其中讲道："一部分乡、村合作经济组织或企业群体建立了合作基金会……这些活动适应发展商品生产的不同要求，有利于集中社会闲散资金，缓和农业银行、信用社资金供应不足的矛盾，原则上应当予以肯定和支持。"

1987 年，根据中共中央 5 号文件创办的中国农村改革试验区，相继在黑龙江尚志市、河北玉田县、山东平度市、广西玉林市、四川广汉市等进行了农村合作基金会的规范化试验，这些有组织、有指导的试验区相对稳健地推进了农村合作基金会基层组织和联合会组织的发展，逐步建立了合作金融组织的新制度框架。

中央对农村合作基金会的鼓励、支持、试验及推广，使得全国农村合作基金会蓬勃发展。1986 年底至 1988 年底是农村内部资金融通总量增长最快的时期，两年间增加了约 40 亿元。例如，到 1988 年，江苏省已有 80% 的乡镇建立了农村合作基金会，融资金额 8 亿元；四川省一半以上的乡镇建立了以合作基金会为主要形式的资金融通服务组织，集资总额达 2.01 亿元；湖北省已有40% 的乡镇和 5 927 个村建立了合作基金会，筹集资金约 2.8 亿元。

1991 年 11 月，中共中央十三届八中全会《中共中央关于进一步加强农业和农村工作的决定》（以下简称《决定》）要求，各地要继续办好农村合作基金会。同年 12 月，农业部发出了《关于加强农村合作基金会规范化、制度化建设若干问题的通知》。之后，农村合作基金会出现了新的势头。

在中共中央十三届八中全会《决定》的鼓舞下，农村合作金融组织的改革试验于 1992 年进入普及发展和配套改革阶段。其中尚志市共兴办各类农村合作基金会 341 个，拥有股金总额 3 966.4 万元；玉田县在 34 个乡镇建立农村合作基金会的基础之上，组织了县合作基金会联合会，已向农村各种类型的经济实体累计投放资金 4.2 亿元；平度市累计入会资金达 2.64 亿元，累计投放资金 2.5 亿元。这些试验的重大意义在于：农业自我积累能力增加，农村资金净流出的问题得到初步解决。

到 1992 年，全国已建立的农村合作基金会为主要形式的农村合作金融组织，乡（镇）一级 1.74 万个，村一级 11.25 万个，分别占乡（镇）总数的36.7% 和村总数的 15.4%，年末筹集资金 164.9 亿元。其中，四川、江苏两省以上指标均已超过 20 亿元，河北、山东两省也接近 20 亿元。

根据试验和各地的经验，农业部下达［1993］农（经）字第 8 号文件，专门对农村合作基金会作了规范性定义："农村合作基金会是在坚持资金所有权及其相应的收益权不变的前提下，由乡村集体经济组织和农户按照自愿互利、有偿使用的原则而建立的社区性资金互助合作组织。它的宗旨是：为农民服务，为农业生产服务，为发展农村集体经济服务。"

第三阶段：高速扩张阶段。1992 年春天邓小平发表南方讲话，经济上通过开放具有投机特征的证券、期货和房地产三个新领域，重新出现了高增长，全国上下兴起了新一轮的投资热潮，投资拉动的需求使农村经济也有所发展。资金供给与需求的缺口在短期内急剧扩大，并且直接导致资金市场利率高涨。在这一宏观背景下，已经初具规模的农村合作基金会表现为在扩张中积累矛盾。许多农村合作基金会在地方政府的干预下，把大笔的款子盲目投向急需资金的乡镇村办集体企业。

根据中央批复，河北省玉田县1987年开始进行社区合作经济组织制度建设试验，农村基金会的建设是项目之一。到1994年，股金总额1.76亿元，其中集体股金4 800万元，而农户会员个人股金达到了1.28亿元。农村合作基金会凭借其机制灵活、运营成本低、未纳入正规金融监管等有利条件，的确实现了高速度的增长。但此后在全国各个地方都追求经济高速增长中，基金会的资金更多地投放于非农经济领域。到1998年清产核资时统计，全县基金会投放给乡镇村办集体企业资金余额23 000万元，占全县基金会股金总额的38%，这些放款90%以上是行政干预放款，其中有70%以上收回无望。随着金融改革的深入，农业银行和信用社的商业性增强，政策性弱化，各金融机构都不愿进入农业，工商业成为各家竞争的对象，农村合作基金会也不例外，开始大量办理非会员业务及所在区域以外的存贷款业务。与此同时，合作基金会大量扩股，吸收农户会员个人股金，得以更快地发展。例如，1995年底，四川省建立乡镇合作基金会5 349个，占乡镇总数的84.7%，集资总额为145.26亿元，每个基金会平均271.57万元，分别比上年增长62.4%和50.8%。

到中央正式提出整顿关闭之前的1996年底，全国已有2.1万个乡级和2.4万个村级农村合作基金会，融资规模大约为1 500亿元。这一时期金融秩序混乱，供销社、计生委、民政、劳动和社会保障等部门都加入了创办基金会、股金会，参与高利率资金市场的恶性竞争。农村合作基金会主要以高于国家法定存款利率和贷款利率的水平吸引并投放资金，即实行"高进高出"的经营策略。一方面，较高的集资利率提高了合作基金会的集资能力，而资金要素的严重短缺又使其能够以较高的利率投放信贷。虽然这种利率水平实质上反映的是资金市场实际的资金价格状况，有其合理的一面，但是由于基层政府对合作基金会行政干预多，监督机制弱，管理水平低，资金投放风险放大，经营效益明显下滑，不仅单纯追求高收益导致资金投放的非农化趋势发展到十分严重的地步，而且局部地区开始出现小规模的挤兑风波。

第四阶段：整顿治理。1996年8月的《国务院关于农村金融体制改革的决定》（国发〔1996〕33号）仍然充分肯定了农村合作基金会自创办以来，对增加农业生产的投入，缓解农民生产、生活资金的短缺发挥了一定的积极作用，同时，针对相当多的合作基金会以招股名义大量吸收居民存款，入股人不参加管理，不承担风险，实际上是违法经营金融业务，隐藏巨大风险的实际状况，提出了对农村合作基金会进行清理整顿的三项措施：一是农村合作基金会不得再以招股形式吸收居民存款；二是凡是已开办存贷款业务，实际上已成为金融机构的，对其资产进行清理核实后，可并入现有的农村信用合作社，也可另设农村信用合作社；三是没有存贷款业务，或者已开办存贷款业务，但不具备转为农村信用合作社条件的，要办成真正的合作基金会。这种政策实际上是政府相关部门协商的结果，评价和措施相对还是比较客观的。

但其中的问题仍然是明显的：一是这种安排涉及尚没有条件根本改制、资金占压比较严重、情况较为复杂的信用合作社，上述措施始终没有落实；二是没有执行政府必须保护农业的政策趋向，也没有从理论上认识正规金融根本不可能与小农经济信用需求相适应的特点。因此，没有取得实质性的进展。此前，有关部门从 1994 年就开始发文提出对合作基金会进行整顿，并专门下发了农经发（21 号）文件，其中规定，农经管理部门为行政管理部门，人民银行依法对合作基金会的业务活动进行监督，其他任何部门和个人不得干预合作基金会的行为。各级农委要配合人民银行，对一些打着"农村合作基金会"的牌子，从事与合作基金会的性质、宗旨及基本任务不相符活动的，要进行严肃查处。

1995 年又下发《农村合作基金会登记管理办法》。这些规定由于隐含着在管理权限上部门之间的矛盾，因此整顿方案久拖不决，尽管在一定程度上产生了消极作用，但仍然推动了制度建设。这一时期，农村合作基金会减弱以数量扩张为主的发展势头，转向把强化管理放在更为主要的位置。一是制定并逐步完善农村合作基金会财务管理规程、会计核算办法、审计稽核办法等一系列制度规范。二是强化了提取备付金和呆账准备金的实施力度，以促进风险保障机制的建立。三是加强了对从业人员的业务培训，提高其胜任本职工作的能力。农村合作基金会融资规模比较大的四川省，1996 年强调整顿以来数量增长速度明显减缓，到 1998 年底，全省乡镇基金会数量为 4 052 个，比上年仅增长 0.5%，占乡镇总数的 82.6%，与上年的 80.9% 相比，仅提高 1.7 个百分点。1998 年，四川省农村合作基金会集资总额为 213.78 亿元，各个基金会平均 527.6 亿元，分别比上年增长 12.3% 和 11.8%。

这次强调合并的改革措施在操作上的难点：一是对信用合作社和基金会双方已经存在的不良资产难以处置，一旦出现挤兑将会由经济问题而引发社会问题；二是农业银行和信用合作社受中央调控，而乡镇级的农村合作基金会是基层政府参与组成、没有许可证而从事金融业务的准金融组织。由于双方都带有浓厚的行政色彩，从而加剧了清理整顿的难度。接着，中央既为了集中资金于国有企业改革，也为了防范金融风险、维护国家金融的垄断地位，遂于1997年11月决定全面整顿农村合作基金会。由于政策突然趋紧，农村合作基金会自身积累的矛盾也突然表面化。由于任何种类的金融组织突然被宣布关闭的时候都必然发生挤兑危机和动荡局面，因此1998年各地普遍出现挤兑，四川、河北等地甚至出现了较大规模的挤兑风波，并且酿成了危及农村社会及政治稳定的事件。

第五阶段：清理关闭。1999年1月国务院发布3号文件，正式宣布全国统一取缔农村合作基金会。该文件强调："为有效防范和化解金融风险，保持农村经济和社会的稳定，党中央、国务院决定对农村合作基金会进行全面清理整顿……清理整顿的目标任务是：停止新设农村合作基金会；现有的农村合作基金会一律停止以任何名义吸收存款和办理贷款，同时进行清产核资，冲销实际形成的呆账，对符合条件的并入农村信用社，对资不抵债又不能支付到期债务的予以清盘关闭。"

农村合作基金会清理关闭的现实背景是：乡镇级农村基金会的运行状况不容乐观。一个时期以来，在大力发展乡镇企业热潮中，为完成上级下达的硬指标、硬任务，许多乡镇政府都直接贷款或作担保，办起了一批乡镇企业，但由于1995年以后的3年紧缩造成市场变化和管理不善等原因，全国范围出现中小企业经营困难，有的甚至破产，从而使地方政府背上沉重债务负担，而债务负担中相当比例是欠基金会的。四川简阳市新市镇净负债1 832.28万元，其中，办企业负债997.3万元，占该镇负债总额的51%，现在，兴办的企业已停办，债务全由镇政府承担。在乡镇负债的总额中，欠基金会的款共5 190万元，占26.25%，但这还只是账面上的，许多隐性的欠款或负有担保连带责任的债务都还未计算进去。90年代分税制改革以后，基层政府和乡村组织由于开支不断增加，债务数额加大，涉及面广，增长速度快。据农业部1997年对7省的调查，乡级平均负债约200万元，村级约20万元。而1999年个别省份的典型调查表明乡级负债最高已经达到约4 000万元。全国乡镇负债超过300亿元。一些地方强迫借贷或强行拉走农民生产生活资料来强制农民交纳各种税费，有现金的单位和个人借机发放高利贷，摊派到村组，最终把乡村组织负债转化为农民负担。自80年代中期建立和完善乡镇财政、继而1994年分税制改革以来，县乡两级权力膨胀、财政供养人口增加，农民负担必然加重。近年来农业银行已经退出农业领域，国家农业投入占财政支出的比例大幅度下降并长期徘徊在历史最低比例上。农户从信用合作社得到贷款的比重仅为24%，农业缺乏起码的资金投入（不包括非农产业），没有产生剩余的条件，不仅不能维持自身的可持续发展，而且已经没有再向基层政府上交税费的能力。于是，由于基层政府财政出现大面积赤字，近年来农民负担越来越主要集中在各种名目的摊派和农民的税外负担上。基金会关闭还带来一个特别值得注意的新问题：一些乡镇的农民，因自己的钱从合作基金会取不出来，便用股金证抵缴统筹提留款，形成"资金空转"，乡镇政府更加难以正常运行。

从清理整顿的基本做法到各地的实践来看，清理整顿工作基本上分为清产核资、分类处理、清收欠款和存款兑付几个阶段进行。清产核资、分类处理阶段，由地方政府组成工作小组对所辖区基金会进行资产债务核算，对资产本身大于负债或本身资不抵债，但经过财政注资后资产大于负债的农村合作基金会，并入当地农村信用合作社；对于资不抵债，地方财政无力注入资金的农村合作基金会，予以清盘关闭，由当地政府处理债权债务。清收欠款阶段，运用法律手段加大对呆滞账的收欠力度；用行政与纪律的手段加大对党员、干部贷款和担保贷款的清收力度；明确基金会是清收贷款的第一责任人，加大对股东贷款的清收力度。存款兑付阶段，存款兑付是基金会清理工作的最后一个要害点，各地的做法一般是，由地方政府筹措现金首期兑付基金会的农户存款，对于因现实条件制约而不能马上兑付的农户存款，政府承诺在几年内逐步解决。

尽管清理整顿工作面临巨大困难和矛盾，但依靠政治压力和以行政手段控制的优势，全国农村合作基金会的清理整顿工作基本上完成了上级的任务。这至少证明在中国特殊体制下，只要不触动部门垄断利益，这种自上而下的动员机制仍然有效。但是，由于上级以行政命令关闭本来是地方政府控制的基金会，必然造成政府信用丧失，因此带来的资产损失相对更为严重。曾经承担中央和国务院该项政策性试验任务的河北省玉田县，通过清产核资和资产确认，全县22个基金会共认定总资产39 347万元，总负债65 302万元（未含清盘关闭基金会兑付期间利息），资债相抵亏款总额25 955万元。清理结果：有9个乡镇基金会并入农村信用合作社，总资产20 646万元，总负债30 399万元，亏款总额9 693万元，其中乡镇政府自筹注入资金6 713万元，县政府注入资金2 980万元；其余13个资不抵债，地方财政无力注入资金的农村合作基金会，予以清盘关闭，由当地政府处理债权债务。这13个基金会的资产18 701万元，总负债28 358万元（含利息）。对在基金会存款的农户采取了到期逐步兑付，三年还清存款本息的方法。在农村合作基金会的清理过程中，地方政府注入了大量资金。如温州市 191 家农村合作基金会，148 家归并农村信用合作社，43 家实施强制清盘关闭或自行清盘关闭。温州有关县（市、区）政府注入资金 2.662 亿元，存入承诺担保金约 1.6 亿元，共计 4.26 亿元，其中向省财政专项贷款 3.29 亿元。一些地方还出现了信用合作社在政府主导之下接管兼并基金会而自身被拖垮的事例。由此可见关闭清理基金会所付出成本之大。

5.2　农村金融组织体系的缺陷

5.2.1　目前农村金融组织体系构成及功能分析

通过前面的分析，我们大致可以勾勒出目前我国农村金融组织体系的概况，从形式上看，在我国农村金融市场当中，已经形成了商业性金融机构、合作性金融机构、政策性金融机构以及非正规金融机构组成的农村金融体系。从理论上讲，这样一个金融机构体系应该是能够满足不同层次、不同内容、不同结构的农业经济发展需要的。然而，目前的现实情况是，我国农村金融供给处于严重短缺状态，这种短缺状态不仅没有随着金融体制改革的深化趋于好转，反而有恶化的趋势。造成这种状况的原因很多，在这里我们从改革开放以来农村金融机构的再造这一线索来分析其原因。

第一，农村金融体制改革严重滞后。我国经济体制改革的序幕是从农村拉开的，而农村经济发展所需要的各种服务体系的建设却严重滞后，金融服务体系也不例外。这是导致我国目前农村金融依然处于严重压抑的重要原因。

第二，农村金融体系的所有制结构单一。截至目前，我国广袤的农村市场上金融机构，无论是中国农业银行、中国农业发展银行还是农村信用合作社，都属于官办的。农村信用合作社尽管在概念上、名称上属于合作性质的金融机构，但从治理结构、运作模式、管理方法特别是与各级政府的关系来看，也是一个官办的金融机构。前一段被整顿治理的非正规金融机构当中，大多数农村合作基金会实际上也是基层政府所有的金融组织。单一所有制的农村金融组织体系自然无法与越来越多元化的农村经济发展相兼容。

第三，政策性金融机构力量单薄。农业是一个弱质产业，农业的发展离不开国家政策的支持，其中一种重要支持手段就是政府组建专业的农村政策性金融机构来帮助扶持农业发展。中国农业发展银行是改革中后期才建立的专门经营农业政策性业务的专业政策性银行。依据当时我国的人力、物力、财力状况，农业发展银行的资本金规模应该足够大，所建成的应该是实力雄厚、管理水平较高、营业网点足够、提供政策性金融业务比较全面，基本能够满足农业发展对政策性金融服务需求的一家新型现代化政策性银行。而现实的情况是，农业发展银行经办已有的政策性业务都力不从心，以致不得不将一部分政策性业务转移给中国农业银行和其他金融机构，其结果是导致农村政策性金融服务功能衰退。这与多年来我国一直强调重视"三农"问题，重视提高农民收入问题、重视农村经济发展问题的主旋律是极不合拍的。

第四，对非正规金融组织没有予以合理疏导。非正规金融无论从组织、规模、活动规范性等各方面都无法与正规金融相比，但毕竟是现阶段农村经济生产力发展水平的必然产物，在某些方面还由于其特殊的产权属性及与农村社会经济制度的内在联系显示出极大的灵活性，在一定程度上弥补了正规金融不能覆盖的领域与范围，成为正规金融的必要补充。然而改革开放以来，我们对非正规金融组织往往采取两种极端的做法，或者对其统起来，"收归官办"，或者对其予以全面取缔，使非正规金融组织要么盛极一时，要么突然消失，其应有的补充功能得不到有效发挥，而由自发性、非规范性引起的负面效应倒是十分明显。前一段农村合作基金会由"轰轰烈烈"到被全面禁止就是一个十分典型的例子。

第五，农村广义金融中介主体处于空缺状态。当代金融发展理论的研究表明，金融服务的功能不仅仅在于融通资金，还有提供分散、转移和管理风险的途径，提供清算和结算途径以完结商品、服务和各种资产的交易，提供集中资本和股份分割机制，提供价格信息，提供激励机制等。从一个时期以来我国农村金融组织体系的构建来看，基本上侧重于建立一种信贷资金投入制度安排（无论是农业发展银行的建立还是信用社的改革均是如此），从这个意义上看，我们在改革农村金融组织体系的时候，放弃了金融体系很多其他方面的功能，以致目前在农村金融体系当中，广义的金融中介主体诸如信用担保、征信、金融信息提供、专业保险等主体尚未出现，严重制约了农村金融体系整体功能的发挥。

5.2.2 现有农村金融组织体系行为特征分析

5.2.2.1 中国农业银行

中国农业银行是目前农村金融体系当中最大的国有控股商业性金融机构。1979 年中国农业银行恢复以来，在我国农村金融体系中曾一度居于核心地位，起着主导农村金融的作用。此后的一段时期内，农业银行一直是农业信贷资金的主要供给者。农业银行和信用合作社的贷款总额逐年增加，由 1980 年的

589 亿元，增加到 2000 年的24 986亿元，增长了 41.4 倍，年递增 20.6%。农业银行的农业贷款也在逐年增长，由 1980 年的 128 亿元，增长为 2000 年的4 877亿元，增长了 37.1 倍，年递增 18.9%。

　　然而，随着金融体制改革的不断深入，中国农业银行在农村金融体系中的核心地位不断削弱。农业银行在农村金融体系中功能异化可以追溯到 1995 年《中华人民共和国商业银行法》的颁布，根据该法律，中国农业银行被确立为自主经营、自负盈亏、自担风险的商业银行。随着专业银行商业化的推进以及政策性金融业务与商业性金融业务的分离，农业银行开始以商业银行的姿态与其他商业银行竞争，利润最大化成为其追求的首要目标。而农业信贷业务周期长、风险大、成本高，自然不可能继续成为农业银行业务拓展的重点。这就不可避免地要使农业银行远离"三农"。由此产生了不利于农业发展的直接后果：其一，农业银行用于农业的信贷资金呈递减趋势。据统计，自 20 世纪 80 年代，农业银行农业贷款占其总贷款额的比重逐年下降，到 1994 年降为17.4%。"十五"与"十一五"期间，农业贷款所占比重虽然有了恢复性回升，但仍低于"八五"水平，更是远低于"七五"水平。其二，农村资金大量流向城市。农业银行在收缩农贷资金的同时，并没有同步收缩在农村的储蓄业务，其结果是导致大量农业资金"农转非"，特别是农业银行作为信用社领导管理者的一段时间里，信用合作社吸收的一部分资金必须上缴农业银行，这部分资金的绝大部分都流向了非农领域。据不完全统计，1998 年以来，农村资金的净流出每年都在 7 000 亿 ~ 9000 亿元。由此可见，农业银行功能的异化，导致农村地区的储蓄向投资转化的机制遭到严重破坏。其三，农村金融服务网点成为"稀缺资源"，在计划经济及改革开放前期，农业银行的网点之多，分布之广，居各家专业银行之首，而且绝大部分营业网点分布于县以下的农村地区，这客观上为同时期农业经济发展提供了金融服务便利方面的有力支持。农业银行走上商业化发展道路之后，必然要想方设法大幅度降低各种管理成本与费用。其中一个较为便捷的选择就是大规模裁撤农村地区的营业网点，特别是裁撤边远地区、人口稀少地区规模不经济的基层营业网点（这些网点多是计划经济时代遗留下来的，其布点完全是依托于各级行政区划设置而非经济考虑），有数据显示，在 1995 年，农业银行分支机构是中国银行的 5.96 倍，但同期农业银行机构平均存贷业务量仅为中国银行的 38.7%，因此大规模裁撤服务网点是农业银行追求利润最大化的必然选择。至此，农业银行已经开始大规模"脱农"，业务重心转向城市、城镇的大中型企业与"高端客户"。以上也说明了重构农村商业性金融组织的必要性与紧迫性。

还有值得关注的一个问题是，农业银行虽然已经大踏步地走上了商业化的道路，但截至目前还不能完全摆脱政策性业务的干扰，这主要是指诸如扶贫贷款、农业综合开发贷款等曾经由中国农业开发银行经办的政策性业务又转回农业银行，由农业银行办理，这使得农业银行又出现了商业性业务与政策性业务混合经营的现象。众所周知，政策性业务的收益较低甚至没有收益或者收益为负，已经商业化了的农业银行并没有内在动力尽心尽力办好这些政策性业务，但另一方面，办理政策性业务有国家政策支持，一旦政策性业务出现难以收回的不良资产，也会由"有关部门"出来收拾残局而不会让农业银行承担由此带来的风险，同时，承担一部分政策性业务还是一个很好的"金字招牌"，有助于增加农业银行无形资产的分量。因此，农业银行又不会主动"拒绝"这些业务，于是形成农业银行角色定位的尴尬局面：一方面，农业银行因追逐利益最大化而远离"三农"常常受到社会各界的责难；另一方面，承担着一部分政策性业务又影响到其"主营"的商业性金融活动。更为重要的是，这种摇移不定的角色使得中央银行的宏观调控与国家的支农产业政策受到干扰。这些问题是今后一个时期重构农村金融组织体系当中必须予以解决的。

5.2.2.2　农村信用合作社

农村信用合作社被称为"农村金融服务的主力军"的最大主体，在传统的农区当中，信用合作的地位显得更为重要。但其功能与地位相比还是有诸多不匹配。

自从中国农业银行的服务网点大规模收缩之后，目前在新城以下的广大农村地区，能够与农民及乡镇企业发生业务联系、直接提供金融服务的金融机构只剩下农村信用合作社了，因此，农村信用就责无旁贷地戴上了"农村金融服务主力军"这样一顶桂冠。然而，农村信用合作社是否能够真正担负起"农村金融服务主力军"之重大责任，还是一个十分值得商榷的问题。从目前的情况看，由于制度安排、政策制约、市场环境等多方面的因素，使得信用合作社无论是在近期还是未来一段时间，都很难担负起全面服务"三农"的重大历史使命。

第一，信用合作社定位不明确。截至目前，我国的管理层始终未能明确界定信用合作社的属性：它到底是一个商业性的金融机构还是一个合作性质金融机构。这个问题界定不清，无论是信用改革还是信用合作社的经营活动，都难有明确的目标。我国当今的信用社的现实状况是：既不保持合作金融组织的特性，也不是完整意义上的商业性金融机构。

一方面，虽然从形式上农村信用合作社还有社员代表大会、董事会、监事会等，但这些基本上都流于形式。笔者对河南部分地区所进行调查显示，在被调查走访的信用社当中，没有一家信用社的重大经营决策、人事任免是通过社会代表大会讨论决定的，社员几乎没有任何渠道、任何权力对信用社行使有效监督、发表自己的意见。为此，绝大多数社员也不再把信用合作社看成是自己的组织。特别是近年来，在政府主导的信用合作社改革过程中，为了扩充股本，农民往往被摊派入股，这更加恶化了信用合作社与社员之间关系。从信用合作社的服务对象上看，社员与非社员之间也没有明显区别，近年来，信用合作社在强大外部竞争压力当中，往往更倾向于向效益较好的企业及工商专业户提供贷款及金融服务，而不愿意向社员提供小额农户贷款，因为这些金融服务边际成本高、边际收益低。这些情况表明农村信用合作社实质上已经脱离了合作组织的基本原则，这与 2003 年国务院审批通过的《深化农村信用社改革试点方案》中对信用作为"服务三农的社区性地方金融机构"的表述也是相去甚远的。

另一方面，信用合作社又不能向其他商业性金融机构那样一心一意地开拓商业化的产品与服务领域。例如，信用合作社的经营范围被限定在农村地区（不能像农业银行那样"进城"），不能跨地区经营；信用合作社的服务对象被限定为农业、农村企业、农村居民范围内（不能像其他商业性金融机构那样选择"高端客户"）；信用合作社经营的产品也被主要限定为存款与贷款及与之直接关联的结算业务，其他金融产品与服务的创新受到远比其他金融机构严格的限制。

正是由于定位不明确，现今的农村信用合作社既非合作经济组织也非纯粹商业性金融机构，在这种情况下，其生存与发展处于进退维谷的两难境地，让它戴着一顶"农村金融服务主力军"的大帽子显然是勉为其难。

第二，所担负的宏观责任与自身利益无法协调。由于信用社目前成为农村地区唯一的正规金融服务供给主体，因此它不得不承担诸如"政府联结农民群众的桥梁和纽带"、"一心一意支持三农"这样的宏观重任。这也正是我国最高管理层的期望所在，无论是"97"规定是还是"98"方案，乃至 2003 年《深化农村信用社改革试点方案》，都把服务"三农"作为信用社的法定目标。例如现行的政策规定，信用合作社的贷款必须有相当的比例直接用于农业生产活动；服务网点的设立不能完全算经济账，还要考虑方便农民群众；目前正在倡导开展的农户小额贷款也是一种准政策性业务。这些宏观责任加于信用合作社头上会损害到信用合作社自身的利益，但现行政策还没有一套办法与机制使信用合作社承担宏观责任付出的成本得以合理补偿。这里我们首先必须明确，信用合作社无论是作为商业性金融机构还是合作经济组织，都没有直接承担国家宏观责任的义务。如果需要信用合作社在一定时期、一定范围承担一些公共产品与准公共产品的服务，国家政策必须予以合理补偿，否则就将损害信用合作社的自身利益。在西方国家，也有商业性金融机构及信用合作机构承担政策性业务的成功例子，但前提是国家财政或政策性金融机构体系要建立完善的配套措施，以保障各方合理的经济利益。我国农村信用合作面临的一个最大困惑就是承担相应的政策性业务得不到或难以得到国家相应的补偿。以过去曾经开办的保值储蓄为例，其他金融机构都得了财政的补贴，唯独信用社开办保值储蓄业务的补偿问题一直悬而未决，以致成为今天信用社深化改革的一个棘手问题。

第三，管理模式行政化倾向明显。这是一个历史遗留问题，信用合作社改革至今，这个问题不但没有得以解决，反而不断地在延续。自从"大跃进"开始，信用合作社被收归国家银行之后，信用社管理体制就深深地打上了官办的烙印，信用合作社"组织上的群众性、管理上的民主性、经营商的灵活性"寿终正寝，直到1993年"行社脱钩"的时候，许多人认为，信用社将走上独立自主发展的道路了，然而，好景不长，农业银行这个旧"婆婆"离开了，人民银行这个新"婆婆"又接管了信用合作社，在人民银行的管理之下，信用社的独立自主性也无从谈起，而是一切听命人民银行基于风险监管的各种安排。当然，在人民银行作为信用社主管部门期间，信用合作社也得到一些"意外"的收获，例如获取人民银行的资金支持方面，处置风险资产方面，都可以"近水楼台先得月"，但无论如何，这是与市场原则、市场主体的属性背道而驰的。到2003年，信用合作社脱离人民银行之后，形式上走上了独立自主的改革发展道路，但是新的"联社模式"又使原有行政化特征很强的制度安排得以延续，正因为如此，信用合作社恢复"三性"的希望一次又一次成为泡影。

第四，信用合作社缺乏创新的自我激励机制。正是由于上述几方面的原因，从信用的管理人员到基层员工，缺乏自我创新、不断提高综合素质、增强竞争实力去面对现代市场经济的内在动力。笔者近期在对河南省部分信用合作社的调查中发现一个具有普遍性的问题，基层信用社从大部分员工乃至领导对信用合作社的下一步的发展期望是：希望政策优惠、希望外部环境对信用合作社有利，当问及是否具有积极性不断提高自己的知识层次与知识结构，不断提高自己的综合业务素质时，其回答多半是：除非上级安排学习，否则没有必要，部分有学习欲望的年轻员工其目标也很明确，就是为了有朝一日离开信用合作社，跳出"农门"。还有相当一部分员工认为，中国这么大一个农村市场，金融体制改革无论走到哪一步都会有信用合作社的饭碗。更为令人关注的是，许多基层信用的领导，除了应付上面各种检查，完成上级布置的各种工作之外，几乎没有动力与压力去提高本信用合作社的经营管理水平，堵塞各种风险漏洞，以致"加强管理"完全成为一种外部约束，这种"管理惰性"对于金融机构来讲，是非常致命的要害。

5.2.2.3 中国农业发展银行

中国农业发展银行是我国唯一冠以"农"字号的国家政策性银行。从理论上讲，这家银行应当为支农兴农竭尽全力。按照农业发展银行原有的功能定位，其业务范围定位在：粮、棉、油等大宗农副产品收购、调销、储备贷款的管理；扶持贫困地区经济发展；加速农业开发；提升农业产业化水平；增强农产品的国际竞争力。然而，从中国农业发展银行运作 10 多年来，并没有实现其功能定位，反而退化为一家"粮食收购银行"，其投放信贷资金的范围仅仅覆盖农产品收购环节，直接支持的对象不是农民，而是粮食收购、储运部门。因此，政策性银行的业务实际上并没有与"三农"直接发生联系，政策性金融机构的支农作用基本没有得到发挥。究其原因，有以下几方面：

第一，筹资渠道单一。中国农业发展银行成立以来，资金来源一直主要依靠中央银行再贷款，尽管从实施支农的货币信贷政策的角度，中央银行有责任，有义务向政策性金融机构注入资金，但从政策性金融机构方面来看，过多地依赖中央银行的资金来源，等于将金融风险转嫁给了中央银行，因而要求中央银行每年不断地扩大对政策性金融机构的再贷款数额是不现实的。从政策性金融机构的属性上看，应当是一个财政资金运用与金融机制运作的混合体，为此，其筹资渠道中，财政应当担负重要责任，通过发行特别国债和金融债券的方式筹集资金应当是财政不可推卸的责任，也是政策性金融机构重要的资金来源渠道；此外多方寻求国际金融机构的合作，争取国际金融机构长期优惠资金的援助，也是拓宽政策性金融机构资金来源的思路，在这方面也需要国家财政以国家信誉去努力争取。

第二，组织机构设置有缺陷。尽管与其他两家政策性金融机构相比，农业发展银行设立了较多的分支机构，其员工人数也要多于其他两家政策银行。但是，考虑到中国农村经济发展的特殊性及生产力水平，这样的组织机构是远远不足以服务于"三农"的。设立分支机构不能完全只考虑规模经济原则，更要考虑为农村经济发展提供更加充分的公共产品这样一个公益原则，这一点正是市场机制无法做到而需要政府功能来弥补的。正是由于农业发展银行组织机构设计的缺陷，使之难以承担原来设计的所有政策性业务，最终导致其支农功能严重退化。

第三，资金运作与管理水平还不高。目前，中国农业发展银行基本上还属于国家的一个资金代管机构，行使的职能仅相当于国家支农资金的会计与出纳。与国际上类似的金融机构相比，其资金运作与管理水平还处于较低的层次，一个时期以来，中国农业发展银行在降低资金成本、提高资金使用效率、优化信贷投放结构、强化审批管理、降低信贷风险等方面的业绩还不是十分突出，这也在很大程度上制约了政策性金融机构的支农效益。还有一个不容忽视的倾向值得指出：前一阶段由于受商业化利益的驱动，我国几家政策性金融机构纷纷与一些大型企业签订了信贷协议，这种做法完全是以商业利益为导向，违背了政策性金融机构不得参与商业性业务竞争的基本原则，这也在一定程度上干扰了政策性金融机构职能的有效发挥。为此，应当从制度建设上、管理上遏制这种倾向。

5.3　中小金融机构服务传统农区问题分析

一个时期以来，要求农村中小金融机构立足"三农"、服务"三农"、为农村经济发展建设贡献力量的呼声与日俱增。在 2011 年银行业监管联席会第五次会议上，中国银监会副主席周慕冰强调，农村中小金融机构要充分发挥支农服务主力军作用，全力以赴做好"三农"和小企业金融服务工作。在 2012年农村中小金融机构监管工作会议上，银监会高层领导人再度指出：农村中小金融机构作为"三农"金融服务的主力军，在工作中要强化"三农"市场定位，不能把农村中小金融机构办成农村资金的"抽水机"。可见，社会上上下下对金融机构服务好"三农"的前景是充满了期待的。然而，无论是中小金融机构也好，大型金融机构也好；正规金融机构也好，非正规金融机构也好；传统金融机构也好，"新生代"金融机构也好，要真正服务好"三农"，必须具有相应的制度保证，否则，这种呼吁与号召只能是一相情愿，农村资金逃逸，城乡金融结构两极分化的问题依然长期存在，农村金融双重二元结构的矛盾无法从根本上得到解决。本节将就农村中小金融机构服务"三农"的制度保障问题做一简要分析。

5.3.1　农村中小金融机构的演进与变迁

所谓农村中小金融机构，迄今尚未有一个非常严格的理论与学术界定。根据《中国银行业监督管理委员会农村中小金融机构行政许可事项实施办法》之规定，我国现阶段的农村中小金融机构是指"农村商业银行、农村合作银行、村镇银行、贷款公司、农村信用合作社、农村信用合作社联合社、农村信用合作联社、省（自治区、直辖市）农村信用社联合社〔以下简称省（区、市）农村信用社联合社〕、农村资金互助社等"。根据这一规定，可以明显地看出，所谓"中小金融机构"是与大型国有金融机构诸如中国农业银行、中国农业发展银行、中国邮政储蓄银行等"金融寡头"相对应的另一个群体。在此，我们不禁产生一个疑问，为何这一段时间如此重视中小金融机构服务"三农"的问题，难道大型金融机构不应担当服务"三农"的重任？事实上，之所以在现今这段时间着重强调中小金融机构服务"三农"的问题，与一个时期以来，我国农村金融体系的变迁特别是农村金融组织机构的格局演变有关。

回溯至改革开放中期，自从我国金融体制改革加快步伐以来，大型的国有金融机构走的基本上是一条全商业化的导向改革路子，仅在 2002 年，中国工商银行的网点由 4.7 万个骤然降至 2.8 万个，撤掉的主要是县以下的分支机构；同一时期，中国银行撤销 2 722 家，中国建设银行撤销 3 601 家；保有县级以下分支机构最多的农业银行，其服务网点也由 6 万多个降至 4.4 万个。至此，除了农业银行以外，中国工商银行、中国银行、中国建设银行基本上退出了县域以下的金融服务领地。即便如此，商业银行的高层官员依然认为"银行网点数量与机构分布远未达到最优化"，这里的"最优化"显然是指全面符合上市的要求。从此以后，在我国作为金融体系核心组成部分的"四大国有银行"愈来愈远离了"三农"，形成了农村金融需求与金融供给严重不对称的格局。当然，这一格局也引起过最高决策层的关注，并采取过一些行政方面的措施，例如，中国农业银行在股改的过程中，责令其不能脱掉"农帽"，股改的同时必须成立"三农金融事业部"服务农业等，不过现如今的中国农业银行，服务"三农"的形式保存下来了，但内容依然很薄弱甚至还很空虚。因为"三农金融事业部"的业务性质与银行上市的内在要求是矛盾的，在追求利润最大化动力的驱使下，农业银行自然本能地倾向于城市化的批发业务，利润低、风险大的农村业务在政策性亏损补贴和风险分担机制等问题没有"搞定"之前，已经上市的银行是不可能尽心尽力去开拓"三农"事业的。

而中国农业发展银行，从一开始就定位于"服务农产品流通领域"，其与"三农"第一线的距离本来较远，加之前一阶段政策性银行要向开发性银行转型的这样一种改革导向，也使得农业发展银行与农村金融的需求渐行渐远。

至于中国储蓄银行这家新成立的大型国有金融机构，虽然有大量的网点位于县域以下，但截至目前，由于人员综合素质、业务开拓能力、风险控制等种种因素的限制，还保留着原来邮政储蓄机构只存不贷的巨大惯性，对农村金融需求的满足度相当有限。

在这样一个大背景之下，社会各界特别是监管部门，自然将目光会聚于农村中小金融机构，因为在大型国有银行面向农村的金融服务收缩阶段，这类金融机构经历了一个相对较快的大发展期，其增加机构数量填补了国有大型金融机构收缩的一部分真空。

这其中首先是农村信用合作社行社脱钩，然后是法人治理结构改革，将信用合作社从农业银行的附属机构改为属于集体性质的、主要为社员提供金融服务的农村合作金融机构。其间部分条件成熟的信用合作社已改组为合作银行或农村商业银行。

接下来是国家通过试点、放宽政策、降低准入门槛等方式，采取政府主导式改革，在农村设立了一批小额贷款公司、村镇银行、资金互助会等金融机构。

经过一个阶段的发展与变迁，农村金融体系的结构有了一定程度的改观，原来农业银行一统天下的农村金融体制格局被层次与结构相对多元化的农村金融体系所取代，单从数量上看，中小金融机构的覆盖面与网点数量已占据优势地位。银监会提供的数据显示，在2010年实现全国乡镇基础金融服务全覆盖的基础上，2011年解决了616个空白乡镇机构覆盖问题。截至2011年底，全国金融机构空白乡镇减至1 696个，金融机构空白乡镇网点覆盖取得重大突破。从某种意义上，这也是农村中小金融机构发展所取得的重要成就之一。

这一制度变迁过程的逻辑思路可简单概括为：原来单调而"大一统"的农村金融体制不适应实行联产承包责任制为核心的农村经济制度安排，导致信用合作社从国有金融"体制内"分离。由于历史的原因，信用合作社依然难以完全胜任"农村金融服务主力军"的重任，于是再通过降低门槛，政策引导等措施培育组建一批"体制外"的小型金融机构，例如小额贷款公司、村镇银行等。

应该说，从整体制度变迁的过程来看，这一思路是符合农村经济体制发展要求的，但若借鉴金融发展理论的观点进一步考察，不难发现这一变迁过程依然没能解决农村的金融压抑现象，金融促进经济发展良性循环态势还未得到真正的体现。这正是接下来要进一步讨论分析的问题。

5.3.2 农村中小金融机构的生存环境与地位分析

单从机构数量与网点覆盖面来看，农村中小金融机构已占据了"半壁江山", 甚至是主导地位, 然而从制度层面做进一步分析, 却会发现目前这些中小金融机构的生存发展环境并非十分理想, 特别是与现今的农村经济结构并非耦合良好。

5.3.2.1 农村信用合作社

这是目前我国农村当中数量规模最大的一个中小金融机构群体, 也是一度承担了农村金融服务"主力军"这一盛名的农村金融机构。毫无疑问, 在中国农业银行走上商业化改革之路的时候, 信用合作社这一群体发挥了支农的主要作用, 但同时不可否认的是, 这里的"主要作用"和"应有作用"也是有相当距离的。原因如下:

第一, 信用合作社是以"带病状态"加入到中小金融机构群体当中来的。众所周知, 行社脱钩阶段, 农业银行凭借其"上级部门"的绝对优势, 将大部分的优质资产和高端业务留在了农业银行, 而将相当多的"劣质资产"和低端业务推给了信用合作社, 加上"进城"之后的农业银行和"留在农村"的信用合作社的金融生态截然不同, 使得顶着农村金融服务主力军的信用合作社这一距离"三农"最为接近的群体不堪重负。于是有了中央政府针对信用合作社的票据置换, 有了多级法人结构的产权制度改革。截至目前, 传统的信用合作社这一群体已经分化为农村商业银行、合作银行、多级联社混合体三足鼎立的结构, 其中, 农村商业银行与合作银行的两种模式多见于沿海和经济较为发达的地区, 而多级联社制度存在于中西部地区的传统农区。在沿海及发达地区, 升格为农村商业银行的这部分金融机构, 事实上服务重点已经不在农村、农业和农民, 这是发达地区的区域经济发展水平和经济结构所决定的。因此, 尚未进入农村商业银行序列的"留守信用合作社"再度被推到服务"三农"的第一线。

第二, 信用合作社制度构建与农村金融需求存在错位。行社脱钩之后, 历经人民银行代管, 再到由政府组建省级联社主管, 信用合作社的法人治理结构与产权模式经历诸多的分分合合, 但其中一个明确的、迄今尚未改变的趋势就是, 信用合作社完全是按照国有商业银行的套路来改革和构建的, 并没有真正回归"合作制"本源。其原因在此不再赘述, 本人已撰文对此做过专题分析。因此, 改革后的信用合作社与城市社和商业银行所提供的金融产品及其服务并没有太大区别。由此就不难解释为何农村信用合作社不乐意更多地为一线农民提供金融服务而更倾向于为乡镇企业提供服务, 这是理性经济人抉择的必然结果。这里, 对信用合作社更为关键的掣肘在于信用体制改革以来, 监管部门完全是按照商业银行的模式对信用合作社实施审慎监管的, 倘若信用合作社一心一意办理"三农"业务的话, 其各项指标恐怕都很难符合审慎监管的要求。

信用合作社之所以采取了这样一种改革取向及构建模式，从某种意义上讲也是不得已而为之，因为是"带病"从农业银行分离出来的，包含诸多潜在风险，如何避免这些潜在风险扩大化、外溢化是改革决策部门以及监管部面临的首要任务。因此在改革实践中没有采取将信用社化大为小、化整为零，让其回归"社员之家"的模式，而是通过一级又一级的联社制度，将信用合作社又组成了一个新的联合体，其直接目的就是为了增强信用合作社的整体抗击金融风险的能力。可以说，这是一种颇具中国特色的"路径依赖"，但正是这种路径依赖，又导致了信用合作社体制与农村经济体制不完全兼容的新矛盾。

5.3.2.2　村镇银行

村镇银行是我国改革开放中后期以来在农村领域出现的新生事物。它是指在农村地区设立的主要为当地农民、农业和农村经济发展提供金融服务的银行业金融机构。村镇银行可经营吸收公众存款，发放短期、中期和长期贷款，办理国内结算与票据承兑与贴现等业务。村镇银行"个头"不大，但都是一级法人机构。这一点，既有别于国有银行的分支机构，又有别于通过各级别联社组织联合起来的多级法人机构的信用合作社。2007年1月22日，银监会发布了《村镇银行管理暂行规定》，对村镇银行的性质、法律地位、组织形式、设立方式等分别作出了较为详细的规定。2007年5月22日，银监会宣布，将扩大调整放宽农村地区银行业金融机构的准入政策试点范围，将试点省份从6个省（区）扩大到全国其他的25个省、市、区。根据银监会的有关规定，在县（市）设立的村镇银行，其注册资本最低限额人民币300万元；在乡（镇）设立的村镇银行，其注册资本最低限额为人民币100万元。这与设立全国性商业银行的注册资本最低限额为10亿元人民币、设立城市商业银行的注册资本最低限额为1亿元人民币相比，门槛是比较低的了。应该说，这一政策导向意图是相当明确的，目的是为了鼓励更多的金融机构设在农村，更多的资金流向农村、用在农村。截至2011年末，共组建村镇银行726家，其中开业440家。作为新型农村金融机构的一个组成部分，应当说村镇银行设立的目标是明确的，就是为了丰富农村的金融组织体系，以"麻雀虽小，五脏俱全"的模式向农民提供较为全面的金融服务，然而从村镇银行试点以及设立的进程来看，并没有完全实现其初衷。

首先，数量规模没有达到规划的要求。按照村镇银行的发展计划，2011年末应达到1 400家左右，而实际上只实现了发展数量规划的一半左右。尽管机构数量并不是考核农村金融效率的关键指标，但在我国城市人均拥有金融机构数量远高于农村人均拥有金融机构数量的情况下，这一指标还是能给我们许多反思的。未能实现发展规划的指标，既可视为是监管部门从严要求，重视农村金融机构内涵发展；也可视为没有更多的资本愿意进入农村，承担服务"三农"的重任。而事实上的主要原因恰恰是后者。

其次，村镇银行的外生驱动路径受阻。村镇银行是属于较为典型的政府主导式的制度供给推动模式。从鼓励现有的大型国有银行、城市商业银行乃至外资银行发起设立村镇银行的种种措施来看，其意图十分明确：一是引导社会资金流向；二是充分运用大型金融机构比较成熟的管理经验和风险控制技术来管理新设立的村镇银行，从而有助于村镇银行的健康成长。然而，在国家整体的惠农措施尚存在诸多缺陷的前提下，前一阶段之所以有一些城市商业银行和外资银行愿意挑头发起设立村镇银行，其中包含了比较浓重的机会主义色彩。城市商业银行是为了越出所在城市的"领地"而扩大地盘，外资银行介入村镇银行的设立主要是为了以此来作为打开中国银行市场的跳板。这些发起人主要的兴趣点并不在于提供"适销对路"的农村金融服务，当扩张地盘、打开市场的目标基本实现后，其进一步开拓业务的热情自然也就递减了。从目前的发展现状看，不少村镇银行更加愿意在县城或者县级市当中设立机构，开展业务，而不太愿意开拓县以下的更为直接的面对"三农"的业务就是一个很好的佐证。

最后，村镇银行缺乏竞争力。相对已有的信用合作社分支机构、邮政储蓄银行的分支机构等，村镇银行在公信度、社会信誉方面还处于劣势，这也导致部分村镇银行吸收存款困难，其他渠道筹措资金受阻，一些银行甚至已经到了动用资本金发放贷款的地步。这种情况显然已经成为村镇银行可持续发展的障碍。

5.3.2.3　小额贷款公司

小额贷款公司是改革开放中后期以来，我国借鉴其他国家的经验所设立的以服务中小企业或农村经济为对象的一类金融机构。根据 2008 年 5 月银监会和人民银行联合出台的《关于小额贷款公司试点的指导意见》之规定，"小额信贷公司是由自然人、企业法人与其他社会组织投资设立，不吸收公众存款，经营小额贷款业务的有限责任公司或股份有限公司。"指导意见很明确，小额贷款公司属于企业而不属于金融机构,[①] 故其金融功能将极为有限。由于明确了贷款公司只能贷不能存，而且又是"小额"的，自然小额贷款公司可以为

---

① 一般意义上，我们将小额贷款公司视为金融机构，这是由业务性质决定而非法律规定决定的。监管部门的指导意见之所以将小额贷款公司归类为"企业"，直接目的是为了方便监管而非为这类机构生存发展考虑。

"三农"提供服务的选择范围极为狭窄，更不可能为农户的需求去打造"量身定做"的金融产品。为此，有学者概括为：享受不到应有的财政补贴，融资只能随基准利率浮动，也不能办理小额贷款的土地房产抵押，这些都制约了小额贷款公司的业务发展，加大了其融资成本。事实正是如此。特别是在美国金融危机爆发之后，小额贷款公司以规避风险为由，几乎全部收缩了本来就为数不多的针对农村的贷款业务。其实，自从小额贷款公司被允许设立的那一天开始就可以预计这样一个结局。从制度安排上可以看出：第一，小额贷款公司并不是专门为农民服务的，它是可以自由选择服务对象的，既然城市里面的生存发展环境比农村好，干吗非要跑到农村其开展业务呢？第二，只存不贷的规定必然导致贷款公司所有与结算有关的中间业务统统不能涉及，而向农民提供便捷的结算、支付等服务又是农村经济发展，特别是农村市场与城市市场交融过程中的必然要求，在这种情形之下，被绑住了手脚的贷款公司又还有多少"事情"可做呢？第三，以自有资本金来发放贷款这种金融活动与当代信用经济的本质要求是格格不入的。历史上，大概只有高利贷的庄家和典当行这类金融机构是依靠自有资本来发放贷款，而维系这些机构利润的来源就是高得惊人的利息。较高的利息不仅阻碍了社会平均利润率的形成，也压抑了农民这类特定的金融服务需求者从贷款公司获得相应的服务的愿望。为此，孟加拉国格莱珉银行的创始人穆罕默德·尤努斯教授指出："小额贷款公司必须既存又贷，否则等于砍断了它的一条腿。"

5.3.3 农村中小金融机构与"三农"相互伴生的制度保障

从制度经济学的视野分析，所有的金融创新，归根结底都要落脚为金融制度的创新，而只有适应经济发展、推动经济发展的金融制度创新才是真正意义上的创新。因此，农村金融制度的创新依然是今后一个时期农村金融发展的主旋律。

从目前的情况看，尽管经过一段时间的努力，多形式、多层次、多种所有制结构的农村金融体系框架已经构建起来了，这是一个不小的改革成就，但要消除农村的金融压抑，实现农村金融与农村经济二者之间的良性循环，任务还很艰巨，还有很长的路程要走。这其中，中小金融机构要成为农村金融服务名副其实的"主力军"，制度保障不可或缺。

第一，全面加大各项政策对农村金融服务的支持力度。农村金融服务成本高、风险大、收益低，这不仅是一个现实问题，而且会是一个长期存在的问题。农村金融，特别是县域以下金融总体上是一种弱势金融，特别需要加大政策扶持力度和深化改革创新强度，这就决定了需要各方形成合力，共同构筑激励农村金融服务全覆盖的长效机制。为此，任何金融机构，不论是国有的还是民营的，不论是大型的还是小型的，只要承办了带有惠农性质的业务，就该得到政策的扶持，其扶持的下限是要使金融机构从事相关的业务可以获得金融机构的平均利润率，与此同时，所承担的风险不大于行业的平均水平。要达到这样一个扶持力度是需要下很大决心的，若迟迟不肯下这个决心，仅靠从道义上劝诚与号召，任何金融机构都不可能将心思一心一意地放在"三农"上面。

第二，政策性金融要成为引领农村金融服务的领头羊。农业是一个弱质产业，农业的发展，离不开国家政策的支持，其中一种重要支持手段就是政府组建专业的农村政策性金融机构来帮助扶持农业发展。中国农业发展银行是改革中后期才建立的专门经营农业政策性业务的专业政策性银行。依据当时我国的人力、物力、财力状况，农业发展银行的资本金规模应该足够大，所建成的应该是实力雄厚、管理水平较高、营业网点足够、提供政策性金融业务比较全面、基本能够满足农业发展对政策性金融服务需求的一家新型现代化政策性银行。而现实的情况是，农业发展银行经办已有的政策性业务都力不从心，加之前一阶段我国政策性金融机构都有朝着开发性金融发展的趋势，其结果是导致农村政策性金融服务功能衰退，这与多年来我国一直强调重视"三农"问题，重视提高农收入问题、重视农村经济发展问题的主旋律是极不合拍的。为此，首先应当尽快遏制中国唯一一家农字号的政策性金融机构的脱农趋势，将其长期稳定的在"三农"的领域内，成为承担政策新金融供给的重要主体。同时，还应借鉴发达国家及许多发展中国家的经验，将为数不多的涉农政策性金融机构与数量较多的非政策性农村金融机构与业务有机结合起来，以政策性金融机构作为源头，让这些为数众多的中小农村金融机构成为政策性金融业务与服务的传递者与承接者，这样就能充分发挥政策性金融引领带动作业，在不增加政策性金融机构总业务成本的情况下，使得政策性业务传递更快、惠及面更广。

第三，积极推进各项配套措施的改革。农村金融体制改革是一个庞大的系统工程，许多问题表象在金融，其根源在于整个经济体制乃至社会文化、政治体制等各个层面。所以，积极推进各项配套体制改革也是不可或缺的。这其中包括加大财政投入力度，改善农村经济基础条件。应通过财政直接投入或利用财政资金的杠杆作用带动包括交通、水利、电力、教育、医疗等农村基础设施建设以及农业科技服务的投入，借此改善农村经济运作的基础。同时还应通过因地制宜成立各类经济合作互助组织来提高农民生产的组织化程度，获取农业生产过程中的规模收益。通过这些努力切实增强农村经济的盈利能力，为农村中小金融机构增加涉农信贷资金投入奠定良好的经济和信心基础。与此同时，农村的土地所有制也应作进一步改革，在保持农村土地所有制不变的情况下，应该把土地的承包权、使用权、转让权下放给农民，农民可以将自己承包的土地、山林、鱼塘或者宅基地作为抵押，实现土地资源与金融资源的相互转换。

第四，注重培育内生的金融创新主体。这里所说的内生金融创新主体主要是指与"三农"具有天然内在联系的各类非正规金融机构。在我国正统的经济与金融理论框架范围内，长期以来是没有非正规金融体系的地位的。我们不仅没有正视其存在，更没有深入探究其在不同的历史时期、不同背景之下生存、繁衍及其与经济发展的耦合规律，只是简单地认为非正规金融扰乱了金融秩序，分流了社会资金，容易形成不稳定的社会因素，因此在我国数十年来的金融实践工作当中（包括改革开放之前与改革开放以来的一段时间内）对非正规金融一直是采取打压、限制直至取缔的态度。但正如前所述，非正规金融之所以能够不断地生存繁衍下来，是因为在现阶段的社会经济环境当中，有其生存发展的基础，因此，简单地将其归结为"非理性金融活动"的范畴，这本身就是一种非理性的行为。经济二元结构必然伴生非正规金融活动。由于我国经济结构二元化的状况还将存在相当长的一段时间，因此，非正规金融活动也将随之延续。二元结构导致金融压抑，而金融压抑又限制资本的形成，产生资金缺口，正是资金缺口的存在，构成了非正规金融产生与发展的条件，这是不以政府偏好为转移的客观现实。实际上，二元结构的存在必然导致在正规市场上资金由农村流向城市、由短缺地区流向相对富裕地区、由欠发达地区流向发达地区的资源逆配置现象，而非正规金融存在却使得资金逆配置的状况在一定程度上得到缓解，这也是非正规金融的积极作用所在。与之同时，非正规金融的存在有可能成为促进农村金融文化发育的一个内生因素。在金融经济社会当中，金融要成为推动经济增长的有效动力，金融文化建设是其中一个不可或缺的要素。农村非正规金融的存在与繁衍，也有可能成为培育农村金融文化的经济基础。这种金融文化发育基础的优势在于，它能够与中国农村特有历史、社会、人文、地缘等我们称之为"国情"的因素取得良好的默契关系，最终形成一种源于小农经济内部而又超越小农经济的金融文化理念，这些都是健全农村金融体系的重要内容，也是构建可持续发展金融体系的必要条件。

6 信用合作社改革取向与传统农区金融发展思索

信用合作制度是合作社制度的衍生物，其基本原则是：自愿和开放、社员民主管理、社员经济参与。信用合作制度存在的经济基础是：弱势经济群体生存发展的需求；社员直接参与经营管理的要求；社员直接控制"剩余索取权"的要求。基于这样的特征，信用合作制度应当是非常符合传统农区的经济结构与金融结构的一种制度安排。然而，我国信用合作制度发展过程却历经曲折，导致信用合作社这一合作金融组织体系越来越远离了信用合作的内涵。这里面许多问题是值得反思的①。为此，在我国信用合作体制重构的过程中，应当着力培育信用合作制度内生动力因素，研究信用合作金融组织与金融风险的关系，处理好信用合作社在农村金融服务体系中的定位，这样才能充分利用信用合作制度的功能为我国农村经济发展服务。

6.1 信用合作制度产生的历史渊源及其演进

信用合作制度是合作社制度的一个衍生物，要考察信用合作社的社会基础，首先必须追溯合作社制度的历史渊源。目前，理论界占统治地位的观点认为：合作社制度产生于欧洲的消费合作社。1844 年 12 月，在英国的曼彻斯特市的小镇罗虚戴尔由 28 名纺织工人组成的公平先锋社，拉开了世界范围内合作社运动发展的序幕。其起因是罗虚戴尔镇上一个纺织厂的工人，在要求增加工资的罢工斗争失败后，组织了一个消费合作社，以使工人在离开资本家的工厂之后求得一条生路。该合作社成立后，制定了章程，作为每个会员必须遵守的准则。此后，世界上第一个消费合作社便生存下来。在它的示范之下，整个欧洲乃至世界上其他地区都出现了类似的经济组织。1937 年，国际合作联盟将罗虚戴尔公平先锋社的章程和记录归纳为七个方面的内容：（1）门户开放（入社自由）；（2）民主管理；（3）按交易额分配盈余；（4）股本利息应受限制；（5）对政治和宗教中立；（6）现金交易；（7）促进社员教育。这就是后

---

① 在前面的有关章节中，多次提到过信用合作社改革问题及其存在问题，在本部分将对信用的历史渊源及发展趋向做一系统分析。

来的闻名于世的"罗虚戴尔原则"。

"罗虚戴尔原则"提出以后，世界合作运动又有新的发展。特别是第二次世界大战后，发展中国家合作运动蓬勃兴起，给世界合作运动带来了新的内容和活力；各类合作社大量涌现，消费合作社在数量上已位居农业生产合作社和信用合作社之后。原来仅适用于消费合作的"罗虚戴尔原则"也被进行了修订，修改后称为"合作原则"。其要旨为：（1）合作社的社员应当是自愿的。（2）合作社是民主的组织，其事务应由社员所同意的方式选举或指定的人员进行管理，并对社员负有责任。合作社的社员在投票和参与合作社决策时享有平等的权利，一人一票。合作社的联合社的管理，应在民主的基础上采用适当的方式。（3）股金加付股息，其利率要有严格限制。（4）合作社如有盈余或剩余，若是得自合作社的业务经营，则为该社社员所有。其分配方式，应避免以他人之所失为此人所得。（5）一切合作社对社员、管理人员、职工以及一般大众，应设法就经济的及民主的合作原理与方法施以教育。（6）一切合作组织，为了促进其社员及社区的最佳效益，与其他合作社，不论是地方性的、全国性的、国际性的，在可能范围内均应积极合作。以上六项原则中，前三项最能表明合作社的本质特征。

随着合作社的种类不断增加，产生了生产合作社、住宅合作社、供销合作社等等合作社。基于不同类型的合作社特征，遂产生了一些适用于不同类型合作社的具体原则及制度规范。信用合作社原则是从消费合作社的原则中引申出来的，主要是：（1）门户开放原则。（2）集股原则。（3）民主管理原则。（4）股票等价让渡原则。（5）盈余分配原则。

1995年9月在英国曼彻斯特举行的国际合作社联盟100周年代表大会上产生并通过了国际公认的合作原则，其内容包括以下7项：（1）自愿和开放的社员原则。合作社是自愿的组织，对所有能够利用合作社服务和愿意承担社员义务的人开放，无性别、社会和种族、政治和宗教的歧视。（2）社员民主管理原则。合作社是由社员管理的民主组织，合作社的方针和重大事项由社员积极参加与决定。选举产生的社员代表，无论男女，都要对社员负责。在基层合作社，社员有平等的选举权（一员一票）。其他层次的合作社组织也要实行民主管理。（3）社员经济参与原则。社员要公平地入股并民主管理合作社的资金。但是，入股只是作为社员身份的一个条件，若分红要受到限制。合作盈利按以下某项或各项目进行分配：用于不可分割的公积金，以发展合作社；按社员与合作社的交易量分红；用于社员（代表）大会通过的其他活动。（4）自主和自立的原则。合作社是由社员管理的自主自助组织，合作社与其他组织包括政府达成协议，或从其他渠道募集资金，必须做到保证社员民主管理，并保持合作社的自主性。（5）教育、培训和信息原则。合作社要为社员、选举出的代表等人员提供教育和培训，以便更好地推动合作社的发展。合作社要向公众，特别是青年人和社会名流宣传有关合作社的性质和益处。（6）合作社间的合作原则。合作社通过地方的、区域的、全国的和国际间的合作社之间的合作，为社员提供最有效的服务，并促进合作社的发展。（7）关心社区的原则。合作社在满足社员需求的同时，要推动所在社区持续发展。

国际公认的合作制原则是 100 多年来世界各国合作社运动实践经验的总结，它一次比一次适应合作运动的发展，其核心是自愿、民主、互利，体现了合作组织质的规定性，是世界各国各种合作社指导实践的依据和公认的章法，它不仅是合作社生存发展之本，同时也是甄别、衡量合作社真伪的标准。

6.2 信用合作社存在的基础

从信用合作社制度产生的历史渊源我们可以看出，合作制度的产生基础，既不同于小农经济基础，也不同于资本主义雇佣劳动的经济基础。它的出现，起源于经济主体互助自救、联合生产、共同经营的一种制度需求。这种需求有以下几方面的特征。

1. 弱势经济群体生存发展的要求。人类历史进入阶级社会以后，由于各种不同社会阶层的出现，社会上便产生强势群体与弱势群体之分。在市场经济的初期，亦即资本原始积累阶段，社会上的弱势群体往往成为强势群体疯狂攫取"第一桶金"的对象，弱势群体不仅谈不上正常的发展，甚至连基本的生存条件都难以保障。因此，处于社会下层的工人，唯有通过联合的途径，才能在社会上占有一席之地。这种联合，在经济上必须体现为一种脱离强势群体直接控制的组织形式与制度安排。欧洲第一个消费信用合作社的产生事实上证实了这一点。工人与资本家的政治对抗失败以后，要生存下去，无外乎两种选择，要么继续受雇于另外的资本家，要么依靠自己的力量生存下去。与以往小农经济社会不同的是，工人们除了自身劳动力以外，几乎是"一无所有"，除了极为有限的消费资料以外，没有土地、没有其他的生产资料，因而单纯依靠一个人的力量是没有办法重新开始独立自主的经济活动的，唯有联合起来，将仅有的一部分消费资料集中起来，积聚与自身劳动力相适应的最低限度的资本，才能启动另外一种脱离原来资本所有者控制的经济活动。而一旦有了劳动与资本，就意味着一种脱离强势群体控制的经济组织的出现。因此，合作制的出现，也是社会经济发展到一定历史阶段的必然产物。

2. 直接参与经营管理的要求。在小农经济社会里，所有权与经营权、管理权是统一的，换言之，每个劳动者都能够在经济活动中，实现对经营过程控制的需求、实现自我管理的需求。当小农经济瓦解之后，随着雇佣劳动制度的出现，处于社会下层的工人，实际上是被动地失去了直接经营管理的权利。这种权利的丧失，与人的全面发展，与人更高层次需求的满足是矛盾的。事实上，这种直接参与经营管理权利的丧失，也是导致劳资对立的一个因素。而合作制的出现，正是这种矛盾得以解决的一种途径。

3. 直接控制"剩余索取权"的要求。对于"剩余索取权"直接的控制，直接参与剩余产品的分配，不仅是每一个创造了剩余产品的劳动者的权利，也是实现自我价值的需求。而在按要素分配的规则之下，对于劳动的提供者而言，是被排斥于"剩余索取"的队列之外的。合作制的出现，则是对这种按要素分配制度的否定，在合作制当中无论出资者出资多少，始终保持一人一票的原则就是确保社员当中每人都能够获得公平的剩余索取权的一种体现。

由此可见，这种新的合作制度既包含对原始积累时期资本主义雇佣劳动制度的否定因素，也包含着自主劳动的创新因素。

从金融发展的角度加以分析，一种制度安排以经济活动组织的形式出现以后，这种组织形式要不断地延续下去，还必具备以下条件：第一是信息较为对称；第二是经营管理成本较为低廉；第三是融资成本较小。以信用合作制度为例，尽管其产生的初衷可能包含这样那样的非经济因素，但是经济毕竟是基础。也就是说，经济上的合理性是一种制度安排得以延续充分条件。如前所述，合作金融组织的参与者首先是金融活动的弱者，当他们发生金融需求的时候，若无法通过正常的渠道得到融资，或者说"正常"的融资渠道虽然存在，但是这种所谓"正常"渠道所提供的金融服务的成本过于昂贵，超出了弱势群体所能承受的限度，弱势群体就只能通过互助的方式来自我提供金融服务，于是便产生了信用合作社。从这里，我们不难理解，信用合作社从它诞生的那一天开始，就带有非官方与非商业的属性。然而，从另一方面看，这种新的经济组织在面对众多的商业性金融组织竞争时要想生存且不断发展下去，至少在运作成本方面不能高于商业性金融组织，否则，这种制度安排尽管有产生的合理性，但也难以延续。我们首先看其第一个存在的条件：信息成本。任何一种经济活动、任何一类经济组织都会面临信息成本的问题。由于金融活动的特殊性，金融活动的供求双方在达成金融交易之前，必须充分掌握对方的信息，否则很容易导致"有借无还"这种金融风险的出现，当这种金融风险积累到一定程度，无论是商业性的金融组织还是非商业性的金融组织，都会陷入破产的境地。对于商业性金融组织而言，是通过其雄厚的实力，设立专门机构、配备专职人员、购买金融信息产品等方式降低信息不对称程度，以达到降低金融风险的目的。这些，对于信用合作组织来讲，都是可望而不可即的。然而，信用合作社之所以能够在收集信息方面占有优势，正是因为其成员来自同一社区，有着同一种信仰，从事着完全一样或者大致相近的经济活动（农业、手工业、小商品贸易等），相互之间无论在人格上还是经济上的透明度都很高，这就使得信用供求双方的信息不对称程度大为降低。为此，信用合作组织不必像大型商业性金融机构那样在信息收集、占有、甄别、加工方面投入巨大的人力、物力、财力进行"贷前调查"，依此推理，"贷时审查"、"贷后检查"的成本也相当低。第二个存在的条件：管理成本。单个信用合作社的规模很小，组织结构极为简单，其内部治理结构不存在劳资对立关系，再加上"自我雇佣"的用工方式，使得内部管理成本远远低于其他大型的商业机构。第三个存在的条件：融资成本。由于信用合作社的资金来源主要是通过社员股金的方式形成的，并且从制度上规定了这种股金具有互助的性质，例如，不得追求高额股息回报，分红受到限制等，这就使得信用资金的来源的成本低于一般金融市场上的资金成本，这种融资十分类似于企业的"内源融资"，而"内源融资"是不需要向外支付成本的，所以，信用合作社的这种融资方式具有成本方面的比较优势。而较低的资金成本又使得信用合作社可以将资金以低于商业利率的价格借出，提供给需要信贷支援的社员。正因为如此，信息成本低、管理成本低、融资成本低三者之间形成了良性循环，这三个方面犹如三足鼎立一般支撑着信用合作社的可持续发展。

6.3 信用合作社体制改革面临的困境

通过前面的分析，不难得出结论，我国信用合作社生存的社会基础、经济基础都依然存在，因此真正的信用合作制度依然大有用武之地。农村当中的广大农民，是社会上最大的弱势群体，虽然在政治制度的层面，他们并未受到理论上的歧视，然而在经济上受到不平等的待遇是不争的事实。因此，信用合作制度在我国进一步发展，对于解决"三农"问题具有重大的现实意义。然而，当我们结合中国的现实进行分析的时候，却发现信用合作制度在我国发展过程中依然有着不小的障碍。

由于特殊的历史原因，新中国成立以后形成的第一批信用合作社在"大跃进"的浪潮中迅速被并入中国农业银行，在此后的数十年当中，变异为"国家机关"的基层机构，信用合作社的"三性"即组织上的群众性、管理上的民主性、经营上的灵活性（实际上就是"罗虚戴尔原则"在我国信用合作社制度当中的具体应用）已经不复存在，信用合作制度在中国也变得"有名无实"。改革开放以后，随着我国金融体制的改革，特别是国有银行体制的改革，信用合作社继续作为国家银行的"基层机构"既不符合农业银行商业化改革的取向，也有悖于市场经济的公平原则，于是信用合作社脱离农业银行，走上独立发展的道路成为一种必然的选择。然而，当信用合作社与农业银行脱钩之后，实践的复杂性却告诉我们，信用合作社在中国的进一步发展（也许称之为"再造"过程更为贴切）远比我们想象的要复杂得多。

首先，遇到"路径依赖"的障碍。根据路径依赖的原理，某种制度安排一旦产生，它的存在便具有一种惯性，即便一种新的、绩效更高的制度安排出现以后，也难以在短期取代原有的制度安排。尽管目前学术界对"路径依赖"理论依然有争议，但路径依赖这种现象在我国经济改革的实践中确实存在。我国的信用合作社在恢复"三性"的过程中，便遇到了路径依赖惯性的限制。这种惯性主要来自以下三个方面：其一，信用合作社在被并入中国农业银行之后，其治理结构、管理体制等已经完全适应国家机关或国有企业的模式，与国有金融机构及其相适应的社会环境有了很强的"亲和力"，一旦要回归到信用合作制原本的道路上来，仍需要经过一个较长的艰难"学习"过程。其二，由于信用合作社在过去一段时间内的工资奖金分配、福利制度、用人方式完全套用国家银行的模式，这实际上已经导致了信用合作社的"大锅饭"与"铁饭碗"制度，由此形成的利益刚性，在短期内也是难以扭转的。其三，由于社员代表大会制度在现有的信用合作社治理结构中并不存在或者即便存在也根本无法发挥作用，这实际上已经导致信用合作社的员工与真正意义上的农民已经不再同属于一个利益群体，而是前者的经济地位高于后者。恢复信用合作社"三性"思路基本上是一种让现有信用合作社"降格"的思路，即从国家银行附属机构的位置上降格为农民自身的金融机构，如上所述，这种"降格"自然会受到既有经济利益格局的顽强抵制，这不能不说是目前农村信用社体制改革过程中遇到的一个巨大障碍。

其次，小规模信用合作社难以抵御社会金融风险的障碍。在市场经济条件下，任何经济组织从事经济活动的时候都会遇到风险，信用合作社当然也不例外。然而，信用合作社所面临的风险与其他市场主体最大的不同在于金融风险的特殊性：突发性与传递性。金融风险一旦爆发，影响的绝不仅仅限于农村与农业，会迅速蔓延传递，以致危害整个社会的信用安全。因此，从降低于金融风险的角度看，信用合作社规模越大、统一程度越高、官办色彩越浓，其抵御社会金融风险的力量越强。正因为如此，一个时期以来，取消基层信用合作社法人资格，成立县级联社、市级联社、省级联社乃至全国联社的呼声越来越高（这一趋势目前正在逐渐成为现实）。而这种规模越来越大的联社，与信用合作制度的本来原则是有很多悖论的，因为信用合作社的规模越大，诸如入社自由、民主管理、服务社区等原则越难以落到实处，况且，规模越大，信用合作社在信息、管理、融资方面的成本也越高。于是，为了抵御有可能发生的金融风险，信用合作社不得不越来越多地套用国有银行的体制架构及经营管理模式。

最后，农村金融服务主体空缺的障碍。随着我国国有商业银行改革的不断深化，国有银行选择了撤并机构、精减人员的方来降低交易成本，以期应对日益临近的外资银行与中资银行的全方位竞争。这种选择导致的一个直接后果就是，原来国有银行在县城以下机构网点大量撤并，广大农村的金融服务网点数量急剧减少。在这种格局下，信用合作社被仓促地推上了"农村金融服务主力军"的位置。在中国这个广袤而金融资源相对匮乏农村大市场当中，信用合作社既要保证自身的商业利益来维持发展，又要提供支持农业的"公共产品"与"准公共产品"，同时还要化解历史遗留的巨额不良资产，其改革的外部环境与条件变得十分苛刻。

6.4 信用合作社体制重构中的制度博弈

国务院颁发的 2003 年第 15 号文件，被称为我国信用合作社改革历程当中一个新的标志，该文件成为目前信用合作社改革的指导纲领。的确，本轮信用合作社的改革无论从政策的激励还是经济动力方面，都远远超出以往历次改革方案，其中一个引人注目的焦点就是，在本次信用合作社改革过程当中，中央银行将提供 1 650 亿元的资金，采取"票据兑换"的方式注入信用合作社，帮助信用合作社解决由于各种因素形成的不良资产，从而使信用合作社能够在改革过程当中"轻装前进"，承担"农村金融服务主力军"的作用。这一方案，被广大业内人士形象地称为"花钱买机制"，即中央银行（实际上也等同于中央政府）将一笔数额不菲的资金投入信用合作社，以期解决信用合作社在治理结构、风险控制、经营管理等诸多方面的遗留问题。然而，在具体考察传统农区①信用合作社改革做法的时候，发现一个惊人一致的现象：在2003年改革方案中，决策当局给出了两个选择，一是由中央银行为信用合作社提供再贷款；二是中央银行采用票据兑换方式置换信用合作社不良资产，为信用合作社注入一笔净现金流。从实施的情况看，几乎没有选择第一个方案的，各地信用合作社改革都不约而同地选择第二方案。由此，引出一系列值得关注的问题，下面对此做进一步分析。

6.4.1　票据兑换资金的作用与预期目标

历史地看，最新一轮信用合作社改革（指2003年以来第一、第二批信用合作社试点改革）应该说比以往任何一次信用合作社改革的力度都大，这表明当局对信用合作社改革的决心：要使信用合作社成为名副其实的农村金融服务主力军。这一改革方案出台的背景是，农业银行大幅度撤离农村市场，农业发展银行的政策性职能一直定位不清、支农作用微乎其微，随着农村经济的不断发展，农村金融服务供给出现越来越大的空当，为此必须立刻扶持一支正规金融力量承担支持"三农"的重任，这一重任自然历史地落在农村信用合作社的肩上。为使信用合作社在应急的情况下能够承担国有商业银行撤离农村市场后留的支农责任，由中央银行向信用合作社注入资金成为治疗农村金融服务体系"急病"必选手段，这是向信用合作社注资欲解决的第一个问题。

与前几次农村信用合作社改革所不同的是这一次农村信用合作社的改革，当局不再刻意强调合作性质，而是根据不同地区的具体情况赋予改革者更大的自主权，组建股份合作商业银行、农村商业银行等成为可选的模式。②为了使信用合作社能够适应商业化的经营管理模式，监管当局必然要更加注重信用合作社的资本充足率、抵御金融风险的能力等问题。众所周知，在我国所有的正规金融机构当中，农村信用合作社的资本充足率是最低的，资产质量是最差的，相应地，抵御金融风险的能力也就最为薄弱。在这种情况下，扭转信用合作社的所处的不利局面，提高其抵御风险的能力，避免信用合作社的局部金融风险转化为全局金融风险，成为注资欲解决的第二个问题。

由于历史的原因，信用合作社背上了沉重的包袱，这些包袱有信用合作社承担政策性业务直接导致的，也有"行社脱钩"期间农业银行利用其有利位

---

① 笔者就此信用合作社改革问题曾到河南的许昌、安阳、南阳、平顶山等地进行过调研。因为河南省采用的是成立省级联社的改革模式，由此引发的一系列问题在河南传统农区表现得尤为突出。

② 对于传统农区而言，因当时不具备组建农村商业银行的条件，成立省级联社是唯一的选择。从这个选择上也可以看出传统农区与非传统农区金融改革的差异性。

置向信用合作社转嫁的，还有因信用合作社经营管理不善造成的。沉重的历史包袱积累，使相当多的信用合作社资金极度短缺，亏损严重，经营陷入困境，为了使信用合作社营运能够走向良性循环，必须化解历史形成的不良资产，这是为信用合作社注资欲解决的第三个问题。

通过向信用合作社注入资金，在解决信用合作社经营困境的同时，使之明晰产权、健全治理结构、改善经营机制、走上可持续的良性发展的道路，这是为信用合作社注资欲解决的第四个问题。

综上，站在改革方案制定者的角度分析问题，这些预期目标无疑体现了政府理性行为特征，即通过注入适当数量资金，解决困扰信用合作社改革发展过程中的瓶颈问题，达到步步推进改革的目的。从这个角度分析，花钱与"买机制"并不矛盾，其理性化的思路是：以有形资金投入获得联动的改革效应。这可以说是"花钱买机制"的核心所在。

为了使本次改革的激励效果更加强烈，本次注资采取了"金融期权"的方式，即先根据基层信用合作社清产核资的情况签发票据由信用合作社持有，在一定时间内达到中央银行及银监会规定的各项标准，然后方可将发行的票据兑换成为现金。也就是说，信用合作社必须努力改革，实现当局提出的相应要求之后，才能得到真实的现金。从方案设计的本身来看，也是用心良苦的：既要提供经济利益激励，又要避免道德风险。

6.4.2　信用合作社对改革方案选择行为的经济学分析

2003 年推出的信用合作社改革方案，已经实施了一段时间，继续第一批试点的 8 省市之后，2004 年，这一改革方案推广至全国 29 省、市、自治区（除海南、西藏之外）。可见，当局对于这次改革是寄予了较高的期望的。但随着这次改革时间的推移，理论界对于"花钱买机制"的做法开始产生争议。银监会 2004 年提供的数据表明：先行改革的 8 个省市的农村信用合作社，资本充足率平均达到 7.38%，比改革以前上升 11.2 个百分点，实现利润 25.16 亿元。基于这一数字，一些学者认为"花钱买机制"的初步效果应当是相当不错的。而另外一些学者则认为，积累若干年的历史问题，经历几次改革都没有化解的包袱，这一次在如此短的时间内产生如此巨大的变化，包含着政策短期刺激效应，并不意味着这是一种长效的可持续发展机制，因而对"花钱买机制"的发展前景表示疑虑。以下，从博弈论的角度，对信用合作社选择偏好做一简要分析。

首先，我们假设信用合作社是一个理性主体，其目标函数是追求自身利益最大化。这一假定是符合实际的，因为无论是从我国信用合作社实际行为特征还是历次改革方案对其商业利益的认可，都足以说明信用合作社的商业化特性。

根据博弈论原理，理性的行为主体，在选择策略方案的时候，总是要追求利益的最大化（或损失最小化、成本最小化），这个利益，视主体性质的不同，可以是公共利益最大化也可以是自身利益最大化。对于商业性质的主体而言，就是要追求自身利益的最大化。信用合作社作为改革的"局中人"，如果具有方案的选择权的话，肯定会选择对自己更为有利的方案，即占优策略。因此，当中央银行（实际上等同于中央政府）推出的改革方案当中具有提供再贷款与提供票据兑换两种可选项时，信用合作社自然会本能地选择票据兑换，因为两种方案对信用合作社的约束（要求信用合作社为改革所付出的努力）大致相当，然而收益却大不相同：一种是可以获得1 650亿元的净现金流（相当于中央银行用现金"交换"信用合作社不良资产总量的一半）；另外一种虽然也提供资金支持，但却是有借有还，不能形成信用合作社自身永久的利益。几乎所有的信用合作社都选择票据兑换实际上就是此博弈的一个均衡结局。由于这个结局已经成为现实，所以不再成为人们关注的话题。事实上，中央银行在推出该改革方案的同时，已经预料到选择票据兑换会成为趋之若鹜的热门，所以，对于票据兑换设置了种种资格条件，以增加"正向激励"的力度。由此，形成了决策当局与信用合作社这一对局中人的又一轮博弈，即改革的"正向激励"与争夺1 650亿元现金流的博弈。显然，博弈的进程及其结果是会影响到本轮改革的绩效的，这正是许多学者目前关注的一个焦点所在，也是最高决策层应该而且必须关注的问题。对此，我们建立一个简单的博弈矩阵进一步分析。这一博弈矩阵中有政府与信用合作社两个局中人。对于政府而言，其理性的目标当然是公益的，具体内容前面已经有表述，为实现公益目标的代价是要付出一定的改革成本（向信用合作社注入资金），政府的可选策略是兑现或者不兑现已经发行的票据。对于信用合作社而言，其目标是自身利益最大化，为了实现这个目标，在此轮改革中也有两个选择：一是按照政府的要求踏踏实实改革，最终获得票据兑换资金，显然这样做要付出更多努力；二是做表面文章，换汤不换药，"先把票据兑换资金拿过来再说"，这样做同样可以实现自身利益最大化，但付出的代价小得多。博弈矩阵如图6-1所示，其中C表示中央政府支付的改革成本，∞表示实现了改革的预期目标，0表示没有实现改革目标。

信用合作社

		真实改革	做表面文章
中央政府	兑付票据	−C, ∞	−C, 0
	不兑付票据	0, ∞	0, 0

图 6 - 1 博弈矩阵

在以上各种结局当中，(0，∞) 与 (0，0) 是不可能出现的结局①，因为中央银行不兑付票据就意味着政府"说话不算数"，整个改革过程就会停滞，"花钱买机制"的方案也就不复存在。而剩余的两个结局当中，显然（−C，∞）② 应当是最理想的博弈结局，虽然中央政府支付了一笔有限的改革成本，这笔成本为转化为信用合作社推行改革的收益，但改革成功之后，信用合作社依然可以继续获得改革的收益，更为重要的是，由于改革的成功，整个农村金融体系获得的总收益是趋于无穷大的，信用合作社自然也是其中的一个受益者。（−C，0）是总收益最低的一个结果，也是当局最不希望出现的一个结果，亦即"花了钱买不到机制"，但这个结果对于信用合作社，依然是收益大于成本的，因为仅仅做一些表面文章，仅仅是付出了很小的代价——把各种报表、数字做得尽可能"好看"，以此应付各种检查与考核，但得到是一笔可以永久使用的"真金白银"。根据博弈论的原理，在这样的博弈当中，如果"个别理性"与"共同理性"相一致的话，则会出现皆大欢喜的结局；如果"个别理性"与"共同理性"不一致，就会出现（−C，0）这样的结局。

根据谢平等人（2005）的调研，正在进行的信用合作社改革，"个别理性"占据上风的苗头似乎已经出现。例如，调研中发现，从 2001 年至 2004 年，调查样本显示：信用合作社分红水平徘徊不前，但人均职工费用却是不断攀升（见图 6 - 2 与图 6 - 3）。

还有诸如真实盈利水平（去掉政策优惠之后的盈利水平）、农贷比重等指标改革后与改革前相比较也没有取得实质性的改进。以上这些，似乎都在印证信用合作社的"个别理性"与农村金融改革的"共同理性"存在相悖之处。

按照经济学一般原理，在一个委托—代理关系当中，只有委托人支付给代

---

① 当然，在实际改革过程中，政府可以选择"延缓兑付"或者"暂不兑付"，如果作出那样的选择，就变成另外一种条件下的博弈，后面有所涉及。

② 在这一组效用的总和当中，没有将信用合作社获得的效用设定为中央银行支付票据兑换的付出，因为那样设定之后，本博弈模型必定是一个零和博弈模型，据此分析问题，实际意义不大。为此，将信用合作社获得的效用设为中央银行票据兑换支付加改革成功之后带来的收益。

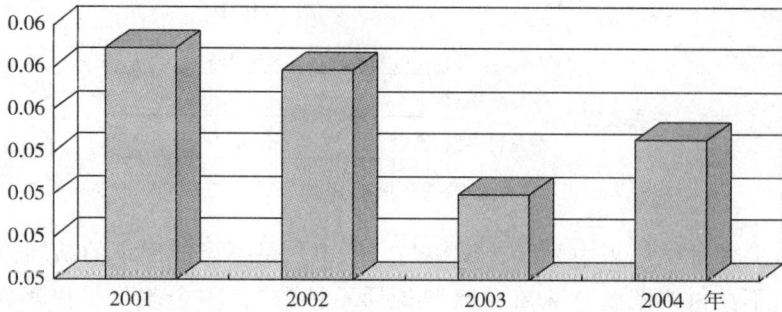

资料来源：根据谢平、徐忠、沈明高，《农村信用合作社改革绩效评价》一文中的有关数据绘制，原文载于《金融研究》，2006（1），第27～39页。

图 6 – 2　部分试点信用合作社 2001—2004 年分红情况

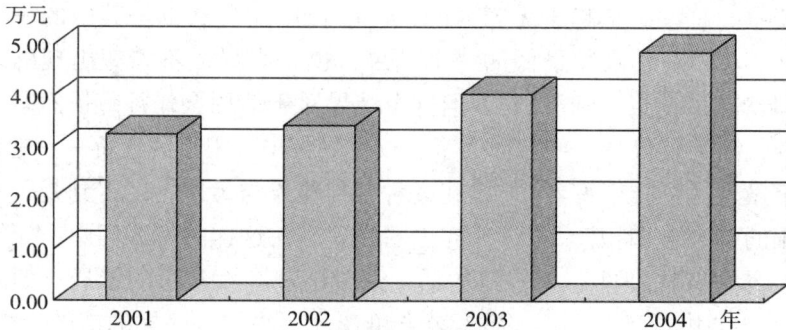

资料来源：根据谢平、徐忠、沈明高，《农村信用合作社改革绩效评价》一文中的有关数据绘制，原文载于《金融研究》，2006（1），第27～39页。

图 6 – 3　传统农区部分试点信用合作社 2001—2004 年人均费用增长情况

理人的报酬大于代理人付出的成本，代理人才会努力工作，实现委托人的预期目标，否则就会出现愈来愈严重的"偷懒"问题。这一原理对于本次信用合作社改革同样适用。中央银行的票据兑换资金，可以视为支付给信用合作社（包括地方政府及信用合作社主管部门）的"改革报酬"，只有当这笔改革报酬高于改革过程中所支付的各种成本，信用合作社才会获得真正的"正向激励"，否则，就会出现相反的效果。当然，支付的报酬不低于代理人努力工作所付出的成本，只是实现"正向激励"的一个必要条件，要确保"正向激励"能够落到实处，还需要委托人对代理人的监督机制有效。由此，我们可以得出的推论："花钱买机制"要实现预期的目标，其约束条件之一是中央银行设定的票据兑换资格要求不能脱离实际，信用合作社通过正常的努力可以获得票据兑换资金；约束条件之二是决策当局要对改革过程进行有效的监督，防止信用合作社仅仅是为了得到票据兑换资金而做表面文章。以上这两个约束条件构成了"花钱买机制"实现预期目标的必要条件集合：当票据兑换条件过于苛刻，信用合作社通过自身的努力难以实现，客观上就会鼓励其为了得到资金而"造假"；决策当局监督不到位（包括监督机制失效、监督成本过大等），也会使票据兑付流于形式。

从目前各方反映出来的一些情况看，本轮信用合作社改革似乎进入了一个两难境地：要么花了钱，新的机制没有产生（正向激励产生偏差）；要么不花钱（票据兑换资金尚未支付，主动权仍然在中央政府一边），"农村金融主力军"依然缺位。无论是哪一种结局，都是背离改革原有期望值的。当然，这样的结论悲观了一些。改革依然在进行当中，目前对本轮改革作出结论性的评价为时过早。实际的改革进程是复杂的，由于动态博弈的存在，改革发展的轨迹随时都可能发生变化。根据前面的分析，当局应当尽可能主导改革朝着"个别理性"与"共同理性"一致的方向发展。基于我国的改革是政府主导型的改革这一大前提，从理论上讲，政府有能力也有责任主导改革朝着正确的方向演进，因为政府是游戏规则的制定者、改革方案的设计者，在"纵向结构"的政府之下（李义奇，2005）更有理由做到这一点。从技术层面讲，首先应当对票据兑换要求"一刀切"的格局进行相应的调整。由于我国农村经济发展水平差异巨大，沿海地区与中西部的"金融压抑"程度明显不同，许多困扰内地信用合作社生存与发展的瓶颈问题在沿海地区并不十分突出，因此设定同一的"花钱买机制"的标准，本身就会引发不公平的竞争。对于东部沿海地区而言，无须努力或者付出很小的努力就可以拿到中央银行的票据兑换资金，因此，"花钱"对之激励作用并不明显，而中西部地区信用合作社历史包袱重、资产质量差、经营管理水平也较低，从理论上讲，对于这一部分信用合作社而言，中央银行资金注入的边际效用应当是很高的，但由于中央银行设计的票据兑换标准对它们过于严格，竭尽全力也难以实现[1]，信用合作社只好"铤而走险"，运用各种手段抓住这次"机不可失，时不再来"的机会，在这种格局下，花钱不仅没有产生正激励，反而是负激励。因此，实事求是、因地

---

[1] 笔者在2005年夏季对河南省部分信用合作社调查过程中，对于调查问卷中"是否能在规定的时间内实事求是地实现改革方案所要求各项标准"的问题，85%的基层信用合作社主任认为"不可能"。

制宜、因时制宜地制定票据兑付标准（也包括信用合作社改革的一系列考核要求），使之不溢出"正向激励"边界，是值得下一步改革过程中认真思考的。

与此同时，决策当局对于信用合作社改革过程的监控机制也很值探究。目前，当局对信用合作社这一"代理人"改革过程的监督是采取银监会负责考核信用合作社具体指标、中央银行负责注入资金的模式，显然，这里面存在一个银监会与中央银行的职能与分工协调问题，如果二者协调成本过大，就会造成监控失效。为此，应当将二者的摩擦以及信息不对称程度降至最低（杨羽飞、梁山，2005），才能保证改革朝着预期的方向发展，因为利益关系的协调有利于减少交易成本从而促进经济的增长。当然，这已经不仅仅是一个经济体制改革范畴的问题，而是涉及行政体制层面的问题，但从广义的角度看，依然在政府主导型改革的大框架之内。

6.5 信用合作制的新生代——资金互助社

改革开放以来，我国农村金融体制历经诸多重大变革，但是，时至今日，我国农村金融发展现状并不令人满意。其中一个突出的表现就是随着农村经济的不断发展，农村金融服务的供给不是同步增长反而趋于相对萎缩的态势（周宗安，2010），这与构建和谐社会、建设社会主义新农村的要求显然是相悖的。如果对改革开放以来我国农村金融体制的历次变迁与改革作一追溯与检讨，会发现历次农村金融体制的变革，只要涉及农村金融服务供给增量的时候，基本上都是走的一条"外生供给"的路子，亦即在政府主导之下强制变革农村金融体系。诚然，当制度层面的上层建筑不适应农村经济基础发展的要求时，必须革除原有制度的藩篱，以适应生产力的发展要求，因此每一次改革农村金融体系都是必需而及时的。然而进一步分析之后会发现一个问题，我国农村金融体制每经历一次外生制度供给的变迁之后，其内部的创新机制都没有得到很好的激励，农村"金融压抑"状态依然如故，这不能不说是导致目前我国农村金融服务供给严重滞后、严重短缺的一个重要原因。因此，给我们提出了一个值得深思的问题，外生制度的供给如果无法与内部创新因素相互结合，相互促进，每一轮耗费巨大成本的改革都难以实现预定的目标。为此，认真梳理改革开放以来农村金融体制改革的思路，分析过去的得失，进一步完善农村金融服务体系与农村内生金融创新因素激励机制，无疑具有现实价值。其中一个值得反思的问题是，农村金融的发展必须具备一种可持续的内在发展激励机制,在这个前提之下,许多历史积累的矛盾才能逐步解决,新的制度供给才不会成为新的包袱。资金互助社是近年来在农村产生的新型金融机构,资金互助社产生之后,得到了社会各界的关注,也得到了金融监管部门的认可①。资金互助社作为从农民内部产生的金融组织,其组织形式、治理结构、运作机制等与官办的农村金融机构有很大不同。如何保证这类金融机构的内生属性,使之贴近"三农"的优势得以充分发挥,从而成长为推动农村金融体系乃至整个中国金融体系创新重要力量,是值得认真思考的。

6.5.1 制度变迁路径与农村内生金融机制发育历程

从制度经济学角度观察分析历史的进步与变革,金融发展的路径有两种模式:诱致性制度变迁和强制性制度变迁(林毅夫,1990)。结合我国一个时期以来的金融体制改革,我们亦可将其称为内生驱动式改革与外生拉动式改革。前者通常多见于市场经济自然演进国家的金融制度变革,后者通常多见于经济转型以及实施"赶超"、"跨越式发展"战略的国家与地区。在内生驱动的模式下,微观主体常常是创新的主力军,市场经济的内部需求是创新原始驱动力。正是这两者交互作用的结果,一项又一项的金融制度创新在"不经意"间逐步诞生了。

例如,美国金融市场最引以自豪与骄傲的集中交易制度——纽约证券交易所的集中交易方式,竟然诞生于1782年华尔街68号一棵梧桐树下的"非正式协议"——梧桐树协议,这就是典型的内生驱动。在这个过程中,并没有任何政府部门的参与,完全是交易商们自发组织的一项交易活动:要求产权的转换要与金融资产的流动性相互配套。这看似仅仅是商人们一个简单游戏规则,其内涵却是深刻的,反映了产业资本与金融资本融合过程中的一个必然选择,只有通过集中市场的交易才能最大限度地降低交易成本。于是,金融市场当中最发达的形式,证券市场应运而生。正是有了证券市场,上市公司才可能在极短的时间内募集到数十亿元甚至上百亿元的资金。这正是经济发展受益于金融交易制度高度完善的典型例子之一。当然,这种变迁方式需要一个自然演进的过程。从某种意义上讲,交易所的集中交易制度是一个交易者们不断讨价还价、不断试错、不断改进的过程。这个过程是缓慢的,但成果却是导致符合市场经济内在要求的金融交易制度诞生。尽管这期间耗费的时间成本较大,但制度变迁的目标函数是单一的、稳定的。

---

① 参见《中国银行业监督管理委员会农村中小金融机构行政许可事项实施办法》第二条规定。

而我国的上海证券交易所与深圳证券交易所的设立则是典型的外生驱动路径，其直接动因是为了配合国企的改革与长期国债的持续发行。这种制度变迁模式可以大幅度节省时间成本，在极短的时间内走完发达国家一百多年甚至数百年走过的路程。为此，这种模式也是发展中国家在实施跨越式发展过程中的必然选择。在这种模式下，政府是改革的主导者和设计者，由于设计过程中需要"通盘考虑"，因而制度变迁的目标函数通常是多元的、不稳定的。正因为如此，常常会出现"欲速则不达"的问题。其典型的例子之一就是在1993年开办的国债期货交易因时机不成熟而夭折，导致金融市场的整体改革不得不走一段回头路。

将目光聚焦至我国农村金融体制的改革，会发现其中惊人的相似之处：20世纪50年代，刚刚发育的信用合作社迅速普及全国，然后又强行并入国有商业银行；在90年代为了国有商业银行的改革，信用合作社又被强行与农业银行脱钩，形成了现在这种多级法人联社体制的模式。在这期间还有农业发展银行的成立、邮政储蓄银行的介入、村镇银行的出现以及小额贷款公司的诞生等。不过反观一轮又一轮的改革过程，改革主导者的努力程度不可谓不大，热情不可谓不高，但依然没能较好地解决农村金融压抑的问题。到头来，连金融监管部门的高级官员都不得不承认"商业银行、农村信用合作社、邮政储蓄，都成为农村失血的管道"[①]，这显然是有悖于改革初衷的。如果对这种现状作一制度层面的反思的话，如导言中所述：正是强制性制度变迁不足而造成的一个结果。

外因是变化条件，内因是变化根据，这一简明而浅显的哲学原理体现在金融制度变迁中规律就是：诱致性制度变迁和强制性制度变迁应当相互协调，相互适应。而我国的农村金融体制变革的历程则是外生拉动式改革居多、内生驱动式改革不足，从而导致农村金融的供需长期不能适应。换言之，制度的供给没有能转化为有效的、服务于"三农"的金融服务供给。

农村金融内生创新机制只能发育在"三农"的机体以内，外部制度供给所提供只是一个环境。在我国农村金融体制变迁的历史上曾有过这样的内生机制。新中国刚刚成立后50年代初期涌现的第一批信用合作社与梧桐树协议的诞生有异曲同工之处，第一批信用合作社正是农民自己协商的结果，是按照真正意义上的"信用合作制"构建的，互助、民主、自愿等原则都得到很好的体现。倘若这一代信用合作社能够正常发育到今天，我国的农村金融供需结构一定不会是今天这种状况。但是历史不能假设，第一代真正意义上的信用合作

---

① 郭树清：《农村金融体制环境亟须改进》，载《农村金融时报》，2012-02-06（3）。

社很快就被"大一统"的计划经济模式打断了自然发育的进程，异化为官办的金融机构。改革开放中期，正是这种官办的金融制度不能满足日益多元化农村经济发展的需求，遂又产生了一批基金会、储金会、互助会、股金服务部等被称为"三会一部"的非正规金融机构，其实这也是一种内生的农村金融机构，然而这批机构很快就被轰轰烈烈的治理整顿运动给打压下去了。当时治理整顿的直接动因是部分"三会一部"的"非法集资"引发了金融秩序的混乱，为了避免因此引发更大范围的金融风波，政府动用强制的行政力量关闭了"三会一部"。整顿是达到目标了，但农村金融服务的巨大缺口依然存在，也许正是在这样的背景之下，产生于农民内部的"新生代"金融机构——资金互助社才引发各界的关注。

6.5.2 现阶段资金互助社的功能及地位分析

这里讨论的农村资金互助社是指建立在一定区域（社区）内，由部分或全部村民出资组成的一种具有合作互助性质的小型金融机构。从界定上，很容易联想到信用合作社，但事实上我国现阶段的信用合作社的"合作"是徒有虚名，其合作性质已经荡然无存，早已被强制性制度变迁异化为"官方"金融机构，目前在省联社模式管理下的治理结构就是信用合作社脱离自身属性的最典型的表现。相比之下，资金互助社倒是更为接近"天然"的信用合作属性。

从一个阶段的实践看，资金互助社具有以下特征：

内敛性。中国农村经济制度的特殊性必然要影响到中国农村的金融结构及其性质。在广袤的传统农区，农业生产在很大程度上好保留着封闭的特征，联产承包责任制实际上就是认可了这种特征，这种经济模式与城市当中开放式的匿名信用经济相去甚远，与这种模式相兼容的金融活动通常都与血缘、亲情、邻里关系相关联，而且交易过程都是人格化而非匿名化的，资金互助社显然具这一特点，故它比官办的金融机构更为亲近"三农"。正是因为其内敛性，规模通常较小，规模小，不仅赋予了其天然的灵活性，而且内部控制与监督的成本也很低。更为重要的是，即便一旦经营出现了一些风险暴露，也不至于导致大面积的风险外溢，形成所谓的"群体事件"，从而影响社会的稳定。

自愿性。与常见的非正规金融活动相似，资金互助社是基于农户内部金融需求而产生的金融组织形式，而它通常又能以很低廉的成本和便捷的途径解决这些问题，农户参与资金互助社的积极性与主动性通常会大于参与正式、官方金融组织的积极性，因为源于内生机制的金融组织及其行为最贴近农户的需求，且不会产生由于外部市场交易而形成的各种成本。所以，互助式的金融活动并不需要通过有关部门去"号召"。与此形成一个鲜明的对比就是在前一阶段农村信用合作社的改革过程中，一些地方为使中央银行的票据置换能够成功，对信用合作社采取了"增资扩股"的方式改善资产结构，但调查显示，这种增资扩股运动基本上都是以强行摊派的方式进行，农民自身并没有多少增加持有信用合作社股份的愿望，因为很多农民认为，信用合作社改善资产结构以获取中央银行的票据置换，与自身的金融需求没什么联系。

互助性。所谓互助性也就是指资金互助社的非商业属性，准确一些，应该说是非纯商业属性。非纯商业属性是资金互助社存在的社会基础。在我国，农业还远未进入社会化大生产的阶段，单个农户也好，农民生产合作社也好，抗击风险能力以及应变能力是相当薄弱的，为此相互之间的帮助与扶持就显得十分重要，同时也基于现阶段农业生产模式的内生需求。与这种内生需求相互对应的就是非商业化的信用供给，这种供给带有较为浓厚的"帮忙"色彩，并非完全根据资本稀缺程度和金融服务供给成本来定价。① 其实这种互助形式在今天的社会经济活动中还比较普遍。例如，邻里之间遇到婚丧嫁娶等，同村人都会前去帮忙，而不会按照"市价"索取报酬。资金互助社的互助性也是农村普遍存在的社会经济活动的一个缩影。

正是因为资金互助社有以上属性，所以同国有的或官办的金融机构相比，就有了很大的优势。现阶段，农村金融服务的高成本与政策性金融供给的短缺是官办金融机构难以克服的两大矛盾，即便是中国农业银行能够切掉很大一块资金、能够抽出相当一部分人力物力财力资源用于"三农"事业，这一矛盾也是难克服的。其实农业银行成立"三农金融事业部"的本身就是一个无奈之举，也是一个与中央政府博弈的筹码。其他诸如邮政储蓄银行、农业发展银行等也都会遇到类似的矛盾。

反观内生于"三农"土壤之中的草根金融，诸如资金互助社这类机构，却在一定程度上较好地克服了这一矛盾。由于其内敛性，可以避开凡事都要进行市场交易，凡事都要讨价还价这样一个外部化的程序，可以极大地降低向其内部成员提供金融服务的成本，从而符合现阶段农村金融服务需要"廉价"这一基本要求。由于其自愿性，会员参与资金互助社各项事务管理的热情会很高，可以在现行的农村金融体系当中产生一种很好的激励相容机制（洪正等，2010）。即便是资金互助社的治理结构很简单，也可以保证其运作的高效，特

---

① 农村民间借贷中残存的高利贷是不按市场法则定价的另一极端。

别是内控制度的有效性，这也可以节约相当一部分外部的监管成本。由于其互助性，在很大程度上能够成为政策金融的"替代品"。我国农村政策性金融供给的严重短缺是有目共睹的，然而，在短时间内迅速增加政策性金融供给的数量与规模并不现实，因为这不仅牵涉我国金融体制改革的整体部署，还牵涉各级财政资金的使用的统筹安排，更牵涉财政体制与金融体制协调发展，这是一个漫长的过程和艰巨段任务，对于现存的矛盾，显然是"远水解不了近渴"，而内生于农村金融体系之中的资金互助社，却能较好地解决这一矛盾，避开了凡是涉及"三农"的事情都要国家出钱补贴的窘境。

6.5.3　小结

资金互助社的诞生已经有一段时间了，理论界最初是将其当做非正规金融机构来看待的，当银监会对其正式认可之后，目前又有将其视为正规金融机构的趋势。其实，"名分"的问题并不重要，重要的是要善待这样一个群体的发展，使之能够在产生、成长、发展的有效期内，成为提供有效农村金融服务的重要群体之一。

第一，应当为其生存发展创造一个良好环境。草根金融最需要的不是揠苗助长，而是适合其生存的土壤，为此政府部门以及监管机构目前最需要的不是去"规范"资金互助社的运作，而是通过大量的调查研究，了解其生存发展中急需解决的问题，个性化的服务或许比强制划一制度规矩更符合客观规律、更顺应资金互助社的发展要求。

第二，切忌一窝蜂推广资金互助社的成功模式。经过一段时间发展，各地已有了一批发展较好的资金互助社的例子，但总体上来讲，资金互助社在农村金融体系中还是弱势群体、也是"新生事物"。目前，一些地方政府似乎有急于推广资金互助社成功模式的内在冲动。地方政府急于发展地方经济特别是农村经济的心情可以理解，但很多资金互助社成功的模式却是不可复制的，因为资金互助社这种制度创新本来就是因地制宜、因时制宜的产物，在传统农区成功的例子到了非传统农区并不见得能成功。今后一个时期，关注已有资金互助社的质量或许应当是监管部门以及政府部门更为重要的任务。

6.6　信用合作制进一步完善的几点思考

由于我国的信用合作制度的重构是以现有信用合作社体制及其格局为起点，正是因为在改革过程中遇到前述一系列障碍，因此采取了试验探索、因地制宜、分类指导的思路。应当承认，这一思路从整体上来讲是理性的，符合中国渐进式经济体制改革要求的。从目前改革实践的绩效来看，也在一定程度上达到了预期的效果。例如，在经济发达地区组建股份合作银行，条件成熟以后过渡为农村商业银行，这在一定程度上避免了信用合作社全面降格带来的矛盾，同时顺应了经济发达地区市场金融活动的选择；而在欠发达地区，在明晰产权关系、完善法人治理的前提下，根据各地实际情况选择不同的具体模式，来落实信用合作社的"三性"，最终达到服务"三农"、支持"三农"的目标。在此，以下几个方面的问题值得我们进一步思考，也是改革实践中应当处理好的问题。

第一，真正的信用合作制度催生因素来自于农业经济体系内部。无论是世界上第一个合作社的诞生还是合作社制度在世界范围内的普遍发展，其动因都是来自于经济体系的内部而非外部。尽管外部因素可以加速一种制度的形成与完善过程，但不是这种制度产生的根本因素。我国的信用合作社制度之所以走到一种"非彻底改头换面不可"的地步，就是因为长期以来我国将其视为一种外生金融制度的安排，因此我国现实生活中的信用合作社距离合作制度本身的宗旨越来越远，于是导致农村现实金融制度发展过程中的"二律背反"现象：一方面，国家官方认可的农村信用合作社处于业务"吃不饱"的状态；另一方面，不被官方认可的农村基金会大量出现，到处与农村信用合作社争夺农村市场极为有限的金融资源。其实，正因为官方认可的信用合作社偏离了信用合作宗旨，距离广大农民越来越远，农民真正的信用合作需求无法从官方认可的信用合作社得到满足，因此自发创造基金会这样一种新的制度安排，来满足金融弱势群体生存发展的需要。而后来一部分基金会重蹈信用合作社的覆辙，成为被治理、被整顿的对象，也正是由于地方政府过多地介入基金会的具体经营管理过程，将基金会当做地方政府的钱袋，让基金会向很多力不能及的项目放贷所导致。这一现象值得我们深思，即在今后信用合作社的改革过程中必须正确处理政府推动与"制度内生"的关系。我国未来真正意义上信用合作制度的产生，极有可能源于农民自发的联合，而不是源于现有信用合作社制度的修补。目前，我国的最高决策层将农村信用合作社界定为"属于地方政府管理的金融机构"，笔者认为，地方政府在这里承担的主要职能应该是为真正的信用合作制度的出现创造一个良好的环境，而不是成为信用合作社的"新主管"与"新婆婆"，这样才能避免信用合作制度在我国新一轮的发育过程中扭曲与变形。

第二，认真研究信用合作组织规模经济与抵御金融风险的特殊规律。前面的分析已经表明，信用合作社的规模经济临界点与大型商业金融机构的规模经济临界点是不同的，信用合作社正是以小取胜、以小来降低各方面的成本，如果一味要求信用合作社扩大规模，其边际成本不但不会像大型商业金融机构那样有所下降，反而会有所上升，甚至达到信用合作社这种经济组织难以承受的地步，这也正是目前的信用合作社模仿国有银行管理模式所面临的一个尴尬处境所在。由此引发出来的另一个问题就是小规模的金融机构如何抵御较大的金融风险。从信用合作社产生的历史渊源及经营金融产品的对象特征来看，如果信用合作社的金融服务仅限于社员或同一社区内部的经济个体，并且较少介入风险较大、盈利较高的商业性金融业务（这些正好是被信用合作社的经营准则所限制的），应该说所面临的风险是很小的，即便是因为意外的情况遇到一些风险，也完全可以消化在内部，避免其风险外溢化。所以说，真正意义上的信用合作社抵御风险的能力与其资本规模相关性远不如商业性金融机构那么显著。

第三，认真规范信用合作组织的业务发展取向。信用合作社的业务范围是由信用合作制度的原则与宗旨所决定，如果偏离了信用合作制度的原则与宗旨，信用合作社的性质必然发生变异。目前，我国的信用合作社从事的基本业务是小规模的存款、贷款及与之相适应的结算服务。相对于其他金融业务而言，这些都是属于盈利性较低同时又是广大农民最需要的金融服务。今后合作金融组织在开发新的服务品种的时候，首先是应该面对低收入的金融弱势群体的需求，而不应去片面追求所谓的"高端化"。前一阶段，理论界与实务界曾经讨论信用合作社介入衍生金融产品市场以及拓展一揽子金融服务问题，笔者认为，这些探讨或多或少偏离了信用合作制度服务宗旨，也不符合当今中国广大中西部农村地区农民的现实需求，这些产品至少应该是信用合作社发展到合作银行以及农村商业银行以后再行考虑的事情。特别值得指出的是，我国信用合作组织最为短缺的供给是提供教育培训与关心社区发展这一类最能体现"罗虚戴尔原则"的服务项目，这些服务具有公益产品的性质，但它又不是由政府部门直接提供的，而是由不耗费政府行政成本的合作经济组织提供的，正因为如此，合作经济组织成长得到了政府部门的大力支持。因此，向广大农民提供公益性产品与服务，应该是信用合作社业务发展过程中的一个不可忽略的取向，也是政府有关部门应当关注支持的一个重点。

第四，处理好信用合作组织在农村经济发展中的定位。解决中国的"三农"问题，需要建立健全完善的农村经济服务体系，金融服务体系是其中不可或缺的一个重要环节。然而，合作金融组织的重构不等于整个农村金融服务体系的重构。改革开放以来，我国经济体制多元化、多层次的格局已经形成，并且由于我国幅员辽阔，东西部经济发展水平相差距大，这决定了农村金融服务体系也应是多层次、多元化的。由于合作金融组织自身的属性，它不可能解决农村经济发展、农业产业化过程中的一切矛盾与问题，因此必须对农村合作金融组织在整个村经济发展中有一个正确的定位。忽视农村信用合作社在农业金融服务体系重要性当然不对，然而对农村信用合作社在农村金融服务体系中寄予过高期望也是不切合实际的。实际上，目前我国信用合作社在农村金融服务中所承担的责任已经有不堪重负的端倪，这个定位能否调整好，将关系着整农村金融体制改革的成败。纵观世界上实行市场经济体制的国家，无论是最发达的，还是次发达的，都根据本国的国情形成了不同层次、不同功能的农村金融服务体系，而且这种层次越丰富，对农业经济服务的作用越显著。这是值得我国认真借鉴的。

附录

光山县江湾资金互助合作社案例

　　河南信阳光山县的江湾资金互助合作社，是由村民自发设立的一家资金互助合作社。该资金互助合作社成立以来，较好地体现信用合作制度的特性及其原则。由于该资金互助社尚未得到监管部门的批准，因此到目前为止依然属于"不合法"的合作金融组织，但该社依托于社区内的农户的参与，为农民办了很多实事，截至目前，未有发生任何金融风险事件，也未发生因贷款到期无法偿还的任何民事纠纷，[①]深得村民们的认可。鉴于该社的"黑户"性质，目前从公开途径无法查阅到该社的任何资料。笔者在前往该地区调查"农村改革发展中和试验区建设"的过程中，偶然发现该资金互助合作社。征得该合作社管理层的同意，将该合作社的有关章程及制度规定发表于此，以飨读者。

光山县江湾农民资金互助合作社章程

第一章　总则

　　第一条　为维护光山县江湾农民资金互助合作社（以下简称本社）社员和债权人的合法权益，规范本社的组织和行为，根据《中华人民共和国农民

---

①　其运作原理及其理论分析已做过，在此不再赘述。

专业合作社法》（以下简称《农民专业合作社法》），制定本章程。

第二条　本社由×××等五人发起，于 2007 年 8 月 26 日召开设立大会。

本社名称：光山县江湾农民资金互助合作社

注册资本：175 万元

本社住所：光山县孙铁铺镇江湾村

邮政编码：465443

第三条　本社是由江湾村民委员会和部分农民自愿入股组成，为社员发展生产提供融资和贷款担保业务的社区互助性农民信用合作组织。本社不设立分支机构。

第四条　本社实行社员民主管理，以服务社员为宗旨，谋求社员共同利益。主要业务范围：为社员发展生产提供资金互助服务，即吸收股金办理借款业务以及为社员贷款提供担保。

第五条　本社依据《农民专业合作社法》设立，在工商管理部门进行注册登记，取得法人资格，对由社员股金、积累以及合法取得的其他资产所形成的法人财产，享有占有、使用、收益和处分的权利，并以全部法人财产对本社债务承担责任。

第六条　本社社员以其社员股金和在本社的社员积累为限，对本社的债务承担责任。

第二章　社员

第七条　本社社员是指符合本章程规定的入股条件，承认并遵守本章程在本社入股的行为人。

第八条　农民向本社入股应符合以下条件：

（一）具有完全民事行为能力；

（二）户口所在地或经常居住地（本地有固定住所且居住满 3 年）在本社所在的江湾村；

（三）入股资金为自有资金且来源合法，达到本章程规定的入股金额起点；

（四）诚实守信，声誉良好。

第九条　本社社员享有以下权利：

（一）参加社员大会，并享有表决权、选举权和被选举权，按照章程规定参加本社的民主管理；

（二）享受本社提供的各项服务；

（三）按照章程规定或者社员大会（社员代表大会）决议分享盈余；

（四）查阅本社的章程和社员大会（社员代表大会）、理事会、监事会的决议、财务会计报表及报告；

（五）本章程规定的其他权利。

第十条　本社社员承担以下义务：

（一）向本社入股；

（二）执行社员大会（社员代表大会）的决议；

（三）按期足额偿还借款本息；

（四）积极向本社反映情况、提供信息；

（五）本章程规定的其他义务。

第三章　股权管理

第十一条　本社每个社员入股金额起点为 5 000 元，入股金额为元的整数倍。单个社员入股金额不得超过本社股金总额的 10%。

第十二条　社员缴纳股金必须以货币出资，不得以实物、贷款或其他方式入股。

第十三条　本社向入股社员发放记名股金证，作为社员的入股凭证。

第十四条　本社社员持有的股金和积累可以转让、继承和赠与，但理事、监事和经理持有的股金和积累在任职期限内不得转让。

第十五条　本社社员不得以所持本社股金和积累为社外人员担保。

第十六条　同时满足以下条件，本社社员可以办理退股。

（一）社员提出全额退股申请；

（二）本社当年盈利；

（三）退股后本社风险保证金比例不低于 10%；

（四）在本社没有逾期未偿还的借款本息。

第十七条　凡要求退股的，社员应提前 3 个月向理事会提出，经批准后方可办理退股手续。退股社员的社员资格在完成退股手续后终止。

第十八条　社员在其资格终止前与本社已订立的合同，应当继续履行。

第十九条　社员资格终止后的 1 个月内，本社以现金形式返还该社员的股金和积累份额；社员资格终止的当年不享受盈余分配。

第二十条　具备以下情形之一的社员，经理事会批准，可予以除名，被除名社员如有未归还借款，以该社员在本社的股金和社员积累予以抵扣，不足以抵扣的部分，该社员应通过其他方式偿还。

（一）不遵守本社章程；

（二）其行为给本社名誉和利益带来严重危害；

（三）以欺骗手段从本社取得借款；

（四）恶意逃避在本社的债务；

（五）社员大会（社员代表大会）认为需要除名的其他情形。

第二十一条 本社建立社员名册，社员名册载明以下事项：

（一）社员的姓名或名称、身份证号码、住所；

（二）社员所持股金金额、投票权确认数；

（三）社员所持股金证书的编号；

（四）社员缴纳股金日期。

第四章 组织机构

第二十二条 社员大会（社员代表大会）是本社的权力机构。社员大会（社员代表大会）行使以下职权：

（一）制定或修改章程；

（二）选举和更换理事、监事；

（三）审议通过本社的发展规划；

（四）审议通过本社的基本管理制度；

（五）审议批准理事会、监事会年度工作报告；

（六）审议决定固定资产购置以及其他重要经营事项；

（七）审议批准年度财务预、决算方案和利润分配方案、弥补亏损方案；

（八）审议决定管理和工作人员薪酬；

（九）对合并、分立、解散和清算等作出决议；

（十）本章程规定的其他职权。

第二十三条 社员大会（社员代表大会）由理事会召集，每年至少召开 1 次；经三分之一以上的社员（社员代表）提议，或理事会、监事会提议，可在 20 日内召开临时社员大会（社员代表大会）。理事会应当将会议召开时间、地点及审议事项于会议召开 15 日前通知全体社员（社员代表）。

第二十四条 召开社员大会（社员代表大会）必须有三分之二以上的社员（社员代表）出席。不能出席会议的社员（社员代表）可授权其他社员（社员代表）代其行使表决权。授权采取书面形式，并明确授权内容。

社员大会（社员代表大会）选举或者做出决议，应当由本社社员（社员代表）表决权总数过半数通过；做出修改章程、选举理事会或者合并、分立、解散和清算的决议应当由本社社员（社员代表）表决权总数的三分之二以上通过。

第二十五条 本社社员参加社员大会，享有一票基本表决权。入股金额前

5 名的社员在基本表决权外，共同享有本社基本表决权总数 20% 的附加表决权，并按照社员和农村小企业社员的入股金额或比例进行分配。享有附加表决权的社员及其享有的附加表决权票数，在每次社员大会召开时告知出席会议的社员。社员代表参加社员代表大会，享有一票表决权。

第二十六条　理事会是本社的执行机构，由社员大会（社员代表大会）选举和更换，每届任期三年，可连选连任。理事会由 3 名理事组成，设理事长 1 人，理事长为本社法定代表人，由理事会选举产生。除理事长外，本社不设专职理事。

第二十七条　理事会会议由理事长召集和主持。每年度至少召开 2 次，必要时可随时召开。理事会行使以下职权：

（一）召集社员大会（社员代表大会），并向社员大会（社员代表大会）报告工作；

（二）执行社员大会（社员代表大会）决议；

（三）选举和更换理事长；

（四）拟订本社的发展规划；

（五）审议决定本社的年度经营计划；

（六）拟订固定资产购置以及经营活动中其他重大事项计划；

（七）聘任和解聘本社经理；

（八）对经理提出的拟聘用（解聘）财务和工作人员提出审核意见；

（九）审议通过经理的工作报告；

（十）制定本社的内部管理制度；

（十一）拟订本社年度财务预、决算方案和利润分配方案、亏损弥补方案；

（十二）拟订本社的分立、合并、解散和清算方案。

第二十八条　监事会是本社的监督机构，由 3 名监事组成。由社员大会（社员代表大会）选举和更换，每届任期 3 年，可连选连任。监事会设监事长 1 名，由监事会选举产生。本社经理和工作人员不得兼任监事。本社不设专职监事。

第二十九条　监事会会议由监事长召集和主持，每半年至少召开 1 次，必要时可随时召开。监事会行使以下职权：

（一）派代表列席理事会会议；

（二）监督本社执行相关法律、行政法规和规章；

（三）对理事会决议和经理的决定提出质询；

（四）监督本社的经营管理和财务管理；

（五）进行内部审计，并对理事长、经理进行专项审计和离任审计；

（六）对经理拟聘用（解聘）财务和工作人员提出审核意见；

（七）向社员大会（社员代表大会）报告工作。

第三十条　本社设经理 1 名，由理事会聘任，经理可由理事长兼任。经理全面负责本社的经营管理工作，行使以下职权：

（一）主持本社的经营管理工作，组织实施理事会的决议；

（二）拟订本社的内部管理制度；

（三）拟订本社的年度经营计划；

（四）提出拟聘用（解聘）财务和工作人员意见，征得理事会、监事会同意后实施；

（五）理事会授予的其他职权。

第三十一条　理事长、经理和工作人员的薪酬由社员大会（社员代表大会）决定，本社不向其他理事、监事支付薪酬。

第三十二条　本社的理事、监事、经理和工作人员不得有以下行为：

（一）侵占、挪用或者私分本社资产；

（二）将本社资金借贷给非社员或者以本社资产为非本社成员提供担保；

（三）从事损害本社利益的其他活动。

违反上述规定所得的收入，归本社所有；造成损失的，应当承担赔偿责任。

第五章　业务、财务管理

第三十三条　本社以吸收社员股金、接受社会捐赠资金和国家财政补助资金作为资金来源。

第三十四条　本社的资金应主要用于社员发展生产和为农村小企业提供互助资金服务。

第三十五条　本社不向非社员吸收股金、发放借款，不得以本社资产为非社员单位或个人提供担保。

第三十六条　本社按股金总额的 5% 作为库存现金。

第三十七条　本社按照审慎经营原则，严格进行风险管理：

（一）风险保证金准备充足率不低于 10%。

（二）借款期限最长为 1 年，借款额度为 5 万元以内。

（三）借款实行担保抵押：本县在职公务员信誉担保；社员联保，1 万元以内的由 1 人担保，1 万元以上的由 2~3 人担保；城镇居民房产证。上述其中一项即可获得担保条件。

（四）借款利率：1万元以内（含1万元）月息_____厘；1万～3万元（含3万元）年息按农业银行同期利率执行；3万～5万元（含5万元）按农村信用合作社同期利率执行。

第三十八条　本社按照农民专业合作社财务会计制度，设置会计科目和法定会计账册，进行会计核算。

第三十九条　本社会计年度为公历1月1日至12月31日，在每一会计年度终了时制作财务会计报表及报告，并于召开社员大会（社员代表大会）的20日前置备于本社，供社员查阅。

第四十条　本社从当年盈利中提取_____的公积金用于弥补亏损或者转入成员股金，提取_____的公益金用于合作社成员的知识教育及文化福利事业。提取公益金和公积金后的可分配盈余经成员大会决议形成盈余分配方案，进行股金分红。

第四十一条　法定盈余公积金可用于弥补以前年度的亏损，但转增股金时，以转增后留存的法定盈余公积金不少于注册资本的25%为限。

第四十二条　如有未分配利润（亏损）全额计入社员积累，按照股金份额量化至每个社员，并设立专户管理。

第四十三条　本社除法定会计账册外，不得另立会计账册。

第四十四条　本社按照规定向社员公布社员股金、财务会计报告、借款发放及其风险情况、投融资情况、盈利及其分配情况、案件和其他重大事项。

第六章　合并、分立、解散和清算

第四十五条　本社合并，自合并决议作出之日起10日内通知债权人。合并各方的债权、债务由合并后存续或者新设的机构承继。

第四十六条　本社分立，将财产作相应的分割，自分立决议作出之日起10日内通知债权人。分立前的债务由分立后的机构承担连带责任，但在分立前与债权人就债务清偿达成书面协议另有约定的除外。

第四十七条　本社因以下原因解散：

（一）社员大会决议解散；

（二）因合并或者分立需要解散；

（三）依法被吊销营业执照或者被撤销。

因第（一）项、第（三）项原因解散的，在解散事由出现之日起15日内由社员大会推举成员组成清算组，开始解散清算。逾期不能组成清算组的，由社员、债权人向人民法院申请指定成员组成清算组进行清算。

第四十八条 清算组自成立之日起接管本社，负责处理与清算有关未了结业务，清理财产和债权、债务，分配清偿债务后的剩余财产，代表本社参与诉讼、仲裁或者其他法律事宜，并在清算结束时到工商行政管理部门办理注销登记，并予以公告。

第四十九条 清算组负责制定包括清偿本社员工的工资和其他各项债务，以及分配剩余财产在内的清算方案，经社员大会通过后实施。

第五十条 清算组成员应当忠于职守，依法履行清算义务，因故意或者重大过失给本社社员及债权人造成损失的，应当承担赔偿责任。

第七章 附则

第五十一条 本社设公告栏，对需要公告的事项以张贴的形式向全体社员公告。

第五十二条 本社社员大会（社员代表大会）通过的章程修改、补充规定，视为本章程的组成部分。

第五十三条 本章程未尽事宜依照国家有关法律法规、行政规章及农村信用管理机构的有关规定办理。

第五十四条 本章程的解释权属本社理事会，修改权属本社社员大会（社员代表大会）。

第五十五条 本章程由设立大会表决通过，全体设立人签字后生效。

光山县江湾农民资金互助合作社财务管理制度

为加强和规范本合作社财务管理，维护社员的合法权益，根据《中华人民共和国农民专业合作社法》、《农民专业合作社财务会计制度》（试行）和《光山县江湾农民资金互助合作社章程》规定，特制定本制度。

一、财务人员设置及主要职责

合作社设会计、出纳两个岗位。其主要职责是：

（一）负责合作社的财务管理工作。

（二）核算合作社发生的各项经济业务，记录和反映合作社生产经营活动情况。

（三）为合作社每个成员设立股权登记账户，记载社员出资金额、股权变动及股份分红情况；量化为该社员的公积金份额。

（四）负责按时收取社员借款本息，并按理事会决定兑现社员分红。

（五）编制并按时向主管部门报送会计报表，正确反映合作社经营成果。

（六）坚守财经纪律，抵制侵犯、平调、挪用合作社财产行为。

二、货币资金管理制度

（一）现金管理实行备用金制度。为了确保合作社正常运转，出纳可以留1 000元以下的备用金，用于合作社日常零星开支。

（二）本社按股金总额的5%作为库存现金，库存现金就近存入银行。

（三）不准出租、出借合作社的银行账户；不准签发空头或远期支票；不准套用银行信用；票据的保管、审批、签发、领用要完全分开，各负其责。

三、固定资产管理制度

（一）专人专账管理。固定资产要指定专人负责，做到账实相符。

（二）清理管理。应当对固定资产每年进行一次全面的清理。

（三）变卖管理。变卖或处理固定资产，应由合作社理事会集体研究变卖方案，报县农业局评估确认，再提交社员大会讨论通过后进行。

四、对外投资的管理制度

（一）用现金、其他实物及无形资产向其他单位或个人投资的，必须报理事会研究同意。

（二）投资时应报请有关部门进行可行性论证并签订书面合同。

五、收入与支出管理制度

（一）收入管理。合作社收入管理范围包括：

1. 社员股金；

2. 融资利息；

3. 提留的公积金、公益金、风险基金等；

4. 兴办经济实体等的利润收入；

5. 接受的捐赠款物；

6. 政府和有关部门的扶持资金；

7. 其他收入。

（二）支出管理。合作社在经营管理过程中的费用开支，要严格按有关财务会计制度规定，计入成本。费用开支范围主要包括：

1. 合作社日常办公费；

2. 支付本社经营所发生的经营性支出；

3. 科研、咨询、培训、推介和宣传教育等开支；

4. 职工工资和福利费；

5. 本社福利事业支出和对特别困难社员的补助；

6. 经社员大会同意因人力不可抗拒的重大灾害造成的借款损失；

7. 其他符合财务制度规定的支出。

（三）本社接受的内外部无偿资助，均按收时的现值入账，作为本社的共有资产并折股量化到社员，社员退社属自动放弃共有资产。

（四）本社税后利润按一定比例提取公积金、公益金、风险基金。

六、财务审批制度

本社支出实行一支笔审批制：300 元以内的，由理事长审批；超过 300 元的，由理事会讨论通过后，再由理事长审批。

光山县江湾农民资金互助合作社社员（代表）大会职责

1. 制定或修改章程；
2. 选举和更换理事、监事；
3. 审议通过本社的发展规划；
4. 审议通过本社的基本管理制度；
5. 审议批准理事会、监事会年度工作报告；
6. 审议决定固定资产购置以及其他重要经营事项；
7. 审议批准年度财务预决算方案、利润分配方案和弥补亏损方案；
8. 审议决定管理人员薪酬；
9. 对合并、分立、解散和清算等事项作出决议；
10. 讨论决定本社其他重大事项。

光山县江湾农民资金互助合作社理事会职责

1. 召集社员大会（社员代表大会），并向其报告工作；
2. 执行社员大会（社员代表大会）决议；
3. 选举和更换理事长；
4. 拟订本社的发展规划；
5. 审议决定本社的年度经营计划；
6. 拟订固定资产购置以及经营活动中其他重大计划；
7. 聘任和解聘本社经理；
8. 对经理提出的拟聘用（解聘）财务及其他工作人员提出审核意见；
9. 审议通过经理的工作报告；
10. 制定本社的内部管理制度；

11. 拟订本社年度财务预决算方案、利润分配方案和亏损弥补方案；

12. 拟订本社的分立、合并、解散和清算方案；

13. 行使章程规定的其他职权。

光山县江湾农民资金互助合作社监事会职责

1. 列席理事会会议并监督社员大会决议的执行情况；

2. 对理事会的决议和经理的决定提出质询；

3. 监督本社经营管理和财务情况；

4. 进行内部审计，并对经理进行专项审计和离任审计；

5. 对经理拟聘用（解聘）的财务人员及其他工作人员提出审核意见；

6. 向社员大会报告工作。

光山县江湾农民资金互助合作社经理工作职责

1. 代表经理层向社员代表大会和理事会、监事会报告工作；

2. 负责主持制订年度生产经营计划并组织实施；

3. 确保资金安全高效运转，制订年度盈亏分配方案和亏损处理方案；

4. 向理事会提出重大财产处置、对外投资、对外担保和其他生产经营活动中重大事项的建议；

5. 行使章程规定的其他职权。

光山县江湾农民资金互助合作社社员借款协议书

光山县江湾农民资金互助合作社社员（以下简称乙方）

_____因_____申请向光山县江湾农民资金互助合作社（以下简称甲方）借款，经合作社理事会讨论同意借给_____现金_____元，大写_____，借款期限从_____年_____月_____日至_____年_____月_____日止。借款占用费年息为_____，并遵守以下条款：

1. 甲方按章程规定，及时向乙方提供借款。

2. 乙方保证按照申请的资金用途合理安排，将借款用于产业发展。

3. 乙方愿将_____作为抵押，用做借款担保。

4. 合作社社员＿＿＿＿＿＿、＿＿＿＿＿＿、＿＿＿＿＿＿自愿为乙方提供担保，若乙方不能按时将借款和借款占用费归还，由担保人负责向甲方偿还乙方借款及借款占用费。

5. 本协议自签订之日起生效，乙方还清借款和借款占用费后自行废止。

光山县江湾农民资金互助合作社

法人代表（经办人）：＿＿＿＿＿＿＿＿＿＿＿＿＿

借　　款　　人：＿＿＿＿＿＿＿＿＿＿＿＿＿

担　　保　　人：＿＿＿＿＿＿＿＿＿　＿＿＿＿＿＿＿　＿＿＿＿＿＿＿

签订时间：　　　年　　月　　日

7 专业合作社的兴起与传统农区金融供需的变异

农村在由一家一户的小农经济生产方式过渡到社会化大生产的过程中，必须要经历联合与合作这样一个历史阶段。这个过程在传统农区表现得尤为明显。然而，合作制在我国的发展并非一帆风顺。以往的农村合作制曾因为与"大一统"的计划经济体制不兼容被强行中断了自然演进的发育过程。此轮合作化的兴起，与以往不同之处在于外部市场环境的变化以及市场经济制度逐步建立要求农村经济必须与之对接。于是，农民按照自愿参加、互利互惠，基于民办、民管、民受惠原则基础上组建了一批专业合作社。为区别于以往的合作社及其制度模式，理论界以及政府官方将新产生的合作社组织称为"新型农民专业合作经济组织"。农村经济结构的变化，必然会引发农村金融供需的变异。本章将对此进行分析。

7.1 农民专业合作社产生的经济背景

生产力和生产关系互相依存，互相制约，生产力决定生产关系是人类社会经济发展的普遍规律，古往今来，概莫能外。适应不同生产力水平，生产关系有多种组织形式、多种发展形态。进入市场经济以来，面对激烈的市场竞争，集约化的工商业垄断，组织起来成为农户的必然选择，合作社是各国农民最基本、最普遍的组织形式。

1978 年以来，在我国农村实行的联产承包责任制，是中国经济发展过程当中的一项重大变革。家庭承包经营是中国农民的历史选择，被实践证明有着强大的生命力，是党对农村政策的基石，长期坚持家庭承包经营是调动中国亿万农民生产力积极性的最有效和最根本办法。在社会主义市场经济体制确立后，家庭承包经营的农民成为市场主体，如何使一家一户的农民进入市场成为农村经济发展过程中的一个核心问题。

以家庭承包经营为基础，统分结合的农村经营体制是我国农村的基本生产关系。家庭承包经营这一生产组织形式符合中国农业自身特点，能够调动起广大农民生产积极性，应长期坚持不能动摇。但单纯的家庭承包经营在新的形势下存在如下问题：

1. 小规模的家庭经营方式与社会化大生产存在诸多不协调，主要表现：一是一家一户分散经营的小生产和千变万化的社会大市场的矛盾；二是一家一户农民作为市场主体同高度组织化的企业主体是不平等的，农民在交易中处于被动地位；三是一家一户分散经营的农民生产的农产品专业化水平低，农产品在市场竞争中处于劣势；四是一家一户分散经营的农民难以推广应用新型农业科学技术；五是一家一户分散经营的农民无力进行农产品深度加工，难以分享农产品增加值收入。

2. 农村供销合作社和农村信用合作社本来是农业生产的重要的社会化服务部门，也是农村经济体制的重要组成部分，但长期以来受计划经济体制的影响，农村供销社和农村信用合作社脱离了农民自我组织和管理，成为国家商业部门和国家官办金融机构，两社的合作性质已经名存实亡，这也给其自身发展带来了问题。为此，农业经济的社会化服务出现了很大的空当。

3. 公司＋农户的农业产业化是带动农业发展的重要组织形式，但在实践过程当中，这一模式存在较多难以解决的问题：一是公司和农户同是市场主体，但在市场中的地位不平等的；二是公司的性质是追求市场利益最大化，农户创造的价值成为公司获取利润的重要组成部分，农户很难分享到社会化生产的平均利润；三是公司＋农户模式结构松散，缺少利益关联机制，农户与公司一旦发生经济利益摩擦，这种组织形式就面临解体的威胁；四是公司＋农户模式只解决了农户买卖难问题，没有根本上解决农民增收问题。

正是因为上述原因，各种类型的农民合作经济组织纷纷涌现，它是农民按专业真正自愿组织起来的、自主经营的农民组织；是为了解决走向市场中遇到的困难而联合起来的非营利性经济组织，领导成员在劳动农民中选举产生并接受社员监督，重大决策按一人一票由全体成员决定；向社员提供有偿服务，盈利除用于积累及公益外返回给社员。可见，这是一种迄今为止与过去任何一种社会化服务组织都不相同的崭新组织，它的主要特点和优点就在于它是农民自己组织起来实行自我服务的利益共同体，有福共享、有难同担，成为中国农村社会化服务组织中最具有生命力的一种组织形式。改革开放以来，新型农民合作经济组织产生的历史虽然不长，但实践已经证明，不搞合作化，一家一户农民就不能适应市场经济的发展要求，小生产和大市场的矛盾就无法解决；不搞合作化，农业劳动生产效率难以进一步提高，农业现代化进程就会受到阻碍。

7.2 传统农区新型农民专业合作社类型与特点（以河南为例）

自 20 世纪 80 年代末期中央提出要在农村"逐步发展专业性的合作经济组织"以来，河南农区有关部门把发展农民合作组织摆在"三农"工作的重要位置，以家庭承包经营为基础，以农民资源为前提，以利益连接为纽带，在组织形式、创办模式、运作机制等方面进行大胆探索，积极促进和培育各类专业合作组织的成长。据统计，截至 2010 年全省共有各类农民专业合作组织 8 500 余家，入会社员 180 多万户，入会农户占全省所有农户的 10%，合作社总资产为 58 亿元。目前，河南农区农民专业合作组织占全国 5.6%。在 2005 年 7 月，河南已被农业部确定为全国 12 个农民专业合作社组织建设试点省（市）之一。从河南农区农民专业合作社组织形成和发展的过程来看，主要有以下几种形式：

一是由经营能手或专业大户兴办。例如新野县蔬菜专业合作社、浚县钜桥镇养鸡合作社等就属于这种类型。这类形式充分体现"三农"自主兴办的原则，在合作社产创办之初由于"能人"将较多的财产作投入合作社，奠定了合作社较为雄厚的经济基础，同时由于"能人"作为合作社的主要管理者出任合作社的核心职务，使合作社的经营管理水平得到保证，因此这类合作社起点相对较高，营运比较顺利，在引导农民致富奔小康、与市场对接方面发挥了较大的作用。目前这类合作组织共有 3 786 家，占专业合作社总数的 44.7%。

二是由村委集体兴办。例如信阳浉河区的车云山茶叶合作社、兰考县的贺村合作社等。这类合作社主要以为农户提供技术、信息、部分生产资料及相关的服务为主，大部分入社的社员投入的股份比较均等，其运作过程中，"合作互助"的特点比较典型。这种形式的合作社目前共有 2 345 家，占总数的 27% 左右。

三是由龙头企业带动的合作组织。例如荥阳三泰公司所带动的合作社、鹤壁淇县大用公司所带动的一批合作组织等。这类合作组织是依据龙头企业与农户之间的产业化链条纽带关系形成的，多集中于河南农区的畜牧业与禽类养殖业，其主要特点是龙头企业与农户的关系相对松散，相当一部分合作组织是以协会的形式出现的。这类型的组织目前共有 1 355 家，占总数的 16% 左右。

四是依托于基层农技站、农经站、畜牧站等国家经济技术服务组织体系建立起来的农民合作组织。这类组织依靠农技站、畜牧站提供的相关支持而生存发展，其"条条"管理的特性较为突出。这类合作社目前有 987 家，占总数的 11% 左右。

经过一段时间的发展，河南农区的各类合作经济已经粗具规模，从发展趋势看，呈现出一些具有共性的特征。

第一，创办形式灵活多样。与新中国成立初期我国农村创建初级社、高级社的路径有所不同，20 世纪 80 年代末期以来产生合作社形式多样、规模各异。如前所述，有能人与大户牵头兴办的，也有村集体联合创建的，还有围绕农业产化龙头企业自然形成的。不同类型的合作社各有侧重、各有所长、各具特色，整体上顺应改革开放以来农村经济发展多层次、多结构的要求。从各类合作组织产生的原动力来看，由农民自发兴办组建的合作组织比较有活力，内部治理结构也比较健全，运行态势较好。

第二，合作社的功能主要以向社员与会员提供种植养殖技术、沟通产供销、提供市场信息、培训服务为主。河南农区的农民专业合作社大多起步于技术、信息、购销服务，一些发展较快的合作社在此基础逐步向加工、储运、技术型劳务输出等领域延伸。但目前延伸到农产品深加工、高附加值加工、反季节储存、网络化运输、技术型劳务输出等领域的还属于凤毛麟角。

第三，专业合作社相对集中于比较收益较高的产业领域。从产业类型看，河南农区各类专业合作社大多集中在畜牧水产养殖、蔬菜瓜果茶叶种植、经济作物种植等领域。这些产业市场化程度较高，农民从中获得的收益也相对较高，因此成为专业合作组织集中分布的产业领域。而围绕小麦、水稻、玉米等大宗农产品生产领域形成的专业合作社还比较鲜见。河南农区是全国的主要商品粮生产基地之一，这一现象值得有关部门高度关注。

第四，合作社组织形态逐步向规范化方向发展。按农业部门的划分标准，农民专业合作组织分为专业合作社与专业协会两种类型。在早期，专业合作组织多以协会的形式出现。由于各种协会多是以"君子协定"的方式来维系成员之间关系，因此这种专业组织的结构松散，为成员提综合供服务功能较弱；同时由于协会本身不是一个经济实体，因此不能成为一支真正的市场力量。后来，真正意义上的农民合作组织产生，逐步规范了各种协会的发展，许多协会成为隶属于合作社的组织机构。由于合作社是由社员入股构成，社员之间一开始就具有密切的经济利益关系，在此基础上形成了比较完善的规章制度与治理结构，因此合作社产生以后，其功能在许多方面超越了原来的专业协会。

第五，各级政府部门在培育农民和组织成长方面发挥着不可替代的作用。尽管 80 年代末期以来在我国农村逐步涌现的各种合作组织是农民自发联合、自愿创立的，但一种组织形式的创新离不开各种制度安排支撑，也离不开各级政府部门的扶持引导，特别是在我国整个经济体制改革是一种政府主导模式这样一种大背景之下，各级政府部门对农民合作社的关心、扶持与引导发挥着不可替代的作用。根据河南农区目前的情况，在政府比较重视、支持比较得力的地方，农民专业合作组织发展速度就比较快，发展就比较健康，如焦作、郑州等地；而在政府推动不力的地方，农民专业合作组织发展的速度就比较慢，发展水平也比较低。

7.3 农民合作组织的作用与成效

1. 促使农业生产走上规模化经营的道路，提高了农业生产效率

在家庭承包经营的前提下，农民专业合作组织通过联合农户，实现了统一购买生产资料，统一对外销售产品，既降低了生产成本、节省了交易费用，又拓展了销路、提高了价格，从而实现了规模效益，增加了农民收入。例如荥阳市街心养猪合作社成立后，变过去一家一户分散进货、销售为统一采购和集中销售，由于批量大，平均每头猪节约生产成本 50 元，销售价格提高 40 元。又如浚县钜桥镇养鸡合作社通过统一购进鸡苗、统一购买饲料、统一进行防疫，采用统一的技术标准饲养管理，肉鸡养成后统一销售，可以使农户从每只肉鸡的饲养过程当中稳定获得 1.5~2 元收益。

2. 加速了农业新技术推广应用，增强了农产品竞争力

农民专业合作组织联合农户开展技术交流和培训，统一引进新技术、新品种，统一操作规程，统一标准化生产，加快了科技成果推广应用，提高了农产品的市场竞争力。新野县蔬菜专业合作社自 1997 年成立以来，先后引进了荷兰比久公司等 7 家外国公司 20 余个蔬菜品种，推广了配方施肥、生物农药、无公害产品标准化生产等 15 项技术，使产品的技术含量和标准化程度明显提高，获得了商务部农产品进出口经营权，产品行销西北、东北市场并出口国际市场。近期以来，该合作社还利用自身在良种与蔬菜生产技术方面的优势，开展技术型劳务输出，将蔬菜种植输出到俄罗斯的远东地区，不仅进一步开拓了国际市场，也使得中国蔬菜种植技术在海外占领了一席之地。

3. 加快了产业结构调整，提高了农业生产专业化水平

农民专业合作组织带领农民开展规模化、专业化、标准化生产经营，加快了农村产业结构调整步伐。例如济源市朱庄位于王屋山区，气候干旱，山地土壤不适合种植粮食及其他经济作物，以往仅仅种植一些经济价值较低的果类，

朱庄合作社成立之后，根据当地的气候及土质条件，引入了优质石榴品种，使之逐步成为当地的一个品牌产品。2004 年，朱庄石榴通过"无公害农产品"标志认证，在市场上打开了销路，创出了品牌。该合作社采取了"公司＋基地＋农户"的经营模式，实行标准生产，规模化经营，石榴生产专业化水平不断提高。2005 年，该合作社又建成了容量为 200 吨的石榴保鲜冷藏库。从此，朱庄石榴生产逐步走上了专业化、集约化生产的道路。又如虞城县张集镇20 世纪 80 年代末开始种植苹果，由于生产规模很小，所以种植苹果的专业化程度较低，市场占有率也难以提升。张集镇苹果协会成立之后，从最初的技术交流逐步发展到集中采购原料和对外销售，从多方面解决果农遇到的难题，吸引了周边地区的众多农户从事苹果种植，大大促进了本地苹果业的发展。目前，该镇 5 万亩耕地中的 4 万多亩种植了苹果，年产 1.5 万公斤苹果，成了河南农区一处苹果生产基地。

4. 加强了龙头企业与农户的联系，推进了农业产业化经营

农民专业合作组织将分散的农户组织起来，进一步完善了农业产业化经营模式。由于农民合作组织的介入，原来"公司＋农户"的模式逐渐转变为"公司＋合作组织＋农户"的新模式，这一模式生命力在于：过去公司与农户之间不稳定的连接方式变为相对稳定的维系方式，过去公司与农户之间的不对等的利益关系变为比较对等的利益制约机制。新的模式运行机制更加健全、有效，促进了农业产业化经营。

鹤壁市大用公司是一家肉鸡加工企业，也是河南农区比较著名的一家农业产业化龙头企业。其产品销量很大，为了保证企业充足原料供应，该公司相当一部活禽必须向农户收购。在过去"公司＋农户"的经营模式下，不仅公司经营管理成本较高，而且收购质量也难以保证。浚县矩桥镇养鸡合作社成立之后，大用公司与农户的连接关系发生了变化，变过去与农户分散交易为与合作社进行批量交易，同时合作社与公司在提供鸡苗、饲料、防疫和成鸡返购方面签订合约，形成了相互支持、相互制约的利益共享关系。目前合作社的成员达400 余户，年养殖肉鸡 400 万只，全部卖给龙头公司，不仅解除了龙头企业的后顾之忧，也解决了本地养殖户的生产销售问题，实现了"大企业"与"小农户"之间的有效对接。

5. 维护了农民的利益，农民增收有了组织上的保证

分散的农民是市场经济中力量最为薄弱的主体，在很多情况下自己权益得不到有效保障。典型调查显示，在生猪的生产与流通领域，农民与流通企业的利益分配比为 1:3；在瓜果生产与流通领域，农民与流通企业的利益分配比为

1∶10。在这种格局之下,农民是很难通过增产的途径来增收的。各种农民合作组织成立之后,农民作为一支联合力量逐渐显现在市场舞台上,在合作组织框架的捍卫下,农民与企业之间不合理的利益分配格局得到了扭转。有关部门提供的统计数据显示,河南农区加入合作经济组织的农民,收入都有不同程度的提高。目前,成员户均纯收入为 15 000 余元,比没有加入合作经济组织的农户收入高出近 50%。

6. 促进社会和谐,有利于社会主义新农村建设

农民专业合作组织使农民在与其他经济组织交往中取得了比较平等、有利的地位,有效地保护和实现了农民的经济利益。农民通过合作组织开展自我培训、自我教育,提高了自身素质。农民专业合作组织搭建起政府基层组织与农民沟通的桥梁,既有利于党和政府方针政策的贯彻落实,又有利于农民通过理性渠道表达利益诉求。

合作经济组织已成为农民学民主、学科技的好"学校"。合作经济组织从成立的第一天,农民就要行使当家做主的权利,要投票选举合作组织的领导者和投票表决章程等,接受民主的洗礼。同时通过合作经济组织传播科技信息、提供技术指导、开展教育培训能有效地促农学技,提高农民的科技文化素质。

合作经济组织为建立政府间接调控农业的管理新体制提供了平台。面对加入世界贸易组织后日趋激烈的国内外市场竞争环境,政府如何尽快地从过去直接管理农业向间接调控农业转变,已成为政府依法行政的重要标志之一。农民专业合作经济组织逐渐成为连接农民与市场、农民与政府的最重要纽带和桥梁,破解了农民单家独户"办"不了、集体经济组织"统"不了、其他组织"搞"不好和政府"包"不了这一难题,为新形势下"农民怎么当、农业怎么搞、政府怎么管"开辟了一条新路。

值得一提的是,一些合作社还在社内开展"五好社员"评比活动,使社员们学有榜样、赶有目标。兰考县的贺村、南马庄等合作社成立了文艺队,文艺队因地制宜,根据社员的特长与喜好分别下设了戏曲、腰鼓、盘鼓、秧歌、舞蹈等文艺团体,这些文艺团体不仅仅满足于乡村的自娱自乐,而且在扭转村风村貌、再造农村精神、营造合作气氛、增进农民团结和协作方面发挥着越来越显著的作用。可见,农民合作组织已从单纯的经济组织转变为农村基层的综合多功能组织,既在物质文明建设方面成效显著,也在精神文明建设方面越来越显示出其生命力。

7.4　农村金融服务对农民合作经济组织发展的支持现状

通过调查发现，农民专业合作经济组织普遍反映，由于缺乏必要的外部融资途径，缺乏金融机构的支持，大多数合作社发展都处于资金极度匮乏的状态。因资金不足，许多合作组织仅能维持简单再生产状态。由于缺乏资金，新成立的合作社难以吸收专门人才、引进先进技术、应用最新科技成果，影响了合作组织健康发展。

7.4.1　农民专业合作组织对金融服务的需求状况

7.4.1.1　农民合作组织对金融服务的需求顺序

在本次调查中，通过座谈及调查问卷的方式了解到，新型的农民合作组织对于有关金融服务需求顺序如下：

（1）贷款服务。

（2）贷款担保服务。

（3）通存通兑服务。

（4）结算服务。

（5）农业保险服务。

（6）贫穷地区的扶贫服务。

（7）合作社理财服务。

由以上顺序可看出，融资不足和融资困难是金融服务短缺的第一位，第二位是贷款担保服务，实际上这一需求也是由贷款需求直接衍生出来的，正是因为贷款难，才会产生较为强烈的贷款担保需求。

7.4.1.2　农民合作组织对金融服务需求的类型

从合作金融需求类型看，可简略分为以下三种类型（见表7-1）：

表7-1　　　　　　　　农民合作组织对金融服务需求的分类

类型	带动农户数量	资产规模	生产经营特征	对应金融服务需求类型
初级萌生型：结构松散、规模较小	20～50户	2万～20万元（不包括土地）	启动规模化生产，连接市场	小额信贷需求；满足流动资金需求

续表

类型	带动农户数量	资产规模	生产经营特征	对应金融服务需求类型
初级成长型：结构较紧密，具备规模化生产经营特征	50～100户	20万～100万元（不包括土地）	发挥地域、资源、劳动力等方面比较优势，扩张规模，进一步向市场延伸	中等额度的信贷需求：满足流动资金及一部分固定资金的需求
初级成熟型：治理结构比较完善，已经具有农业企业的雏形	100户以上	100万元以上（不包括土地）	规模化、标准化生产经营，与市场紧密衔接	较大额度的信贷需求及相关的综合金融服务：满足全方位联结市场的需求

以上只是对农民合作组织的金融需求类型做的一个大致分类。这种分类是基于河南省农民合作组织典型特征作出的。全国其他地区的农民合作组织可能与之有一些差异，但由于河南是农业大省，因此这一分类可以代表我国传统农区的实际情况。将三类合作组织的金融需求做进一步分析，可以得出以下推论：

第一类需要得到政策性金融的大力扶持；第二类需要得到政策性金融与商业性金融综合支持；第三类是在政策性金融支持的基础上，拓展商业性金融支持。如表7-2所示。

表7-2　　　　三类农民合作组织金融需求政策性金融应支持力度

类型	政策性金融应支持力度
初级萌生型	较大
初级成长型	大
初级成熟型	适中

7.4.1.3　政策性金融服务支持合作组织发展的具体情况

由于我国目前提供政策性金融服务的不仅是国家指定的政策性金融机构，商业性金融机构及农村信用合作社的一部分业务实际上也是具有政策性金融性质的，以下的分析将国家正规金融界定为可以提供政策性金融服务的部门。

1. 正规金融机构信贷支持的频率

在调查中，分别对取样的合作组织做了问卷调查，问题是：近五年来，向金融机构提出申请后，获得几次贷款支持？结果如下：

尚未得到一次支持的占30%，这类合作社类型主要是初级萌生型；

得到一次支持的占30%；

得到两次支持的占25%；

得到三次支持的占 7.5%；

得到三次以上支持的占 7.5%，这类合作社类型主要是初级成熟型。

当问及合作社是否每年的经营过程中都有资金缺口时，回答几乎众口一词：每年都有较大的资金缺口，特别是农产品丰收年份，商品流转性贷款需求较大，此时如不能及时融通到资金，就很容易导致增产不增收的结果。可见，政策性金融支持的频率与合作社的金融需求之间有较大的差距。

2. 政策性金融支持力度

在调查过程中发现，所有金融机构的涉农贷款（这里指与"三农"活动发生直接联系的贷款）当中，信用合作社提供的比重最大（根据河南省信用联社提供的数据，截至 2007 年 7 月末，在信用合作社的全部贷款中，对农村合作经济组织提供的贷款占比达 12.8%），农业银行次之，农业发展银行提供的比重最小。

对被调查的农民合作组织问及是否得到过中国农业发展银行或这中国农业银行的项目资金支持时，只有一家合作社回答，有关部门已经帮助上报了一个项目，能否获得贷款尚不得知；其余所有的合作社均不知道中国农业发展银行是我国支持农业的政策性金融机构，对于中国农业银行也很陌生，因为农业银行近年来营业网点大量从农村撤离，农民合作社已很难与农业银行打上交道、发生信贷业务的联系。在 2006 年 8 月与农业银行河南省分行信贷部门的座谈中了解到，目前农业银行的主要工作是股份制改革，其他一切工作均围绕这一中心进行，至于支持农民合作经济组织的发展，不是其工作重点。显然，从政策性金融支持的力度看，也是较为薄弱的。

7.4.1.4 来自其他方面的政策性资金支持

在本次调查过程中发现，一部分合作社虽然没有得到金融部门的信贷支持，但是，根据自身经营的项目可从财政部门或者农业主管部门获得一部分农业产业化专项资金支持，该资金是以项目资金的方式拨付，由上级主管部门对合作社的特允项目考察合格之后直接拨付给合作社使用。根据河南省的情况，经考察合格的合作社可按照自身项目情况，获得 1 万元至 50 万元不等的专项资金。获得专项资金的合作社反映，这些资金解决了合作社起步阶段面临的困难。

7.4.2 政策性金融支持短缺原因的分析

7.4.2.1 信用合作社角色定位的限制

从目前的情况看，对农民合作组织提供有效政策性金融供给的实际上是农村信用合作社。目前农村信用合作社开办的农户小额信用贷款、农机具贷款、联保贷款及部分信用合作社试办的大额信用贷款，均是面向农户的，具有政策金融性质的贷款业务（见表7-3、表7-4）。

表7-3   面向农户的贷款

贷款名称	贷款对象	贷款条件	其他说明
农户小额信用贷款	农户	1. 居住在信用合作社的营业区域之内； 2. 具有完全民事行为能力，资信良好； 3. 从事土地耕作或者其他符合国家产业政策的生产经营活动，并有合法、可靠的经济来源； 4. 具备清偿贷款本息的能力	农户小额信用贷款是指信用合作社基于农户的信誉，在核定的额度和期限内向农户发放的不需要抵押、担保的贷款，采用"一次核定，随用随贷，余额控制，周转使用"的管理办法
农户大额信用贷款	农户	同上，贷款额度高于小额信用贷款	正在试点过程中
农机具贷款	农户	借款人的首期付款不得少于购机款的60%，贷款额度不得超过购机款的40%。贷款约定由河南省辖内特约销售单位出具担保。贷款利率实行优惠，比同期限档次其他贷款利率适当下浮，现执行利率为5.7%	农机具贷款是指农村信用合作社向申请购买农机具的借款人发放的人民币担保贷款。借款人购买农机具在自付一定比例款项的基础上，由销售单位担保，可以向信用合作社申请贷款，用于付清不足部分货款
联保贷款	农户	从事符合国家政策规定的生产经营活动；在农村信用合作社开立结算账户，能够存入本项业务所规定限额的活期存款；资信情况良好，能遵守联保协议，具有按期偿还贷款本息能力，无原欠贷款及不良担保。贷款人规定的其他条件	联保贷款是指农村信用合作社向农户、个体经营户等发放的，用于支持农业生产或个体经营户经营周转，并由农户、个体经营户在自愿基础上组成联保小组（一般由4~6户无直系亲属关系的借款人组成），实行成员联合担保的贷款，采取"一次核定，随用随贷，限额控制，周转使用"的管理方式

表7-4 面向农户以外其他主体的贷款种类

贷款名称	贷款期限	贷款对象	贷款方式	对借款人基本要求	其他说明
社团贷款	5年	农户、乡村企业、乡镇企业	信用或抵押	(1) 在参加社团贷款成员社开立基本结算账户； (2) 还款记录良好，近三年内没有发生拖欠贷款本息的情况； (3) 符合国家产业政策要求，与农业产业化经营和农村经济结构调整相关的企业； (4) 符合法律法规对借款人规定的其他条件。 社团贷款投向应根据国家产业政策、地方发展规划、各社经营管理能力确定，主要用于以下方面： (1) 企业流动资金贷款； (2) 企业购置固定资产、技术更新改造、设备租赁等中期贷款； (3) 现金流量充足、能够按期还本付息的农业和农村基础设施项目	社团贷款是指由两家及两家以上具有法人资格、经营贷款业务的农村合作金融机构，采用同一贷款合同，共同向同一借款人发放的贷款
中央储备粮贷款	1年，可展期	从事中央储备粮经营管理的粮食企业	中央储备粮贷款和中央储备粮轮换贷款均采用信用贷款方式。 对轮换风险较大的代储企业，开户行在对其中央储备粮轮换贷款采用信用贷款方式的同时，还应采取必要的风险防范措施	借款人申请中央储备粮贷款或中央储备粮轮换贷款，除应具备《中国农业发展银行信贷管理基本制度》规定的各项条件外，还应持有中储粮总公司的分公司或联络处（以下统称中储粮分公司）与农业发展银行省级分行依据国家有关部门文件联合下达的计划文件（中谷集团所属企业应提供中谷中央储备粮管理有限公司依据中储粮总公司文件下达的计划文件）。 代储企业还应符合国家粮食行政管理部门关于代储资格的有关要求，并持有与中储粮总公司或中储粮分公司签订的代储合同	中央储备粮贷款用于解决借款人执行中央储备粮储存计划的资金需要。 中央储备粮轮换贷款用于解决借款人轮换中央储备粮的资金需要。具体包括：借款人先购后销轮换中央储备粮的价款需要；借款人先销后购轮换中央储备粮，在销售贷款未回笼情况下轮换中央储备粮的价款需要；垫付借款人必要的轮换费用（包括购进、销售、出口等费用）；借款人在增储计划下达前准备粮源的资金需要

贷款名称	贷款期限	贷款对象	贷款方式	对借款人基本要求	其他说明
粮食流转贷款	6个月至1年	从事粮食收购、调销、进口业务的各类粮食购销企业	贷款方式因企制宜，对资信状况较好，能确保足额归还贷款本息的借款人，或者具有规定比例的自有资金或风险准备金的借款人，可以采用信用贷款方式。对资信状况良好、信用等级高的借款人，贷款可在合同约定的期限内周转使用	申请粮食流转贷款应同时具备以下条件：（1）信用等级达到规定标准，具体标准由省级分行确定。（2）具有与申请贷款相适应的风险承受能力和贷款偿还能力。包括在粮食经营过程中能够做到"购得进、销得出、不亏损"；或者能够提供相应的贷款担保（抵押、质押、保证）；或者具有一定比例的自有资金；或者具有一定比例的风险准备金等。借款人自有资金和风险准备金的具体比例由省级分行确定。（3）已借贷款的本息按期偿付，未能按期偿付的，已落实切实可行的偿还计划，无违约行为发生	粮食流转贷款，是指为解决企业根据市场行情直接从粮食收购市场收购粮食和从异地调入（含进口）粮食的资金需要而发放的贷款。共分两种：（1）粮食收购贷款——用于解决借款人直接从粮食市场收购粮食的合理资金需要。（2）粮食调销贷款——用于解决借款人从其他粮食经营企业购入粮食以及粮食副产品的合理资金需要
粮食调控贷款	1年，可展期	接受政府委托承担粮食调控业务的企业	一般采用信用贷款方式	申请粮食调控贷款应同时具备以下条件：（1）具备农业发展银行确认的贷款资格。（2）具有政府或政府授权部门委托借款人收购或调入粮食的文件或相关的调控粮食购销计划，并落实购进粮食的贷款利息、企业相关费用及销售价差补贴资金来源。（3）借款人已承借的粮食调控贷款的各项补贴按时、足额到位，或落实了补贴资金的到位计划及相关措施	粮食调控贷款，是指为支持企业开展粮食调控业务而发放的收购资金贷款。粮食调控业务就是在国家粮食储备业务以外，企业从事政府委托的粮食政策性购销业务。凡是通过招标或指定等方式接受政府委托承担粮食调控业务的企业，均属于粮食调控贷款对象
粮食合同收购贷款		凡从事粮食合同或订单收购业务的粮食购销企业（含储备）、粮食加工企业、		申请粮食合同收购贷款应同时具备以下条件：（1）企业信用等级达到规定的标准，具体标准由省级分行确定。（2）经营效益好，且有一定比例的自有收购资金。（3）与种粮农户签订具有合法有效的收购合同（订单），明确双方的权利和义务及	粮食合同收购贷款，是向粮食企业发放的，专门用于粮食企业为履行收购合同，预付给种粮农户部分生产性资金所需的贷款。凡从事粮食合同或订单收购业务的

续表

贷款名称	贷款期限	贷款对象	贷款方式	对借款人基本要求	其他说明
粮食合同收购贷款		粮食产业化龙头企业、种子经营企业以及其他粮食企业，均可作为农业发展银行粮食合同收购贷款的对象		违约责任。合同收购的粮食定价合理。（4）诚实守信，能按期归还银行贷款本息，过去两年内或新建企业成立以来无挤占挪用农发行贷款行为。对具备上述条件，并具备下列条件之一的，可在同等条件下优先给予借款人贷款支持：（1）预付给种粮农户的资金中，借款人自有资金比例超过30%以上。（2）借款人预收了一定比例的粮食销售合同定金。（3）粮食生产大户参加了自然灾害保险	粮食购销企业（含储备）、粮食加工企业、粮食产业化龙头企业、种子经营企业以及其他粮食企业，均可作为农发行粮食合同收购贷款的对象
地方储备粮贷款	6个月	从事地方储备粮经营管理的粮食企业	地方储备粮贷款一般采用信用贷款方式。省级分行认定有风险的，可采用担保贷款方式。地方储备粮轮换贷款一般采用担保贷款方式。对于地方储备粮贷款利息、费用和价差亏损实行据实补贴的或具有规定比例轮换风险准备金的，可采用信用贷款方式	借款人申请地方储备粮贷款，除具备《中国农业发展银行贷款管理制度》规定的基本条件外，还应具备以下条件：具备地方政府有关部门确定的承储资格；达到规定的信用等级标准，具体标准由省级分行确定；持有地方政府有关部门会同农业发展银行联合下达的计划文件；持有地方储备粮贷款利息、费用、价差亏损等各项补贴的文件或相关依据	地方储备粮贷款的贷款对象为从事地方储备粮经营管理的粮食企业
农业产业化龙头企业贷款	1～5年，最长不超过8年	以粮棉油生产、流通或加工、转化为主业的农业产业化龙头企业	对信用等级在AA级（含）以上，或者落实了贷款风险防范措施的借款人，可以采取信用贷款方式	借款人申请农业产业化龙头企业贷款，除具备《中国农业发展银行信贷管理基本制度》规定的条件外，还应具备下列条件：（1）需要行政许可的，应持有政府有权部门颁发的行政许可证件或准予行政许可的	农业产业化龙头企业贷款，是指农业发展银行依据国家政策规定，对农业产业化龙头企业发放的用于解决借款人从事粮棉油生产、流通、

续表

贷款名称	贷款期限	贷款对象	贷款方式	对借款人基本要求	其他说明
农业产业化龙头企业贷款				文件。申请基建技改贷款的，其项目还应符合相关产业政策、区域经济政策、建设规划要求和农业发展银行的信贷政策。（2）依法合规经营，产品具有市场竞争优势，经济效益和社会效益较好；（3）具有相应的风险承受能力。借款人信用等级A级（含）以上，具备按期还本付息能力。申请基建技改贷款，以既有法人作为项目借款人的，必须有不低于项目投资总额20%的自有资金。属于政府承诺还本付息或贴息的，应持有政府的相关文件。以拟建项目专门组建的项目法人为借款人的，项目法人控股股东或主要股东无不良信用记录，并承诺以项目资产作为农业发展银行贷款的担保。（4）已借贷款履约良好。无不良贷款，或已落实切实可行的偿还计划	加工、转化的合理资金需要的贷款，包括流动资金、粮棉油生产基地建设和技术改造等固定资产的资金需要
粮食加工企业贷款	1年	以粮食为主要原材料的加工企业	对信用等级AA级（含）以上，或者信用状况良好、贷款风险较低，或者落实了相应的贷款风险防范措施的借款人，可以采取信用贷款方式	借款人申请粮食加工企业贷款，除具备《中国农业发展银行信贷管理基本制度》所规定的条件外，还要具备以下条件：（1）在农业发展银行开立基本存款账户或专用存款账户，自愿接受农业发展银行的信贷监督；（2）具有与申请贷款相应的风险承受能力和贷款偿还能力，经农业发展银行信用等级评定达到A级（含）以上；（3）依法合规经营，具有市场竞争优势，经济效益和社会效益较好；（4）已借贷款履约情况良好，无不良贷款，或已落实切实可行的偿还计划	粮食加工企业贷款，是指农业发展银行依据国家政策规定，为以粮食为主要原材料，通过加工转化方式，实现粮食转化增值的企业自主购进粮食所需资金，以及生产经营过程中所需其他流动资金所提供的短期贷款

贷款名称	贷款期限	贷款对象	贷款方式	对借款人基本要求	其他说明
粮食仓储设施贷款	5~8年	中央和地方储备粮直属库；粮食购销企业；粮食产业化龙头企业和粮食加工骨干企业；粮食批发市场及粮食物流企业；从事粮食经营和交易的其他粮食企业	粮食仓储设施贷款一般采用担保贷款方式。对地方政府及财政部门承诺或由中国储备粮管理总公司（包括分公司）保证按期全额偿还贷款本息的，可采用信用贷款方式	除应具备《中国农业发展银行信贷管理基本制度》规定条件外，还应具备下列条件：借款人为实施政府粮食宏观调控任务的仓储设施项目，政府或政府有关部门承诺对贷款本息予以全额归还。其中，中央储备粮直属库申请仓储设施项目贷款的，应由中储粮总公司或分公司出具全额归还贷款本息的承诺；地方粮食储备企业申请仓储设施项目贷款应由同级财政部门出具全额归还贷款本息的承诺。借款人自主经营需要贷款建设的仓储设施项目，信用等级（农业发展银行评定或相当于）应达到A级（含）以上、资产负债率在80%（含）以下、参与项目建设的自有资金比例在20%（含）以上。借款人经营效益良好，有按期偿还贷款本息的能力，原承借仓储设施贷款本息偿付正常或落实了切实可行的偿还计划。项目布局合理，预期效益良好，规模适度	中国农业发展银行为解决粮食经营企业在仓储设施建设过程中自有资金不足而发放的中长期贷款。主要用于：（1）粮食仓储设施购建与维修；（2）粮食烘干设备的购建；（3）粮食批发交易市场建设；（4）粮食运输专用工具购置及专用交通设施建设；（5）车站、港口粮食专用货场建设等；（6）其他专门用于粮食储运和流通的基础设施建设
其他粮食企业贷款	1年	粮食批发市场及粮食批发交易企业；粮食储运、物流企业；其他从事粮食经营的企业	其他粮食企业贷款一般采用担保贷款方式。对信用状况良好、风险承受能力较强或落实相应的贷款风险防范措施的借款人，可采取信用贷款方式	借款人申请其他粮食企业贷款，除具备《中国农业发展银行信贷管理基本制度》规定的基本条件外，还应具备下列条件：（1）具有相应的风险承受能力，信用等级在A级（含）以上，信用良好，具备按期还本付息能力；（2）建立合规的财务和统计制度，按要求及时向农业发展银行提供真实的粮食经营财务和统计相关资料	其他粮食企业贷款按其用途可分为其他企业粮食收购贷款和其他企业粮食调销贷款。其具体用途是：其他企业粮食收购贷款用于解决借款人直接从粮食市场购进粮食的合理流动资金需要；其他企业粮食调销贷款用于解决借款人调入（含进口，下同）粮食的合理流动资金需要

续表

贷款名称	贷款期限	贷款对象	贷款方式	对借款人基本要求	其他说明
商品棉贷款	1年以内	从事棉花收购、加工、调销经营资质的企业	根据企业信用等级状况及不同贷款种类采取担保贷款或信用贷款	原则上在农业发展银行开立基本存款账户,确因特殊原因,也可开立一般存款账户或专用存款账户;信用等级达到规定标准;担保贷款能够提供合法有效的担保;有一定比例的自有资金和风险准备金	商品棉贷款是指中国农业发展银行对符合贷款条件的企业从事棉花预购、收购、调销等业务发放的贷款

　　然而,目前信用合作社发放此类贷款积极性不是很高。原因为:第一,面对农户的各类贷款金额小且经办成本高;第二,贷款风险较大;第三,由于信息不对称难以甄别符合信贷条件的贷款对象;第四,经办这类贷款得不到国家政策强有力的支持。此外,由于银监会加大了对信用合作社风险监管的力度,信用合作社在有多种信贷选择的前提下,倾向于将贷款放给县域经济当中经济效益较好的大项目或大企业,而不愿放给风险较大、收益较低的农户或农民合作经济组织。

　　上述现象后面的深层原因是:目前进行的信用合作社改革基本上是一种商业导向改革,信用合作社实际上的治理结构与真正意义上的合作金融相去甚远,在这种情况下,虽然有关部门要求信用合作社成为"农村金融服务的主力军",但实际改革的过程中并未将信用合作社定位成一个政策金融供给载体,在实践中尽管"信用合作社"与"农民专业合作社"名字上极为接近,但实际上没有什么血缘关系,因此,二者之间的相互支持就失去了基础。

7.4.2.2　中国农业发展银行的业务目标不明确

　　中国农业发展银行是我国唯一的农业政策性金融机构,该金融机构从成立以来,业务定位于支持农产品流通企业,因而其业务并不与农民发生直接联系,政策性支农的作用极为有限。近年来,由于粮食流通体制改革接近完成,原有的业务已经走到尽头,而农业发展银行新的业务范围还没有明确的界定,极大地影响了该银行政策性功能作用的发挥。

7.4.2.3　中国农业银行商业化改革与政策性责任不兼容

　　自四大国有银行走上商业化改革的道路之后,农业银行大幅度收缩县以下的业务网点,大量压缩涉农信贷业务,使得中国最大农字号国有金融机构"脱农"趋势不可遏制,与此同时,农业银行所承担的政策性支农业务也呈迅速萎缩之势。

7.4.2.4　农民合作组织的法律地位不明确

截至目前，各类新型农民专业合作组织尚无明确的法律地位，根据我国《贷款通则》的相关规定，绝大多数农民合作经济组织不可能成为合法金融支持对象，因此也极大地阻碍了农民合作组织获得亟须的金融服务。在实践当中，一部分合作组织为了获得合法的贷款人资格，采取注册一个公司方式，以便与金融部门打交道；另一部分合作组织则采取以社员个人名义贷款，转而交给合作社统一使用的迂回方式，这也是阻碍合作组织活动获得金融服务的一大障碍。

7.4.2.5　金融机构与合作组织之间信息不对称

在本次调查中了解到，由于农民合作组织是近年来出现的新生事物，在许多金融机构的信用档案中没有农民合作经济组织的相关记录，基层信用合作社对于新型农民合作组织的治理结构、经营方式，运作特征不甚了解，因而往往将合作组织与农户等同对待，以考察单个农户的方式来考察合作组织的信用状况、还款能力等；另外，合作组织一方对信用合作社的贷款程序、贷款要求、贷款条件也不甚了解。结果是，信用合作社提供的金融产品不符合合作组织的要求，而合作组织也不了解获得金融服务的路径与渠道。

7.4.2.6　中国农村集体经济的特殊性

我国目的农村合作经济组织是建立在家庭承包经营的基础之上的，其重要特征是土地的集体所有，为此农民合作组织的土地不具有流通性，因而合作组织及其社员土地所有权、承包经营权均不具备可抵押的特性，这也是制约合作组织获得金融支持的障碍之一。

7.5　若干进一步的思考

我国的新型农民合作经济组织目前正处于初级发展阶段，在这样一个阶段当中，需要得到大力支持，是毋庸置疑的，如果考虑到建设社会主义新农村、加快城乡一体化发展的步伐等方面的问题，加大对农民合作经济组织政策性支持力度更是义不容辞。其间，政策性金融对农民合作经济组织的支持，是一个不可或缺的环节，为此提出以下意见和建议。

1. 健全农村的综合性政策性金融体系。根据我国目前金融体系的现状以及今后一个时期金融体制改革的趋势，政策性金融支持农民合作经济组织发展的责任乃至支持"三农"的责任不可能只由一家政策性金融机构来承担，而必须通过综合性的政策支农体系来完成。为此应当建立农村信用合作社、农业发展银行、农业银行、邮政储蓄机构相互支撑、相互协调的政策性支农体系。

农村信用合作社在支农方面具有天时、地利、人和方面的优势，为此应当承担起提供政策性业务的主要责任，其主要支持对象是初级萌生型合作组织。信用合作社在承担相应责任的同时也应享受到来自中央银行与财政对等的优惠政策。建议中央银行根据信用合作社直接支农贷款的数量、质量给予必要的再贷款利率优惠，财政给予必要利息补贴。农业发展银行在今后的改革中必须明确其支农业务的具体范围，这是作为政策性金融机构不可推卸的责任。农业发展银行转型之后主要支持规模较大的初级成长型与初级成熟型两类合作组织。农业银行在不影响其商业化经营的前提下，应采取接受委托的方式办理一部分特定政策性支农业务，主要支持对象是规模较大的成熟型合作组织，以适应农业银行规模化经营的要求。邮政储蓄机构在今后的改革中也应承担一部分政策性供给的责任。我国邮政储蓄机构资金来源的 70% 左右来自于县域以下的农村，从取之于农民、用之于农民的角度考虑问题，邮政储蓄机构理应将一部分资金投向农村，支持农民合作经济组织发展，加之邮政储蓄机构在农村的网点很多，也具有办理政策性业务的可行性。此外，邮政储蓄机构没有历史形成的坏账，在某些方面与信用合作社相比较，更有办理政策性金融业务的优势。

2. 建议将财政部门每年用于支持农业产业化发展专项资金的一部分转为政策性金融业务的资金来源。近年来，我国每年都拨付数量不菲的专项资金用于支持农业产业化发展，这部分资金虽然总额不小，但相对于全国的农民合作经济组织总数而言，却是杯水车薪，在实际操作过程中，很难避免撒胡椒面的情况；况且资金以拨付的方式投入，难以保证资金使用的后续效益。如果能将这笔资金一部分转为政策性金融资金的来源，采取信贷方式投入，就可以在不增加国家财政投入负担的情况下极大地提高使用效益，增加财政资金的支农的覆盖面，这应该是一条国家从宏观上支持农民合作经济组织发展的可行措施。

3. 建议各级地方政府将支农专项资金的一部分作为农业贷款担保基金。地方政府将支农专项资金的一部分作为农业贷款担保基金，可以在不增加地方财政总负担的情况下，为农业贷款提供信用度较高的担保，可以降低农民合作经济组织与金融机构的信息不对称程度，降低贷款及其相关金融业务的交易成本，引导更多的社会资金投入农业，这也是政策性金融支农的一项重要措施。

4. 建议金融监管部门鼓励引导农村金融机构创新符合农民合作经济的金融服务新品种。金融监管部门在加强风险监管的同时，应当积极鼓励、引导农村金融机构发挥主观能动性，创造符合农民合作经济的金融服务新品种。要避免因监管指标过于苛刻导致农村金融机构的业务与城市趋同而远离农村金融需求的逆向政策导向。

　　5. 建议尽快建立以农业政策性保险为主体的金融风险补偿体系。政策性保险是政策性金融的重要组成部分。改革开放以来，我国的农业政策性保险一直处于缺位状态。由于政策性保险的缺位，农村金融业务的风险完全由提供信贷业务的机构单方承担，其结果必然导致农村金融服务远离"三农"。鉴于目前我国保险体制的现状，可以先指定一家全国性的保险公司承担必要的农业政策性保险业务，其承担的高于一般商业性保险业务风险的一部分国家财政予以必要补贴，另一部分通过再保险分担。待条件成熟以后，成立专门的农业政策性保险公司，以完善我国的政策性金融系统。

8 农村保险与传统农区保险发展问题分析

我国农村金融发展滞后于农村经济的发展已经是一个不争的事实，其中涉农保险的发展更是滞后。这种状况对于构建和谐社会、对于解决"三农"矛盾、对于改变城乡分割的二元结构无疑是一种体制上的障碍。相对于城市经济与工业经济而言，我国的农村经济与农业经济的市场化程度是较低的，大规模的分工协作与社会化的大生产组织形态还没有形成，在这种条件下农业的"弱质性"表现得更为明显，因此，在相当长的一段时间内，我国的农业保险应当具有一个"跃迁"的发展过程。

8.1 我国涉农保险历史回溯

我国的农业保险至今约有七十多年的历史。[①] 新中国成立前，由于经济落后，保险事业很不发达，农业保险虽在个别地方试办，但由于缺少一定的经济基础，又没有政策保护，仅仅是昙花一现。新中国成立后，我国政府以中国人民保险公司为主体开展了农业保险的实施工作。五十多年来，我国农业保险的发展历程坎坷，经历了兴起、收缩、整顿、停办、复办、试办、发展、停滞的曲折过程。我国农业保险发展的历史大致可分为三个阶段。

8.1.1　20世纪三四十年代的农业保险

8.1.1.1　农村保险合作组织的尝试和兴起

20世纪30年代初，上海银行与金陵大学农学院、农业试验所在安徽和县乌江镇农业试验区配合农业贷款推行了耕牛互助合作保险，其目的是为保障农业试验区农业贷款的安全。由于农民负担保费过高，协会没有充足的基金，不久后我国第一个农村保险合作组织就停办了。

国民政府实业部（经济部）成立农本局后，曾建立了以办理农村牛、猪保险为主的保险合作社，试办耕牛和猪仔保险。由于社会动乱和经济力量薄弱，到1944年3月中国农业保险股份有限公司成立时，合作社保险组织相继

---

① 李军：《农业保险》，433页，北京，中国金融出版社，2002。

解散。

8.1.1.2　中国农业保险股份有限公司的成立

1944 年 3 月，国民政府在重庆成立了由农民银行创办、农林部和粮食部入股的中国农业特种保险股份有限公司（1947 年更名为中国农业保险股份有限公司），主要经营农业银行系统的贷款、押汇物资保险和粮食、茶叶的库存运输业务，由于内地农村经济凋敝等原因不久即关闭了。

8.1.1.3　地方商业保险机构的农业保险尝试

1945 年，重庆泰安保险公司（民族资本企业）在四川内江、自贡等地试办役牛商业保险，由于抗日战争胜利后该公司业务经营重心东移，再加上经营此项业务有些亏损，到后期该公司不再办理此类业务。

8.1.2　20 世纪 50 年代的农业保险

8.1.2.1　1950—1952 年农业保险的兴起

为了促进农业生产的恢复和发展，新中国人民政府以中国人民保险公司[①]为主体从 20 世纪 50 年代初开办了农业保险。1950 年，中国人民保险公司首先在北京郊区、山东商河、重庆北碚试办牲畜保险。1951—1952 年，为了配合国家扩大种植经济作物的政策，还在一些地区试办了农作物保险。但是由于缺乏经验，尤其是急于求成、强迫命令的做法，在群众中造成不良影响，1951年 11 月，中国人民保险公司对强迫命令现象进行了批评和纠正，并制订了改正措施，以确保自愿投保原则的实行。

8.1.2.2　1953 年后的农业保险收缩与整顿

根据 1953 年初第三次全国保险工作会议确定的"整理城市业务，停办农村业务，整顿机构，在巩固的基础上稳步前进"的工作方针，中国人民保险公司对农业保险业务进行了收缩和整顿。

8.1.2.3　1955 年农业保险按"积极准备、稳步发展"的精神复办

1955 年，在中国人民保险公司确定了"停办部分国营企业强制保险业务，重点恢复农村保险业务，稳步推展城市保险业务"的工作要求后，一些地区根据总公司提出的"积极准备、稳步发展"的精神，首先恢复办理了牲畜自愿保险，对农作物保险，则主要是进行调查研究，做准备工作。

[①]　1949 年成立。1996 年产险、寿险分业经营时更名为中保财产保险有限公司，主要经营财产保险业务。1999 年复名为中国人民保险公司。2003 年股改后更名为中国人民财产保险股份有限公司，属国有控股保险公司。为叙述方便，本章统称中国人民保险公司。

8.1.2.4　1956—1957 年农业保险法定保险方案的提出和否定

1956 年前后，全国出现了农业合作化高潮。由于农业合作化运动发展迅猛，许多地区都要求保险工作配合农业合作化办理保险业务。根据这种情况，中国人民保险公司提出适应农业合作化社会改革和农业生产发展需要，把业务重点转向农村，积极地有计划有步骤地开展农村保险业务，为逐步实行法定保险创造条件，并将实施法定保险的计划上报给政府部门。而后政府认为：在农业合作化基本实现后，逐步开展农村保险业务是可能，也是必要的。但由于各地农民对保险的要求不平衡，不完全具备实行法定保险的条件，因此只能有步骤地推行自愿保险。至此，中国人民保险公司提出的农业保险法定保险方案被否定。

8.1.2.5　"大跃进"中的农业保险和农业保险的停办

1958 年，随着我国农业"大跃进"的深入以及人民公社化运动的出现，愈演愈烈的浮夸风使农作物上报产量的虚数很大。这就给农作物保险的试办带来了一个难题，即一亩地承保多少产量很难确定，承保指数小了解决不了实际问题，按"跃进指标"承保，则公社须付出一大笔保险费，这就使保险公司和人民公社都感到为难。1958 年 10 月，全国财贸工作会议提出：人民公社化以后，保险工作的作用已经消失，除国外保险业务必须继续办理外，国内保险业务应即停办。至此，农业保险在全国范围内全部停办。

8.1.3　20 世纪 80 年代以来农业保险的恢复与试办

8.1.3.1　1982—1990 年农业保险的恢复与试办

党的十一届三中全会以后，改革政策为农业经济的发展创造了良好条件。农村中家庭联产承包责任制的推行，极大地调动了农民从事农业生产的积极性，摆脱了计划经济束缚的农民必须独立面对农业生产中的自然风险和市场风险。在这种新形势下，为了农业生产的稳定，党中央、国务院及时作出了恢复发展农业保险的决定。

在党中央、国务院的关怀下，我国农业保险在 1982 年至 1990 年间迅速发展。中国人民保险公司根据当时的实际情况，采取了"积极试办、稳步发展"的方针，以"组织补偿、稳定经济、发展生产"为经营目的，从试办牲畜保险入手，逐步开发新险种，扩大服务范围，全面拉开了我国试办农业保险的帷幕。此时期，全国开办农业保险险种扩展到种植业的粮食作物、经济作物、森林和其他农作物，养殖业的大牲畜、小牲畜、家禽、水产养殖等，共计开办险种 100 多个。这期间，农业保险不仅在业务规模、试办方法和机构人员方面得到了发展，而且在理论研究方面也取得了长足进展。1989 年，国务院委托中国人民保险公司主持完成的《关于发展我国农村保险事业的研究报告》，对我国农业保险、农村保险的经营机制、模式、体制等问题进行了深入的研究，取得了积极成果。此报告回答了当时开展农业保险的一些重大理论问题，而中国的农业保险不能完全走商业保险的道路，逐渐成为保险理论界的共识。[①]

8.1.3.2 1991—1995 年农业保险多种经营模式的试办与探索

此期间，在中国人民保险公司的支持下，农业保险从人保独家试办，转变为各级党政支持试办，有关职能部门协作试办，农业保险逐步进入多种试办模式。如云南的在地方政府行政支持下，由保险公司为地方政府代办农业保险；湖南的保险公司和地方政府对农业保险实行联合共保，风险共担，如三七分成或二八分成；河南的地方政府组织建立农村统筹保险互相会，在单独立账、独立核算的基础上，向中国人民保险公司进行分保；太原的建立农业保险合作社等。这些试办都对我国农业保险运作方式和发展模式进行了有益探索。

但是由于缺少专门的法律、法规的规范和适当的政策支持，农业保险多种经营模式的试办在经历了轰轰烈烈的阶段后，逐渐冷却。随着国家金融改革力度的加大和中国人民保险公司向商业性保险经营体制的转轨，许多有缺陷的经营模式的试验纷纷停止。

8.1.3.3 1996 年以来农业保险在商业保险公司体制中的发展

1996 年，中国人民保险公司改制为商业保险公司。鉴于国家有关农业保险法律、法规尚未出台，而从国家长远考虑又不能简单地停办农业保险，中国人民保险公司从商业保险公司的承受能力考虑，调整了农业保险的经营策略：在险种开办上，强调社会效益和企业经济效益并重，采取调整险种结构，停办了一些长期亏损险种的做法，并对开办险种加强和限制承保管理。至此，我国农业保险业务规模呈现了逐年递减的趋势。

8.1.4 我国农业保险发展的现状

从 1982 年开始陆续恢复开办农业保险业务以来，1982 年到 1992 年农业保险业务呈发展上升趋势，到 1992 年当年农业保险费收入达到 8.62 亿元。但保费快速上升的同时是居高不下的赔付率，1991 年农业保险的赔付率为119%。在政府支持性措施减弱以后，过高的赔付率导致农业保险业务逐步萎缩，中国人民保险公司不得不调整农业保险结构，对一些风险大、亏损多的农

---

① 李军：《农业保险》，446 页，北京，中国金融出版社，2002。

险业务进行战略性收缩。1993 年以后我国农业保险规模和保费收入逐年下降，2000 年农业保险保费收入下降到 3.87 亿元，2002 年继续缩减至 3.0 亿元，全国农民人均缴纳农业保险保费不到 1 元。在 2006 年以前，我国农业保险由于既缺少必要的经济基础，又没有法律来规范，一直在低水平徘徊，近年来更是呈现出不断萎缩的态势。在我国保险高速发展了 20 多年后的今天，我国农村的许多地区保险业务几乎还是一片空白。农业保险经过几十年的创办发展，几乎又回到原始状态。仅据全国植物保护总站 1973—1992 年统计，全国农作物因病虫害受灾面积平均每年 1.7 亿公顷以上，损失粮食总产量 10% 以上。1998 年我国遭受百年一遇的洪水，直接经济损失达 1 666 亿元。2005 年淮河水灾，安徽省颍上县八里河镇直接经济损失达 8 654 亿元，而这些损失绝大多数将由农户自己承担。面对广大农户一夜之间倾家荡产，20 年来建立起来的农村保险补偿制度近乎完全失灵。

8.2　传统农区保险发展状况（以河南农区为例）

河南省是农业大省，农业在国民经济中占有至关重要的地位。1951 年，中国人民保险公司河南省分公司开始办理农业保险业务，当时开办有牲畜、棉花和烟叶 3 个险种。其后时停时办，1958 年 10 月经河南省人民委员会批准全部停办。1982 年 6 月，中国人民保险公司河南省分公司在河南省烟叶集中地襄城县试办烤烟保险。1984 年，重新开办牲畜保险，全省种植业保险和养殖业保险业务得以全面恢复。随后险种不断增加，业务覆盖面扩大，业务收入增长很快。1990 年，河南省在新郑县试办农村互助统筹保险取得成功后，很快推广至全省。1996 年，中国人民保险公司河南省分公司提出要大力发展农业险，把农业保险与农业科技有机地结合起来，积极开拓农业保险的延伸服务。有条件的地市可以优先开办农作物防雹增雨保险、农作物病虫防治保险等险种，配合"菜篮子工程"开办"菜篮子工程"系统保险等，为促进和保障河南省的农业发展起到积极作用。随后随着中国人民保险公司商业化运作，河南省分公司也对全省的农业保险工作进行了调整和收缩，并根据上级公司精神逐渐对农业保险进行限制性发展。至此，河南省的农业保险几乎销声匿迹。

8.2.1　河南省开办农业保险主要险种及其进展情况

河南省历史上开办的农业保险险种主要有三大类：种植业保险、养殖业保险和农村互助统筹保险。种植业保险主要险种有棉花保险、烟叶保险、小麦收获火灾保险、林木火灾险、果木险、花生险、水稻险、塑料大棚险等；养殖业保险主要险种有牲畜保险、耕牛保险、生猪保险、奶牛保险、山羊保险、养鱼保险、养鹿、养鸭、养鸡等保险，家禽综合保险等；此外还与 1990 年创新性地开展了农村互助统筹保险。下面，我们通过河南省开办的几种主要险种回顾河南省的农业保险发展历程。

8.2.1.1 种植业保险

河南省是我国粮棉油基地和烟叶生产基地，因此种植业保险曾得以迅速发展。河南省种植业曾开办有棉花、烟叶、小麦收获火灾保险及林木火灾、果木、花生、水稻、塑料大棚等险种，由于篇幅有限，在这里只根据实际重点介绍烟叶保险和小麦收获火灾保险的发展情况。

1. 烟叶保险

河南省烟叶种植始于明末，最早在邓州种植晒烟。1913 年，英美烟草公司在襄城县颖桥试种烤烟获得成功，至今已有近百年的历史，为我国烤烟的发源地之一。新中国成立后，河南省的烤烟得到了更大发展，近几年来，河南省烟叶种植面积稳定在 130 万亩左右，收购量稳定在 250 万担上下。

1951 年，中国人民保险公司河南省分公司在全国著名烟叶产地许昌地区试办烟叶保险。由于经验不足，到 1958 年停办时，仅收保险费 7 097 元，赔款则为 9 538 元，赔付率高达 134.39%。1958 年在襄城曾试办烤烟保险。据不完整资料反映：当年共保烟炕 10 128 个，收保费 214 478.74 元，遭灾烟炕 40 个，赔款 5 600 元，平均每炕赔款 140 元。此项业务停办后，当地群众烤烟损失得不到补偿。尤其是实行了生产责任制的 80 年代，襄城县烟叶种植面积不断扩大，产量提高，但烤烟损失也在增加，如 1980 年全县种烟面积 13 万亩，总产量 2 180 万公斤，烤 112 800 炕次，遭损 16 炕；1981 年全县种烟面积 17 万亩，总产量 3 350 万公斤，烤 175 500 炕，遭损 19 炕。炕烟失火直接涉及一家一户利益，群众迫切希望把烟炕保险再恢复起来。

国内保险业务恢复后，1982 年 6 月，中国人民保险公司河南省分公司重新在襄城县试办烤烟保险。1983 年初，在襄城、郾城、邓县 3 个县选择几个条件较好的公社试办炕烟险，以期取得经验在全省推广。当时规定：（1）试办炕烟险的宗旨是照顾烟农的切身利益，解除他们的后顾之忧，同时促进农业生产责任制不断完善，因此要从农村实际情况和炕烟过程中的特点出发，制定条款和实务手续。（2）试办的炕烟保险责任集中明确，费率较低，保费计算简单，投保手续简便，上门代办，故称"简易炕烟保险"。但应要求试办单位深入宣传，加强服务，贯彻自愿原则。同时在试办过程中要注意研究问题，解决困难，总结经验。（3）由于缺少基层机构，试办该险种可以委托农业银行基层信用合作社代办，保险公司首先必须与代办单位密切联系。（4）代办单位负责宣传、承保、出单、收缴保费及查勘损失、计算赔款等工作，提出赔款意见后报县级保险公司核批。（5）代办劳务费暂按该险种实收保险费5%提取，劳务费的使用与分配由代办单位决定。（6）保险费的往来，由农业银行代办的按农业银行总行、保险总公司的联合通知规定办理；由外单位代办的，按一般单位正常资金往来处理。

在取得试办成功经验后，1985年开始在全省范围内进行推广，并呈现出稳步增长的势头。截至1992年全省烟叶保险费收入为428万元，承保面积达108万亩。2002年更是取得了保费收入663.5万元的成绩。但是由于我国农业保险发展模式的原因和纯商业经营管理的缺陷，随之而来的赔款幅度的逐年走高，中国人民保险公司无法从根本上解决赔付过高的问题，于2002年后开始大幅收缩烟叶保险业务，直至今日几乎完全放弃。

2. 小麦收获火灾保险

历史上河南省每年的麦场火灾占全部火灾比重很大，据1982年消防部门不完全统计，全省麦场火灾发生530起，损失小麦174万公斤，受灾户2 673户，占全省火灾总数的60%，其损失直接影响着群众的生活。鉴于这种情况，1983年4月中国人民保险公司确定试办麦场火灾保险，并要求各地视情况有条件的县均可试办该项业务。当年全省共在18个公社的部分生产队试办了该险种，共承保了小麦49 382亩，产量1 115万公斤，保险金额499万元，保费收入7 115.97元；发生赔案一起，支付赔款484.04元。这次试点范围虽不大，但全省东南西北主要小麦产区都有试点，因此比较有代表性，为下步全面开办此险种提供了初步经验。

1985年3月，中国人民保险公司河南省分公司和省公安厅、农牧厅、机械电子工业厅联合下发《关于积极开展麦场火灾保险和加强麦收安全工作的通知》，要求：一是全省要积极开展麦场小麦火灾保险，保障农业生产责任制的推行和农业生产的不断发展，安定农民生活。二是保险与防灾相结合，减少麦场火灾事故的发生，各级保险公司要积极配合公安消防、农机、农牧等部门切实做好麦收期间的防火工作。三是在全省范围内广泛开展麦场小麦火灾保险宣传工作，结合农村生产形势，在宣传形式和内容上有所创新，使群众真正认识到参加保险的重要性和必要性。四是切实抓好麦场火灾保险的承保工作，争取当地政府和有关部门的重视和支持，采取多渠道、广代理的办法组织大面积承保工作，使广大农民得到可靠的经济保障。在此文件的推动下，全省小麦麦场保险得到迅速推广。1986 年，河南人保公司将该险种更改为"小麦收获火灾保险"，责任范围由原来的麦场扩大为从收割、运输至场内打晒，对因火灾造成的损失负责赔偿。由于保险责任的扩大，新险种得到了广大农民群众的欢迎，此后推广更为广泛。到 1987 年全省共有 5 200 万亩小麦参保了该险种，占当时全省麦播总面积的 74%，其中南阳、周口、驻马店、洛阳、漯河、商丘等地市的承保面积均达 90% 以上，出现了 8 个麦收火灾全保县。但是随着承保范围的迅速扩张和保险责任的随意扩大，该险种在取得成功推广的同时赔付率也居高不下。截至 1992 年，该险种历年来平均赔付率为 92%，成为进一步发展该险种的隐患。

1996 年中国人民保险公司商业化改制后，业务发展逐渐向效益化险种倾斜，对该险种的经营逐渐失去兴趣，使得自此之后该险种的发展日趋淡化，时至今日几近空白。

8.2.1.2　养殖业保险

河南省的养殖业保险始于 1950 年，以大牲畜和养猪为主，1958 年停办。1983 年全省养殖业保险得到恢复和发展，开办险种增多，在农村的保险覆盖面较前有所提高。在这里主要讨论大牲畜保险。

河南省人保公司于 1951 年开办简易牲畜保险。主要保险对象是用于耕种或驮运的牛、马、驴、骡 4 种力畜，保险公司根据牲畜品种、年龄、参考当地牲畜市价，评定其实际价值，十足承保。全省牲畜保费收入 1951 年至 1958 年共计 549 万元，累计赔款 417 万元，赔付率为 75.96%。1958 年全省养殖业保险业务停办。

国内保险业务恢复后，省人保公司决定将中断 20 多年的养殖业保险恢复起来。在开展牲畜保险工作的同时，发展生猪保险试点工作。全省的牲畜保险业务开始有较大起色，但是赔付率一直较高。1987 年省人保公司开始整顿牲畜保险业务，并开展牲畜保险理赔业务质量调查工作，发现赔付率过高的主要原因一是保额过高；二是费率过低；三是承保密度过小；四是逆向选择性过大，有的县承保的大牲畜中，有相当一部分是病、危、幼畜；五是道德危险比重大。针对上述问题，采取了相应措施：(1) 限额承保；(2) 严格执行条款规定的费率；(3) 推行以乡为单位统保，分户造册登记；(4) 赔款公开，依靠群众监督，以杜绝假案发生。1988 年，省人保公司调整险种结构，对养殖业采取了定点试办的方针，缩小了该险种在农险业务中的比重。1989 年大牲畜险赔付率 89.4%，虽比上年同期下降了 73%，但依然过高。随后随着农村机械化程度的提高，大牲畜存栏率大幅度下降，该险种也逐渐淡出人们的视野。

8.2.1.3 农村互助统筹保险

农村互助统筹保险是 1990 年开办的一项保险业务，它是在确保人民保险公司主渠道地位的前提下，把县以下的农村各种财产险、责任险、种养两业险和人身险作为互助性质的一种保险形式，以解决农民群众"灾有所补、病有所医、老有所养"等社会问题。

1990 年，农村互助统筹保险试办工作最先在新郑县进行，这是对当时保险体制进行的一次改革探索。它"取之于民，用之于民"，不以营利为目的，属于政策性保险。所筹集的风险基金仅用于解决农民群众"灾有所补"等农村社会问题。当基金积累到一定程度后，在有银行担保的前提下，可利用赔款的时间差，进行短期融资拆借，支援当地农村经济发展。在新郑试办一年，即筹集保险基金 149 万元，其中短期保费 87 万元，返还性储金 62 万元。支付各类赔款 24 万余元，为 200 多户农民家庭和 19 家乡镇企业提供了灾后的经济补偿。并在银行担保的情况下，进行短期融资拆借，促进了当地农村经济发展。

根据新郑试点经验，省人保公司决定在全省试办农村互助统筹保险，并得到了省政府的大力支持。由于政府重视和政策到位，到 1992 年，全省农村互助统筹试点县增加到 84 个，全年共计筹集农村专项保险基金 22 611 万元，其中短期保费 8 106.3 万元，长期储金 14 504 万元；全年共计支付各种赔款 5 088.3 万元，短期保费综合赔付率为 62.8%，在全国产生了较大影响。1992 年 8 月 14 日，新华社内部刊物刊出《河南农村开办农村互助统筹保险受到农民欢迎》一文，比较全面、系统地总结和介绍了河南省的经验和做法。1992 年该探索课题被河南省政府评为河南省首届实用社会科学优秀成果一等奖。

1992 年底，国家对整个国民经济进行宏观调控，各级党政部门把减轻农民负担作为头等大事来抓，并采取了各种严厉措施来制止加重农民负担。在这种形势下，有些地方分不清农村互助保险与乱摊派和加重农民负担的界限，对发展农村保险产生了模糊认识，个别县市甚至发文停止农村保险互助会活动，农村保险业务的发展面临考验。对此，省人保公司多方呼吁，从理论上和事实上大力宣传农村互助保险不是加重而是减轻了农民负担，得到了省政府的认可和支持，使得农村互保统筹保险得以在逆境中生存，并在农村经济建设中发挥了应有作用。

但是由于农村保险互助会的管理体制决定保险公司只是对互助会业务上有指导权，管理权大部分在基层政府部门，而政府部门对互助会基金的乱调控导致基金管理出现混乱，加上该发展形势一定程度上属于政策性保险经营，带有部分强制性色彩，而省人保公司于 1996 年改制商业化经营，不能再对农村保险互助会指导管理，全省的农村互助会就全部交由当地政府管理，并且逐渐停办消失。

8.2.2 河南省农业保险面临的困境

8.2.2.1 传统农区保险业务的风险

上述这些险种的开办对保护河南农业、稳定农村经济起到了一定作用，但几乎皆因赔付率高，最后保险公司赔不起、国家背不起、农民保不起，多方不堪重负而走向萎缩甚至停办。由此我们可以归纳出传统农区农业保险的特点：

第一，农业保险的客体大都是脆弱的生命体，本身抗风险能力极差，而它们偏偏又面临多重风险。

第二，农业保险面广量大。农业生产在野外进行，生产场所非一般保险的地址范围可比，其数量并非一般财产保险标的那样有限，种植业保险往往是大面积成片投保，养殖业保险往往是大规模成批投保。面广量大的特点决定了保险人只有投入较多的力量才能开办这类保险业务。

第三，农业保险受自然风险和经济风险的双重制约。农业生产的最大特点是自然再生产与经济再生产相互交织，农业保险也必然要受到自然风险与经济风险双重制约。

第四，农业保险的风险结构具有特殊性。它面对的主要是各种气象灾害和生物灾害，从而与其他财产保险所面临的风险的结构具有较大的差异性。

第五，农民的生活水平、生产力和知识水平较低。我国现有的农村政策及河南省农业现实发展状况致使农民只有狭小的经营规模，这使得河南省农民生产力发展较低、农民生活水平也不高，整体较低的知识水平导致农民普遍对保险的认识和意识不够。经济的制约和意识不足致使河南省农业保险的有效需求严重不足。

第六，高风险与高赔付率并存。由于农业生产面临的风险大、损失率高，保险赔付率通常也很高，保险人要想通过农业保险赚取利润较通过其他保险业务更加困难。因此，保险公司对经营农业保险的畏难情绪较大。

8.2.2.2 传统农区保险发展面临的困境

作为农业大省，河南在广大农村地区积极推广农业保险，为农业、农村、农民直接提供保障的保险产品和服务，其中既有财产保险，也有人身保险。但令人尴尬的是，全省仅有不足 10% 左右的农村人口参与了保险。

目前，在河南境内开办的"三农"保险，属于农业保险范畴的险种主要分为种植险和养殖险两类，有粮食作物险、经济作物险、其他作物险、森林险、农作物火灾险，大牲畜险、小牲畜险、家禽险、水产养殖险等。2005年，中国人保为周口市1 000亩棉花承保，保费12万元，承保金额达到1 000万元。属于人身保险的，有人寿保险、人身意外伤害保险、健康保险等。2005年，中国人保针对安阳市大量农民赴新疆采摘棉花的情况，量身定做了农民工意外险，共有120余位外出务工人员购买该产品，保额总计120余万元。中国人寿也在信阳等地区推出了"外出务工安心卡"。该产品由于低保费、高保障的特点，一经推出，就受到了所在地区的广泛欢迎。截至2005年底，河南共有农村保险营销服务部2 252个。2005年，河南各类保险机构在县及县以下地区形成保费64.5亿元，约占全省保费总收入的30%。

农业保险发展的不足严重影响了农村地区的经济发展和农民群众的经济保障。2004年，干旱、洪涝、泥石流等多种自然灾害袭击河南省14个市、87个县（市、区）、1 312个乡镇，共有1 497.81万人受灾，占全省总人口的20%，造成直接经济损失53.56亿元。因为投保的农户少，受灾后很难获得保险赔偿，许多家庭因此返贫。更为重要的是，保险机构对开拓农村市场也缺乏积极性。2006年至2009年，中国人保在周口、新乡、南阳和商丘等市开展棉花、小麦和其他农作物种植保险，3年累计取得了363万元的保费收入，赔付支出316万元，赔付率达到87%（如果加上保险公司为开办农业保险而支出的人力、宣传、查勘、定损等经营费用和税负，其支出成本已超过100%）。目前，我国农业保险综合赔付率约为115%。正是这种高赔付率的存在，使得河南省商业保险公司在投身于"三农"市场时独木难支，严重影响了其开拓农村保险市场的积极性。

"三农"保险市场发展滞后，除了上面的原因之外，另一个重要最主要的原因是缺乏政策性的支持。目前，由于河南农民收入增长缓慢，而且大部分收入被生活品、子女教育、生产资料等项目所占据，农民对保险的有效需求不足。国家对农业保险的支持仅限于免征营业税一项，河南也只是遵照中央政策执行，尚无鼓励保险机构开拓农村市场的地方性政策出台，保险机构缺乏进军农业保险的政策后盾。

种种迹象表明，河南农业保险的发展现状尚不能适应全省经济社会发展的需要，而且农业保险的严重不足，一定程度上也制约着农村金融市场的稳定。中国人民银行郑州中心支行行长计承江认为，农村金融问题不等于农业信贷问题。在农业保险乏力的情况下，作为高风险的弱质产业，农业势必要将大部分风险转嫁到农村金融机构身上。这将阻碍农村金融市场的发展，进一步弱化农户获得金融支持的能力，加剧其收入不平等。为此，河南必须建立政策性农业保险制度，应加大政策性保险的投入，并鼓励和扶持商业保险进入农业产业化、种养业等领域，大力开发与天气指数、期货指数等相关的农业保险新产品，进而提高农业经营主体的信用地位，引导农业金融资本流入，分散目前由农村信用合作社独立承担的农业系统风险和社会成本，维护农村金融体系的稳定。

在当前保险业的改革中，商业保险公司要控制风险，淡出政策性农业保险的"试验田"，这是无可指责的。但是原来一些比较成功的试点不要让其消亡，而应该积极支持，使其能够继续、巩固、规范和发展。另外，对农业保险的监管问题，现行《保险法》不完全适用，作为一种过渡办法，能否尽快草拟一个"农业保险管理暂行条例"，以利于农业保险的试验有章可循。农业保险是政府保护农业、稳定农村经济、确保国家粮食安全、扶持农民、转移风险的一个重要工具。河南省政府应尽早研究和决策支持和保护农业的政策，完善农业保护体系，建立符合河南省实际的农业保险发展模式，以适应当前经济持续快速发展的趋势。

8.3 传统农区发展农业保险的症结分析

8.3.1 河南省农业保险发展的基础环境

考察地区性农业保险，必须对该地区的地埋、气候、人口、土地、耕地、农业构成等基本情况有一概括了解。

河南位于中国中东部、黄河中下游，介于北纬 $31°23' \sim 36°22'$，东经 $110°21' \sim 116°39'$ 之间，东接安徽、山东，北界河北、山西，西连陕西，南临湖北，呈望北向南、承东启西之势。因古时为豫州，故简称豫。河南地理位置优越，古时即为驿道、漕运必经之地，商贾云集之所。今天，河南地处沿海开放地区与中西部地区的结合部，是我国经济由东向西梯次推进发展的中间地带，京广、京九、焦柳与陇海、汤濮、新菏、漯阜在境内交汇，形成三纵四横的铁路网，国道干线五纵四横，国家两纵两横高速公路中，京深和连霍一纵一横经过河南，全国光缆干线"八纵八横"中有"三纵三横"经过河南，是全国重要的铁路、公路大通道和通信枢纽。国家促进中部崛起的战略部署，必将使河南独特的区位优势发挥更大的作用。

河南国土面积 16.7 万平方公里，居全国各省区市第 17 位，约占全国总面积的 1.73%；其中耕地面积 7 177.49 千公顷，人均 0.07 公顷，低于全国人均水平。地势基本上是西高东低。北、西、南三面太行山、伏牛山、桐柏山、大别山沿省界呈半环形分布；中、东部为黄淮海冲积平原；西南部为南阳盆地。平原和盆地、山地、丘陵分别占总面积的 55.7%、26.6%、17.7%。灵宝市境内的老鸦岔为全省最高峰，海拔 2 413.8 米；海拔最低处在固始县的淮河出省处，仅 23.2 米。

河南属北亚热带向暖温带过渡的大陆性季风气候，同时还具有自东向西由平原向丘陵山地气候过渡的特征，具有四季分明、雨热同期、复杂多样和气象灾害频繁的特点。全省由南向北年平均气温为 15.7℃ ~ 9.5℃，年均降水量 1 380.6 ~ 1 532.5 毫米，6 ~ 8 月降水量占年总量的 45% ~ 67%，年均日照 1 140.1 ~ 2 525.5 小时；全年无霜期 189 ~ 240 天。

河南是全国人口大省[①]。截至 2011 年，总人口 9 405 万人，其中，居住在城镇的人口 2 994 万人，占总人口的 30.65%；居住在乡村的人口 6 774 万人，占总人口的 69.35%。全省人口密度每平方公里 585 人。

河南是全国农产品主产区之一。2010 年全省农业总产值为 3 540.8 亿元，比上年增长 4.6%；粮棉油肉等主要农产品产量均居全国前列。粮食总产量达到 5 437.1 万吨，占全国粮食总产量的 10.1%，已连续多年居全国第 1 位，为保障国家粮食安全作出了新贡献。其中夏粮产量 2 609.21 万吨，约占全国的四分之一。粮食平均亩产 333.7 公斤，高于全国平均水平 24.2 公斤；人均粮食占有量 470.3 公斤，高于全国平均水平 26.7%。棉花总产量 67.70 万吨、油料总产量 449.60 万吨，分别占全国的 11.8%、14.6%，分别居全国第 3 位、第 1 位。烟叶、蔬菜、肉类、禽蛋、牛奶产量均居全国前列。

农业生产条件进一步改善。截至 2010 年底，全省农业机械总动力 7 934.23 万千瓦，比上年增长 5.5%；农用拖拉机 309.53 万台，增长 5.8%；有效灌溉面积 4 864.12 千公顷，占全省耕地面积的 67.5%；全年农村用电量 172.15 亿千瓦时，比上年增长 9.2%。

农业经济结构继续向优质化和多样化发展，"两个基地"建设取得新成绩。2005 年全省优质专用粮食种植面积已占到粮食播种面积的 57%，其中优质专用小麦种植面积 4 039 万亩，比上年增长 42.3%，占小麦播种面积的 54.3%，30 万亩以上优质专用小麦生产县已达 40 多个。2005 年全省畜牧业产

---

① 根据全国第六次人口普查结果，河南省常住人口总量位居广东、山东之后居全国第三位，但户籍人口总量仍居全国第一。

值达到 1 251 亿元，占农业总产值的比重达到 40%。全年肉类总产量 689 万吨，占全国的十分之一；禽蛋产量 375 万吨，占全国的八分之一，分别居全国第 2 位、第 3 位。农产品加工能力不断增强，农业产业化水平不断提高。全省龙头企业发展到 2 042 家，其中，国家级重点龙头企业 23 家，省级 128 家。粮食、肉类、乳品年加工能力分别达到 3 200 万吨、390 万吨、145 万吨。

林业发展步伐加快。2010 年全省完成人工造林 172.67 千公顷，飞播造林 16 千公顷，封山育林 80.67 千公顷。新发展经济林 38.8 千公顷，经济林总面积达到 1 000 千公顷，经济林总产量 665 万吨。苗木花卉生产面积 60 千公顷，其中林业育苗面积 28.65 千公顷，约占全国林业总育苗面积的十分之一。

农业综合开发成效显著。河南是 1988 年国家首批立项实施农业综合开发的省份，至 2005 年底全省共有 121 个县（市、区）列入国家农业综合开发县，占全省 158 个县（市、区）的四分之三。"十一五"期间，全省共落实农业综合开发资金 46.54 亿元，完成中低产田改造任务 760 万亩，平均每改造一亩中低产田稳定新增粮食综合生产能力 142 公斤以上，其中：正常农业综合开发实际改造中低产田 630 万亩，实施产业化经营项目 312 个、科技推广项目 603 个；全省项目区共新增有效灌溉面积 291 万亩，改善灌溉面积 229 万亩，新增除涝面积 133 万亩，改善除涝面积 204 万亩；新增节水灌溉面积 175 万亩；新增旱作农业面积 14 万亩；增加林网防护面积 405 万亩；新增农机总动力 26 万千瓦。

近年来，河南省坚持"多予、少取、放活"，推出更直接、更有力的支农惠农政策：认真落实"一免三补"政策，在财力紧张的情况下提前一年在全国率先全部免征农业税，彻底改变了几千年来农民种田交纳"皇粮国税"的历史，全省农民减负增收 29.2 亿元；对种粮农民直接补贴资金 11.76 亿元，发放优质小麦良种补贴 3 亿元和大型农机具补贴资金 5 000 万元，"一免三补"政策使农民减负增收 44.5 亿元。在此基础上，大幅增加对"三农"的投入，2010 年全省财政用于改善农村生产生活条件的支出达 263 亿元，比上年增加 66 亿元，是历年投入增加最多的一年。大力发展劳务经济，全省农村富余劳动力转移就业达 1 557 万人，居全国第一，同比增加 146 万人；全年劳务总收入达 730 亿元，同比增加 117 亿元，劳务收入占全省农民年人均纯收入的 40% 左右。

从以上数据可以看出，河南省的农业发展对全省经济发展起到了决定性的支撑作用。而近几年不断发展的农村经济更是让河南初步具备了开办农业保险的物质基础，而农业在河南省的突出地位也决定了开办农业保险的客观内在需求。

8.3.2　制度障碍因素分析

基于上述对我国和河南省农业保险的观察分析，可以找到影响河南省农业保险发展的主要问题是：

第一，农业保险制度不完善，农业保险缺乏立法支持。农业保险通常是政策性保险。要使农业保险发挥应有的作用，离不开法律的支持和推动。世界上多数国家对农业保险都给予了法律上的支持。美国 1994 年颁布的《农作物改革保险法》，取消了政府救济计划，通过 4 大险种把所有农作物生产者都纳入农作物保险计划，这 4 大险种是：提供基本保障的巨灾保险、提供较高保障水平的扩大保障保险、集体保险和非保险作物保障计划。该法还规定，不参加政府农作物保险计划的农民，不能得到政府其他计划的福利，如农户贷款计划、农产品价格支持和保护计划的支持等，对农作物保险实行事实上的强制参加。该法的实施，使保险作物从 1980 年的 30 种扩大到 47 种；农作物保险投保率大为提高，1995 年农作物保险承保面积达 2.2 亿英亩，占当年可保面积的82%，是美国农险历史上承保面积占可保面积比例最高的一年。

我国对这项政策性保险业务至今尚无一套完整的法律、法规及相应政策予以扶持。《中华人民共和国农业法》对农业保险的规定是："农业保险实行自愿原则。任何组织和个人不得强制农民和农业生产经营组织参加农业保险。"1995 年颁布的《中华人民共和国保险法》提道："国家支持发展为农业生产服务的保险事业，农业保险由法律、行政法规另行规定。"近年来，每年都有一些人大代表、政协委员呼吁出台农业保险法规，但目前仍未见这一"另行规定"。由于法律并没有明确规定政府在农业保险中的职能和作用，我国政府支持农业保险的随意性很大。

农业保险缺乏政府支持。国外农业保险，强调利用政府的财政政策和金融政策等手段，配合市场机制、价格机制的共同融合来支持农业保险的运作，确保农场主、农户的实际利益得到保障。美国通过成立专门从事农业保险的联邦农作物保险公司，把农业保险从商业保险中分离出来。俄罗斯则是国家直接参与农业保险的经营。

我国的农业保险却长期处于自主经营状态，政府既没有拿出资金对农业保险进行补贴，也没有给予投保农户减税等优惠条件，更没有出资建立政策性的农业保险公司，这些都导致了农业保险的吸引力明显不足。

第二，农户风险意识淡薄，道德风险和逆向选择问题严重。国外农业保险的发展得益于市场的长期酝酿。日本从开始建立农业保险到农业保险制度真正建立起来，花了近半个世纪的时间。美国农业保险制度的建立和完善，也是一个渐进的过程。而中国的农业保险，恰恰缺少这个"孕育"过程。长期以来，广大农民生活在"靠天吃饭"的阴影下，产生了一种思维定式——"老天爷才是收成好坏的决定因素，人是违背不得的"。随着农民风险意识的提高，也有不少人投保农业险，但由于农民文化素质普遍较低，道德诚信的意识水平不够高，因此保险公司时常被农民的道德风险所困扰，同时逆向选择问题也令它们头疼。黑龙江省某村庄，只有几个养鸡专业户投保了养殖险，可当出现了鸡瘟时，村民们就把全村的死鸡都放到了投过保的养鸡户那里，去找保险公司索赔。面对这么多死鸡，保险公司很难辨认哪些是承保过的，哪些没有承保。如果全赔，公司将损失惨重；若拒保，又会被诉至媒体或法院，最终使得保险公司进退两难。

　　政府、商业保险公司、农户没有结成利益共同体。从政府的角度看，政府财政比较困难，而需要发展的地方很多，暂时拿不出很多资金支持农业保险，同时农业投入大，见效慢，短期内回收投资是不可能的，故政府不愿意把过多的资金用于农业发展。从商业保险公司的角度看，由于长期的市场垄断，商业保险公司之间缺乏竞争，安于现状，不思进取，更重要的是，缺乏对发展农业问题的战略眼光，自然不愿意经营不盈利甚至是负利的农业保险。从农户的角度看，相当一部分农户不相信保险，认为保险是负担，是一项不必要的支出，而另一部分投了保的人，心里也是忐忑不安，害怕到时候得不到赔付。一旦发生保险事故，就千方百计地从保险公司获得尽可能多的赔付。他们将最容易出险的农作物投保，造成了逆向选择；索赔时，将没有投保的农作物也一并要求保险公司赔付，导致了道德风险的产生。

　　第三，农业保险的高费用、高费率与农民购买力较低的矛盾。农业生产具有自然再生产和经济再生产交织、自然灾害的频繁和范围广泛等特点，使得其风险损失率较高，加之农业的分散、展业不便、成本很高，使得农业保险比起其他财产保险（例如家庭财产保险、企业财产保险）价格高得多。各国的经验表明，一切险农作物保险的费率为2%～15%，比之家庭财产、企业财产的损失率（1‰左右）高出十几倍到几十倍，而农业保险面对的是收入较低的投保人。特别是河南省主要是从事小规模种植业的农户，一般来讲大多缺乏为其农牧业生产项目投保的支付能力，要让他们自愿购买农业保险这种特殊产品几乎是不可能的。当然，收入较低并不是农业保险参与率不高的唯一原因。研究表明，即使农民收入较高的国家，如果按照农作物的损失率厘定保险费率，农民对农业保险的自愿投保积极性也都不高，所以美国、加拿大、日本等农业保险比较发达的国家，政府都给予较多的保费补贴。墨西哥的有关实证研究表明，政府的保险费补贴低于 2/3，大多数农民不会自愿投保。

第四，农业和农业保险的较低预期收入与发展农业保险的政策目标的矛盾。在河南省农村经济相对较好的城市郊区，农户的收入相对较高，但这些地区在自愿投保的条件下，农户也很少有投保的意愿。据资料调查，广东某地区的保险公司出于支持农业和农村发展的目的，积极开展农业保险工作，地方政府为了振兴当地农业，非常支持农业保险，有的还补贴部分保费。但是对从事农田作物的农民来说，农业的预期收益相对于其从事乡镇企业或外出打工的收入实在是微不足道。一亩水稻就是产 500 ~ 700 公斤，毛收入也不过几百元，部分农民甚至将农田无偿转让给他人种植。而农业保险的补偿水平一般不会超过当地前几年平均产量的 70%，农民对农作物收成本身都没有兴趣，更不可能有投保农业保险的热情了。

第五，农业保险利益的外在性与保险双方长远利益的矛盾。理论分析表明，农业保险的利益从长远来讲是外在的。因为农业保险能为农业提供风险保障，使其解除后顾之忧，即使在风险较高的地区，农民也会因保险而不回避农业风险，从而增加农业产量。日本在战后通过立法（《农业灾害保障法》）强制土地面积超过一定面积的农户参加农业保险，使自然条件较差、农业风险较大的北海道等地区的农民，也种植当时国内极缺的水稻等农作物，加上其他条件，用了不到 10 年时间，就解决了粮食问题，稳定了国内粮食价格。如果用福利经济学进行分析，农产品供给的增加，在其他条件不变的条件下，必然引起价格下跌，使农产品消费者的福利增加，而生产者剩余在一定时期内虽然会因产量的增长而增加，但从长期来看会减少。因此，农民购买保险，保险双方当事人从根本上来说，并不得益。换言之，农业保险的最终受益者是农产品消费者。这实际上是在商业性农业经营的制度下，农业保险不能成立的经济学原因。[①]

第六，实际操作层面的困难。从河南省农业保险发展的历程来看，除了上述几个问题，在实际操作运行中还有操作条件和操作规则方面的困难和问题。

一是政策性农业保险的政策目标和导向不明确。办农业保险的政策目标和导向是什么，这是试验政策性农业保险的各地政府至今还不统一或存在诸多疑

---

① 庹国柱、王国军：《中国农业保险与农村社会保障制度研究》，97 ~ 98 页，北京，首都经济贸易大学出版社，2002。

惑的问题。这个问题不尽快明确导致地方政府在开展农业保险时积极性会打折扣。二是基层政府工作人员组织和推动农业保险的费用分担无章可循。实践证明，农业保险的发展不可能只是由商业保险公司运作。河南省以住农业保险基本上都是以行政组织和推动为主，而地方政府、农业行政主管部门、乡镇政府在参与农业保险发展工作中都要承担很大一部分宣传、展业、收费、查勘、定损、理赔等工作。且鉴于河南省农业经营的分散性和小规模经营，发展农业保险用于这些工作方面的费用成本相当高，只靠保险业务一点的手续费是远远不够支撑这些费用成本的，而没有这部分费用的支持是很难让基层工作人员产生积极性的。三是地方政府对政策性农业保险的财政补贴缺乏长效机制。政府部门对因大范围发展农业保险而引起的财政的压力以及发生大灾时的巨额赔付无法兜底的顾虑使他们不愿做长期性的预算安排，而农业保险的发展实践证明，只有做好长期性的统筹计划才是发展农业保险的基本保证。四是中央的财政扶持手段和力度是一个未知数。政策性农业保险离不开财政支持特别是中央财政的支持。财政支持一般包括保险费的补贴和经营管理费用补贴以及在发生巨灾损失条件下的财政支持。在我国目前条件下，绝大部分省市地区离开了中央财政的适当支持，政策性农业保险就很难取得显著发展。而目前还没有任何有关中央财政政策的期许和支持承诺，这也使得河南省对长期开展农业保险试验缺乏信心。五是缺乏巨灾补偿准备和分散直接保险经营风险的再保险机制。单靠农业保险的保费收入以及艰难的积累，是很难对较大灾害进行赔付的，建立"巨灾补偿准备金"制和农业保险再保险机构变得尤为重要，而目前国内尚没有这样有效的安排和准备，这使得河南省农业保险试验经营将无法分散风险。六是某些筹资渠道的随意性对正规制度建设效力有限。某些地区发展农业保险时依赖产业化组织和龙头企业等渠道进行筹资，这种不具有约束性的非正规手段因其自愿性带有很大的随意性，因此只可提倡而很难推广。七是缺乏支持政策性农业保险试验的其他配套政策。迄今为止，各地对农业保险的经营尚无任何税收政策的支持，农业保险的高风险、高费率和高赔付，已使其试验经营举步维艰，即使有经营结余也只能当做非常年份的赔偿准备金，如再加收33%的所得税会令其雪上加霜。八是农业风险区域规划，费率厘定和调整没有依据。国内外的经验和河南省的教训表明，农业保险成功经营的基础之一就是做好农业风险区域规划，因为这是正确厘定和合理调整农业保险费率的最重要的依据。而河南省至今没有启动农业风险区划工作，这对试验发展是非常不利的。农业风险区划不是商业性保险公司或某一政府部门能够完成的，它需要政府立项并由各部门协调配合才能实施完成。九是专业技术和人才缺乏。农业保险的专业性很强，要求从事试验经营的机构和人员既要掌握娴熟的保险经营技术又要掌握广泛的农业技术知识，目前无论是商业保险公司还是政府都非常需要这方面人才，但由于我国保险业起步较晚，农业保险发展更是基础薄弱，此方面人才目前在省内外都非常紧缺，成为发展农业保险工作的又一隐患。

8.4　传统农区的政策性保险问题探讨

8.4.1　政策性保险与农业发展的关系

农业在国民经济中的地位，是不能仅仅从农业产值占 GDP 比例关系来直接作出判断的。随着市场经济的不断深化，农业产值占国民经济总量的份额是在下降的，世界各国的经济发展过程都呈现这样一种趋势，但这种下降只是一种价格比例关系的变化，而不能说明整个国民经济对农业的依赖程度下降了。因为伴随着经济的发展与社会进步，传统农业当中的"下游"部分不断向工业递推延伸，特别是伴随着农业产业化的步伐加快，这一现象更加明显，这自然会导致农业所占据社会价值链条的环节缩短，但无论如何，不可能改变农业作为第一产业的事实，倘若没有了第一产业，那么第二产业与第三产业立刻就会成为无本之木与无源之水。所以，无论市场经济发展到何种地步，农业在国民经济当中的基础性地位都是不容抹杀的，如果考虑到我国工农产品交换的剪刀差以及农村资金向城市的逆向流动，农业对整个国民经济的贡献远比 GDP 体现出来的数大得多。然而与此同时，农业又是一个天然的"弱质产业"，农业的弱质性不仅在于它是"靠天吃饭"行业，承担的自然风险巨大，还在于它承受着比其他产业、行业更大的经济风险与市场风险。为此，为了使整个国民经济协调发展，世界各国都要对农业实行必要的支持与保护。

政府对农业进行保护与支持有很多途径，从资金投入的角度看，主要有财政与金融两种渠道。财政支持的方式就是将财政预算中的一部分专项资金无偿地投向农业的有关环节；金融支持的方式则是采取形式上的商品交易方式将具有公共物品属性的资金提供给农业、农村、农民，但交易价格要比市场价格优惠得多。由于金融支持的覆盖面要大于财政支持，而且金融支持的效率一般要高于财政支持，因而世界各国在发展市场经济的过程当中，都建立了比较健全的农业政策性金融体系。农业政策性保险起源于农业保险从而成为农业保险的一个分支。所谓农业政策性保险，是指在国家政策的直接扶持下，对种植业、养殖业在生产过程中遭受自然灾害或意外事故所造成的经济损失提供经济补偿的一种制度安排。人们在经济活动当中遇到自然灾害或意外事故，必须得到经济上的补偿，否则，不仅扩大再生产无法实现，就连简单再生产都无法维持，农业自然也不例外。这就是农业保险产生的必要条件。在我国，农业生产整体上依然处于超小规模经营形态，这种生产组织形式不仅抵御自然风险的能力十分薄弱，而且抗击市场风险的能力也十分脆弱。在现实生活当中我们可以观察到大量此类的例子：一旦市场状况对农业生产或销售不利，农民几乎没有资格与其他市场主体谈判，而其他市场主体反而很容易将风险转嫁给农民，农民成了许多市场风险的最后承担者。由于农业面临以上双重风险，所以商业性保险业务在我国农村的推广与普及遇到重重困难，据有关资料显示，自 1996 年我国保险业实行商业化经营后，农业保险因利润微薄而逐年萎缩，基本发挥不了作用。另外，近年来自然灾害频繁大范围发生，农业受灾之后，得不到足额的经济补偿。① 这种状况，严重制约了农业可持续发展。正是因为如此，农业政策性保险不仅成为农业保险当中重要组成部分，也成为整个国家政策性金融体系当中的一个重要组成部分。就我国目前的情况看，农村政策性保险具有向农业提供政策性经济补偿与帮助农民迅速融入市场经济的两重职能。为了稳固农业的基础地位与促进农业的可持续发展，建立健全农业政策性保险制度应当是重要的农业保护措施之一。世界上大部分国家，无论是发达的市场经济国家例如美国、日本、加拿大、德国，还是经济欠发达国家例如菲律宾、智利、毛里求斯等，都建立了比较完善的农业政策性保险制度。各国在发展农业政策性保险的过程当中，甚至将农业保险直接视为农业政策性保险，并认为农业保险是现代农业可持续发展的关键要素。

8.4.2　农业政策性保险发展滞后带来的问题

如前所述，我国农业政策性保险发展严重滞后，给我国农业经济同时也是整个国民经济的健康发展带来了不良的影响。

首先，保险密度与保险深度与整个国民经济的发展速度不相适应。目前，我国农业保险发展严重滞后，不适应农业战略性结构调整的需要。我国农业每年约有 5 亿亩农作物受灾，占全国农作物播种面积的 1/4，成灾面积占受灾面积的比重在 40% 以上。近年来由于频繁的自然灾害，河南省作为一个粮食主产区，农业生产的安全与稳定受到严重的影响。目前农业仍然主要依靠传统的

---

① 目前我国对农业的自然灾害补偿责任主要由各级财政承担，通常以"救灾款"的方式发放到农民手中。这种方式尽管也是经济补偿的重要途径，但是补偿的额度与范围受到国家财力的制约。

农业风险保障途径——民政主管的灾害救济。这种补偿性质的灾害救济，一是受到国家财力限制，二是不适应农村经济市场化程度日益深化的要求，此时，政策性保险在农村市场的发展就日显其重要性。

虽然中国人民保险公司于 1982 年就开始承办农业保险业务，但全国农业保险费收入占财产险保费收入总额的比重由 1992 年的 3.6% 下降到近年来的1% 左右。因农业保险的高赔付率（1982—2000 年，中国人民保险公司的综合赔付率为 108%），商业保险机构的农业保险业务极度萎缩，农业保险的承保率不足 5%。中国人民保险公司 2008 年的统计资料显示，农业保险收入仅占该公司保费总收入的 0.6%，远远不能满足农村经济发展和农业产业化发展的需要。

以河南省的情况为例。截至 2009 年末，河南保险市场上共有保险品种730 个，其中财产类保险品种 360 个，寿险类品种 370 个。但是，在这些产品当中，专门对于农村的品种非常少，例如财产险类只有 10 余个，寿险类几乎还没有专门针对农民开发的品种。目前，河南省农民参加商业保险的比例不足0.5%，农村保险业务总量占全部保险业务总量的比例不足 10%。虽然河南省保险市场上的商业性保险机构已经有 10 余家，如果加上各类代理与中介机构，数量更多，保险业充分竞争的格局基本形成，但是，河南的保险深度（保费收入占国内生产总值比重）与保险密度（人均保险消费额）与全国平均水平相比还有较大差距（见图 8 - 1、图 8 - 2）。2008 年，全国的保险深度为3.4%，河南的保险深度为 1.9%；全国的保险密度为 38 美元/人，河南的保险密度为 20.1 美元/人。如果以前面农民参加保险的人数比例和农村保险业务占全部保险业务的比重推算，目前河南农村的保险深度和保险密度几乎接近于零。保险深度和保险密度是衡量一个国家经济发展水平的重要指标，同时也是衡量一个国家经济保障与经济补偿体系是否健全的一个重要指标。前述两项指标说明，我国农村保险业务的发展是严重滞后的，这种滞后会导致农村金融发展、经济发展、风险积累三者之间的关系陷入恶性循环当中。

其次，难以有效启动农村市场的需求。众所周知，中国的农村市场是世界上最大的潜在市场，只有农村市场真正启动了，中国经济增长才能获得长久的动力。启动农村市场需求的关键是要提高农民的收入水平，这样才能使农村市场的潜在巨大需求转化为有效需求。近年来，我国出台的许多有关增加农民收入的措施，从整体上都可以归结为"多予、少取"，例如减免农业税、种粮直补等。这些政策措施要真正地转化成为农民的可支配收入，必须有一个前提条件，那就是已经增加或即将增加的收入部分不能够因为农业的"弱质性"受

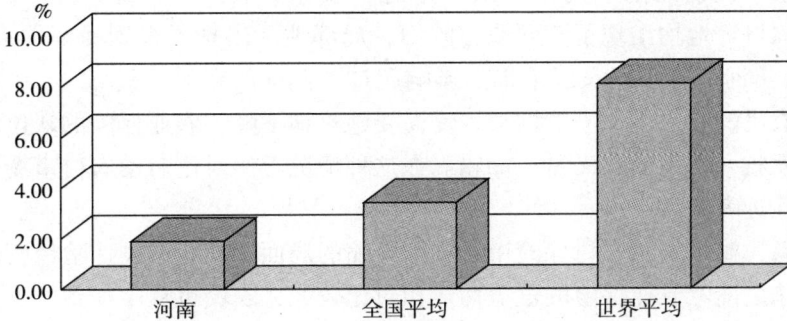

资料来源：根据《中国金融年鉴》、《中国统计年鉴》有关数字计算绘制。

图 8 - 1　2009 年河南保险深度与全国及世界平均水平比较

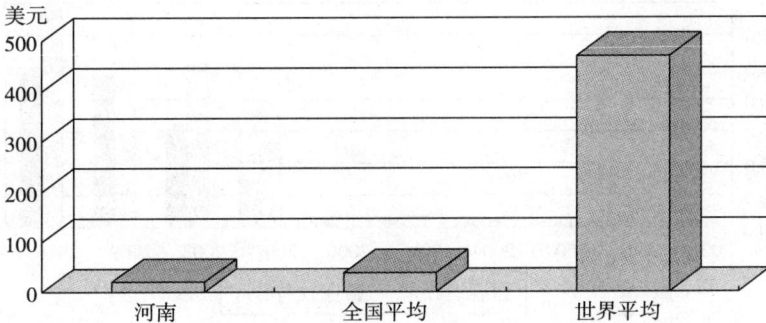

资料来源：根据《中国金融年鉴》、《中国统计年鉴》有关数字计算绘制。

图 8 - 2　2009 年河南保险密度与全国及世界平均水平比较

到侵蚀，不能够因为农业所遭受风险而变成"风险铺底资金"。这里，就体现出农业保险在保障农民收入与增加农民收入过程当中的重要性了。这些年，在中央接连不断地出台新措施的情况下，农民增收的幅度之所以依然不是很快、农村市场有效需求的规模依然比较小，其中一个重要原因就是为农民增加收入的保驾护航机制——农业保险不健全。

在 2005 年，接连登陆的台风灾害给我国不少地区的农业经济带来严重损失。在灾后重建中，本应发挥"遮风挡雨"作用的农业保险却难觅踪迹。台风"海棠"袭来时，河南 9 市受灾，仅罗山县受灾的行政村就有 51 个，冲毁塘堰 650 口，冲毁公路 325 公里，损坏电力通信线路 36 公里；4.58 万亩水稻被淹没，108 头（只）家畜（禽）被冲走，2 700 亩养鱼水面被冲毁，265 间民房倒塌。其中，农民受到的经济损失波及面最广，最为严重。而台风"麦莎"肆虐，则使河南境内京广线以东地区安阳、濮阳、开封、许昌、商丘、漯河、周口等地均出现了阵雨或雷阵雨，局部地区出现了大到暴雨的强降水。"麦莎"给河南省东部农区带来的影响超过了此前的台风"海棠"。在这种情况下，农民的收入不但不能增加，反而要绝对地下降。农业保险的缺位，则使得本来就收入不高的农民雪上加霜。在这种情况下，讨论启动农村市场来拉动内需，几近奢谈。

最后，难以遏制农村保险市场不断萎缩的局面。在我国的保险经营尚未完全市场化之前，农业保险的覆盖面还相对比较大，农民也从中得到了不少的实惠；当我国保险业走上商业化发展道路之后，保险就开始淡出农村市场。

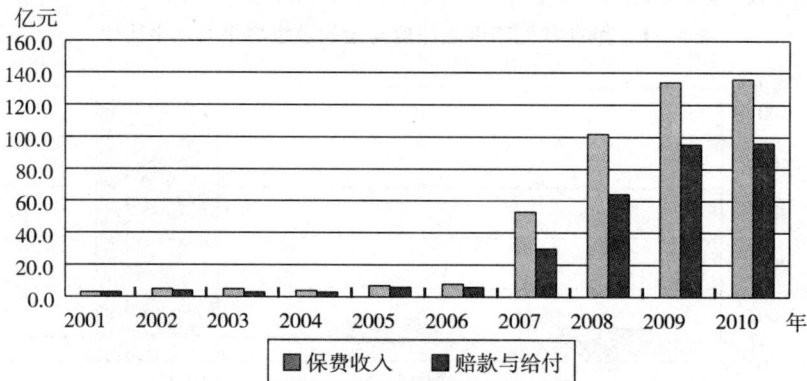

资料来源：根据《中国金融年鉴》、《中国统计年鉴》有关数字计算绘制。

图 8 - 3　2001—2010 年中国农业保险费收入与赔付

从图 8 - 3 可以看出，从 2001 年到 2010 年，农业保险迅速发展，到 2010 年，保险费收入达到顶点，而自从 90 年代末期人保的体制向商业化转轨以来，农业保费收入开始走下坡路，这意味着农村保险业务与农村保险市场走向萎缩。2001—2010 年，我国农业保险之所以发展较快，除了那一个阶段我国保险业处于恢复期之外，还有一个十分重要的原因，就是当时的保险业没有完全实行商业化经营，农业保险基本上是以一种公共产品的方式提供的。此后一段时间，农业保险下滑，这是保险企业商业化经营的必然结果，因为农业险种出险率高、赔付率高。从经济学原理分析，这种选择，对于商业性保险企业的眼前利益来讲是理性的，但对保险企业的长远发展，则是非理性的，因为承保的农业险数量越少，就越不符合保险经营当中"大数法则"的原理，结果必然导致商业保险全面退出中国最大的农村市场，最终是投保与承保双方"双输"的结局。要避免这种结局的出现，国家政策性保险就必须在其间发挥作用，以遏制"市场失灵"局面的出现。只有政策性保险承担一部分风险相对较高而收益相对较低的保险业务，商业性保险企业才会有积极性开拓农村市场。

8.4.3 健全农业政策性保险制度的基本思路与设想

由于农业保险具有高经营成本、高理赔率、高风险率的特征，因此农业保险要作为一种产品与服务在市场销售，让广大农民通过"购买保险"的方式来分散转移风险，结果必然是这种保险的费率比较昂贵，而农民作为低收入群体，就会失去购买农业保险的意愿。因此，在纯商业模式之下，农业保险的供给与需求只能在很低的水平上达到均衡，亦即农业保险的覆盖率很低、保险深度与保险密度长期在低水平徘徊。要改变这种低水平的均衡格局，从供给一方分析，只有降低保险产品的价格，才能提高农业保险均衡点的位置，才能将农民对保险的潜在需求激发为现实需求。既然如此，农业保险就只能作为一种公共物品或准公共物品向农民提供。在此需要进一步分析的两个问题是：

第一，农业保险应该是完全公共物品还是准公共物品？笔者的基本思路是，农业保险作为一种准公共物品向农民提供更加符合市场经济的内在要求。如果将农业保险界定为完全公共产品，则意味着农业保险将免费向农民提供，这样，农业保险又会陷入一个新的悖论：免费提供要求国家强大财力支持，财力不足又将制约保险的供给，结果是依然无法解决农业保险发展低水平循环的问题。事实上，在过去"大一统"计划经济的条件下，虽然没有提农业保险这个概念，实际上推行的就是公共保险制度。因此，在市场经济条件下，除了极少数保险品种可以作为完全公共物品之外，大部分保险险种是不适合成为完全公共物品的。而将农业保险界定为准公共物品，可以较好地解决有效供给与有效需求双重不足的情况。首先，准公共物品满足市场经济等价交换要求，因而有限的财力可以提供更多的保险产品与保险服务。其次，通过国家政策的扶持与补贴，可以将保险产品的价格设定在较低的水平，从而使广大农民都能够买得起保险；另外，由于有国家政策的支持，承保一方才能够将开设的保险业务持续经营下去，于是就可以打破农业保险供求低水平的均衡，向高水平的均衡状态发展。最后，准公共物品符合农村经济多层次、多元化的发展格局。在条件成熟之后，准公共物品也更加容易转化为完全竞争物品。关于农业保险的准公共物品的性质，一些学者从另外一个角度即农业保险的外部性作了分析，也论证了这一思路的合理性。

第二，准公共产品是覆盖农业保险的全部还是农业保险的一部分？其实，这个问题在前面已经涉及了。农业保险有狭义与广义之分，狭义指紧密围绕农业作为第一产业所形成的保险业务，广义则是指与农业、农村、农民有关的一切保险业务。显然，后者的范围要比前者宽泛得多。笔者认为，只应当将狭义的农业保险界定为准公共产品，因为狭义农业保险所涉及的正好是农业当中最基础、最核心的部分，同时也是"弱质性"最突出的部分。这一部分业务，一般也是商业性保险不愿涉足的，因而必须采取准公共产品的方式才能为农业提供有效的保险供给。而广义农业保险所涉及的范围随着农业经济结构的调整会有很大的变化，特别是随着农业产业化链条不断向工业递推之后，这部分保险业与城市中同类保险已没有太大区别，例如面对乡村企业的保险、一般的财产保险等，此类保险是商业性保险愿意涉足也可以办好的。

以上两个问题明确了，农业政策性保险的定位就有了比较明确的思路，农村政策性保险体系的构建也就有了比较明确的方向：农业政策性保险就是在国家有关政策的扶持之下，向"三农"提供准公共保险产品的一种保险制度，这种保险制度所覆盖的范围是狭义的农业保险，因为这部分保险业务属于市场机制无法调节的"死角"，属于市场办不到的事情，只有通过政府干预的方式来解决问题。

以上的基本思路确立之后，构建农业政策性保险体系的大致框架也就明确了：这个体系的核心就是通过政府干预的形式在特定的领域内（狭义农业）以准公共产品的方式提供保险服务，这种保险服务虽要讲究自身的盈亏平衡，但更侧重保险服务的社会效益。通过政策性保险的内部性与外部性使"三农"受益。

政策性保险体系的组织机构可以采取多种模式：一是政府出资兴办一家或若干家政策性保险机构，采取类似于我国目前3家政策性银行的经营管理方式。这种模式的优点是政策性保险业务的政策意向传递比较顺利，保险机构实行专业化经营，有助于提高政策性业务的技术水平，缺点是要建立比较庞大的政策性保险的机构体系，需要投入巨额资金维持政策性保险机构的运转，从而给政府财政造成的压力较大。二是委托商业性保险公司经办政策性保险业务，政府为政策性保险业务承担再保险责任。这种模式的优点是不必建立庞大的专业政策性保险组织机构体系，而是利用商业性保险机构的组织体系来传递政策性保险服务的支农意图。但这种模式对保险市场的成熟程度要求较高，对于保险监管者、提供再保险的政府机构的素质要求也较高。三是政府鼓励行业协会、农民合作经济组织自办互助性质的保险，政府给予补贴与扶持。这种模式又可称为民办公助的方式。

由于我国农村经济发展水平参差不齐，各地情况差异较大，因此构建农业政策性保险体系不可能是一家机构或一种模式包打天下，可取的思路应当是因地制宜、因时制宜，允许多种形式、不同模式、不同层次的政策性保险机构与保险业务在相应的领域范围内发挥作用，与相关的商业性保险业务相互支撑，从而使保险覆盖整个农业经济、惠及所有的农民。

8.5 构建传统农区保险体系的若干思考

8.5.1 传统农区发展农业保险的基本思路

8.5.1.1 统一发展农业保险的指导思想

发展农业保险，首先要确定其发展的指导思想，即统一农业保险各主体对发展该事物的认识。对于政府来说，发展农业保险是为了维护农村社会稳定和保障农民收入，进而促进农村现代化建设，达到国富民强的目的。对于农民来说，购买农业保险是为了保护其个体利益不受损失或发生损失后能获得经济补偿，以将其个体利益损失风险降到最低。对于商业保险公司来说，发展农业保险是为了增加其经营领域和范围，用保险的大数法则收集经营风险，以赢取经营利益。因此，把各个主体的利益取向联系起来，统一其对农业保险的认识，使其形成有机统一体，是发展农业保险的基础。

8.5.1.2 确定发展农业保险的经营模式

农业保险的经营模式要根据自身发展实际确定。任何经济活动都是在一定体制或制度下运行，同样，农业保险的发展也必须在其特定体制或制度下运行。只有确立了发展模式，农业保险才能得以实施并正常运作，且发展模式不同会从根本上对农业保险的发展产生不同影响。因此从这个角度讲，确定何种经营模式，是农业保险能否顺利实施的关键所在。

8.5.1.3 搭建发展农业保险的组织架构

保险组织制度水平过高，对低水平的经济来讲是一种奢侈品，难以继续下去。保险组织制度水平过低，或者无组织，则难以满足保险需求，对经济发展本身来说是一种损失。农业保险因其范围较广、涉及面宽且专业性强，需要强有力的组织来推动实施。因此，其组织架构需要实现联系、调度、指挥、协调多层次、多方面、多领域的职能，从而实现对社会资源的有效调配。

8.5.1.4 通过实践，探索推广

通过国内外农业保险的发展历程不难看出，农业保险的发展道路充满坎坷。以往的经验教训表明，今后其发展道路也不会一帆风顺。因此，在实践农

业保险的工作中，必须要有坚定的思想和必胜的信心，要对可能的困难做充分认识，不要因为局部失误或暂时困难而信心动摇，而是要大胆地创新和实践，不断丰富理论基础和发展经验，为日后的长久发展奠定坚实基础。

8.5.2　部分地区发展农业保险的经验借鉴

随着近两年国家对"三农"问题的关注和社会主义新农村建设的需要，大力发展农业保险，充分发挥其支持农业现代化建设的作用已成为共识。我国部分经济发展较好的省市地区在党中央的号召下，于近两年积极开展了对当地农业保险的试验和探索，认真观察和学习兄弟省市的探索经验，对于指导河南省农业保险工作有着积极意义。

我国部分省市地区发展农业虽然形式各有不同，但从性质上看基本上属于政府支持的政策性农业保险经营模式。

8.5.2.1　设立由地方财政兜底的政策性农业保险公司

这种模式的实质是成立隶属于政府的专业保险公司，在相关农业保险法律法规的支持下，从事类似于社会保险的专业化经营。这种模式的优势在于运用政府权威和国家管理职能进行强制性的制度变迁，以社会效益为主要经营目标可以较好地解决"市场失灵"现象，比较迅速地形成规模，有利于保险基金的积累和风险的空间分散。专门组建政策性农业保险公司，还具有制度建设成本高、运行机制易僵化、效率低、监督成本高等不利因素，政府将承担较大的风险和财政压力。

商业保险公司代办农业保险可以看做是这种模式的一种变形，但纯粹的代办使得商业保险公司缺乏利益约束机制，无法根本解决体制弊端。为了克服这种模式的不利因素，加拿大、美国等采取了国家政策性农业保险公司制定如保费、费用补贴、再保险支持等支持政策，授权商业保险公司具体运作的方式，有效地将政策支持和商业化运作相结合，取得了较成功的经验。2006 年，我国山东省政府已确定在中国人保财险山东省分公司进行农业保险试点，探索实现农业产业化经营中的风险保障问题，以期通过试点取得经验，逐步建立山东省现代农业保险制度。

8.5.2.2　设立农业保险互助合作社

这种模式在欧洲和日本取得了成功，它是依托各类专业合作社或农业龙头企业等农业产业化组织，在政府组织和财政补贴支持下，由参保农户按自愿互利、自负盈亏、风险共担、利益共享为原则成立的农业保险组织。这种模式的主要优点是集保险人和被保险人于一身，利益的一致性可以有效地防止道德风险和逆向选择的发生，不以营利为目的可以降低费率和费用成本。但是，我国目前大多数地区农业专业合作化组织规模小而分散，缺乏组建基础，而且农业产业多样化、地域风险多样化使得在更大范围组建高级合作组织变得非常困难，因而这种模式承担风险的能力有限，不适合作为主要的开办模式。例如目前浙江省政府确定的政策性农业保险试点方案中只将其作为一种补充，在有一定合作基础的衢州生猪、金华奶牛养殖等方面开展合作保险试点。

8.5.2.3　设立农业相互保险公司

中国保监会批准的阳光农业相互保险公司在黑龙江省成立，这是我国第一家相互制农业保险公司，标志着我国农业保险发展模式的重大突破。相互制保险公司其实质是合作制的高级形式，或称公司化形式，兼有农业保险合作社和法人治理结构的双重优势。但是，该模式和合作社形式一样需要有一定的产业规模化和组织健全为基础，如阳光农业相互保险公司就是在黑龙江农垦集团10余年开展互助保险的基础上成立起来的，我国大多数省市地区并不具备这样的条件。另外，相互制保险公司在我国仍属新生事物，在法律定位和操作上存在很多模糊之处，但该模式可以成为今后组建区域专业化经营的一种架构选择。

8.5.2.4　引进外资或合资保险公司

引进的外资或合资保险公司，一般拥有国外经营农业保险的先进经验和技术，同时有较雄厚的资金实力，但是其缺乏本土化作业经验和销售网络。如在四川成立的法国安盟保险公司成都分公司，目前通过农业银行的网络渠道开展包括中小企业和工商业者保险、城市和农村家庭财产保险、养殖业保险在内的城乡业务，其保险产品也有费率低、责任广、综合度高等特点。但是到目前为止，其业务形势并不乐观，主要原因除"水土不服"、缺乏网络渠道、缺乏政策支持外，和开办农业保险往往只作为外资公司进入中国市场的敲门砖这样一种指导思想也不无关系。因此，这种模式只能是在有条件的情况下进行的一种有益尝试。

8.5.2.5　设立专业性的农业保险股份有限公司

这种模式的代表是上海的安信农业保险股份有限公司，其优点是股份制公司具有现代企业制度产权明晰、责权分明、风险控制和监督严格等特点，但同样具有商业保险公司以营利为目的、注重短期经营结果等不利因素。因此，这种模式可以在自然风险小、财政支持力度大、开办时间较长的上海取得成功，而我国大多数地区在当前条件下显得时机尚未成熟。

从上述我国部分省市开办农业保险的实际情况来看，以上几种发展形势各有利弊。在这些地区中，浙江省开办农业保险的形式较为灵活，发展模式也因因地制宜而取得了一定成效。我们可以通过重点观察和分析浙江模式来研究地区性农业保险的发展模式。

近年来，浙江省政府结合当地实际发展，率先以"政府推动＋共保经营"为主、"政府推动＋农户互保"为辅的模式开始政策性农业保险试点探索，其主要做法是：

依托现有保险资源，节省制度建立及转换成本，迅速开展业务。由政府建立政策性农业保险公司、设立农业相互保险公司、筹建专业农险公司，在当前农业保险开展基础薄弱、人才匮乏的情况下，都有前期投入成本高、建设周期长、缺乏操作经验等缺点。而以人保财险公司为代表的商业保险公司有较长时间较大范围经营农险业务的实践，积累了比较丰富的经营和管理农业保险经验，机构渠道遍及城乡，具有人力资源和渠道的先天优势。在政策支持下，保险公司本身也有开展农业保险的积极性，利用商业保险公司的机构和队伍，可以迅速将业务开展起来。

充分发挥市场调节机制作用，有助于体制的自我完善和发展。浙江省是市场经济发达省份，市场对经济的调节作用表现得比较充分。农业保险的商业化运营，保险供需双方通过合同明确权利义务，某种程度上更容易获得农户的认可，商业保险公司建立的信誉和形象也有助于业务的开展。从保险公司角度，可以利用开展农业保险的契机大力拓展广阔的农村县域保险市场，增强自身的实力，树立自身的形象。而政府则可以充分利用商业保险公司本身所具有机制灵活、自我激励、自我创新等体制优势。将经营效益与经营者挂钩，有助于充分调动社会资源，通过不断开拓新的业务领域最终实现整体业务的自我平衡。

集政府与共保体的合力，有助于增强抗风险能力。当前在社会主义初级阶段的大前提下，政府尚无足够财力来为农业保险的开展提供全面支持，将各家商业保险公司组成共保体联合经营，可以减轻政府弥补巨灾亏损的负担。

合作模式是必要和有益的补充。政策支持下的合作模式在国外有相当成功的开办先例。在浙江省某些农产品生产也已有一定规模，产业化具备一定的基础，而且各地依托当地的特色农产品协会，有较强烈的互助保险愿望，如金华的奶牛养殖业、衢州的生猪养殖等。以合作保险形式可以弥补试点初期农业保险共保体业务容量有限、风险控制手段缺乏等不利因素，与主体运行模式相对照，可以积累更多的经验。

目前浙江省的政策性农业保险在浙江省政府的强力推动下已经起航，其主要内容是：由在浙江各家财产保险公司组成共保体，按照"单独建账，封闭运行，逐年滚动，以丰补歉"的方式实施商业化运营。业务范围在试点阶段局限于 12 个试点县市和 9 个农产品品种，另外将县及县以下财政拨款机关事业单位的车辆险、综合财产险作为以险养险业务给予共保体承保，政府对农险业务提供 35% ~50% 的保费补贴。农业保险经营风险在全省范围内实现统筹，业务采用二次赔付的方法实现风险责任 5 倍封顶，政府和共保体分担农业经营风险：共保体承担农险保费 2 倍以内的全部赔偿责任；农险保费 2 倍以上至 3 倍的赔偿责任由政府与共保体按 1:1 比例分摊；农险保费 3 倍以上至 5 倍的赔偿责任由政府与共保体按 2:1 比例分摊。但是，农业保险作为一项制度建设工程，在理论、政策、体制、机制、实施办法上还没有形成一整套协调运作的系统，可谓先天不足。这主要体现在以下几个方面：

1. 缺乏足够的政策支持

保费和费用补贴以及再保险支持是农业保险政策性的重要体现，是国家实行转移支付手段、确保商业保险公司保本或微利运行的主要途径。但是，目前我国的农业立法尚处在理论探讨阶段，保费补贴只是吸引农户的一种手段，比例较低，没有经营费用补贴。为降低费率，保险定价并没有按照损失率来确定，在正常年景都有亏损之虞。虽然巨灾有政府财政兜底，但农业保险共保体仍要承担较大的亏损风险。相对应，按商业化运行确定的农业保险的条款费率仍显得和农民需求及支付能力有差距，在以自愿投保为前提的情况下，在实施时可能会出现供需两不旺的局面。政策力度尚不能真正使供需双方达成交易，仍需辅以行政手段来确保规模。

2. 缺乏农业保险经营经验和管理技术手段

目前对农业保险的研究，多集中在体制运作上，实际上农业保险先进管理技术手段的采用，很大程度上决定了农业保险运行的成败。如美国经过几十年的探索，通过建立农业生产成本数据库和风险监测技术研究，气象灾害指数的应用，大大减少理赔成本，控制逆向选择及道德风险的发生。而我国的农业保险实践，一直停留在粗放式的管理上，形成"一保就死、一死就放"的经营定律，造成止步不前甚至倒退。当然，农业保险是保险业的尖端课题，并非农业保险经营者单独所能研究和掌握的，需要农业、气象、科研部门的通力配合和协作，有一个较长的过程。通过数据的积累和分析，还可以避免农业保险产生的负面作用，即对市场信号的干扰，防止产生认为高风险地区不适合扩大农业生产的意识进行鼓励。

3. 共保体机制还不够完善，风险差异性没有得到有效体现

目前国际上和我国大多数地区开展的农业保险，大都实行了多级核算体

制，下级核算单位有盈余可以积累，上级核算单位则提供巨灾超赔责任，这种体制可以充分发挥各级经营单位自身控制风险的主观能动性，较好地反映各地的风险差异。而目前浙江省政策性农业保险运行框架实行全省统筹机制，期望以低风险区域的盈利来弥补高风险区域的亏损，另外，农险产品开发也缺乏区域针对性，没有完全体现风险差异。在浙江省高风险的客观情况下，这势必影响风险较小区域的参与积极性，不利于其自身基金积累和抗风险能力的提高，而对于高风险区域，则不利于其自身风险控制能力的提高，在业务开展过程中，极有可能产生逆向选择现象，使得业务结构恶化。

8.5.3 传统农区农业保险发展的模式

通过对我国部分省市地区农业保险的发展经验观察，结合传统农区实际情况，主要有两种发展模式可供选择。

8.5.3.1 政府主办，政府组织经营的模式

这种模式的基本格局就像社会保险，由政府主办，并由政府设立相关机构从事经营。其主要内容是：

第一，成立专业性的隶属于省政府的农业保险公司，以该公司为主经营全省农村保险业务，它既可以经营农业（种植和养殖业）保险，也可以经营农村的寿险和其他财产保险，其传统的种植业和养殖业保险的亏损可以通过农村寿险和其他财产保险得到弥补。各地、市、县相应建立分支机构，具体业务由县支公司及其代理人组织办理，并以县为单位，进行独立核算。农业保险公司经营的农作物保险主要是一切险保险和（或）多重风险保险。

除政府的农业保险公司外，也允许商业性保险机构、合作社和相互会社经营农业保险业务，各种经营农业保险业务的组织机构都必须由农业保险监管部门审核批准，各自业务范围应依法规范。成立专业的农业保险公司是一种政府、整个保险业、单个的保险公司和农民四方受益的举措，对政府来说，农业救灾的压力可以减轻，农业生产风险在全国的分散可以保持地方农业和整个经济的稳定；对于保险业来说，农村这块潜力巨大的市场尚未开发，由专业的农业保险公司在政策的扶持下着力开拓农村市场，对保险业的持续发展十分有利；其他的商业性保险公司可以选择进入农村市场，与农业保险公司合作或竞争，也可以选择暂时不进入农村市场，等农业保险公司在农村"垦荒"完毕的一个恰当时机，以较小的成本进入农村市场；对于农民来说，他们本身就是农业保险风险分散机制的最大受益者。

第二，由省政府统一组建政策性的农业再保险公司（也可以由目前的商

业再保险公司兼营这部分业务）。其职能主要有两个：一是通过再保险机制，使农业风险在全省范围内得以最大限度地分散，维持农业生产稳定；二是补贴各地、市、县农业保险的亏损。这种补贴不同于一般的民政救济，它是一种差额补贴，专业性的农业保险公司、一般的保险互助合作社或愿意经营农业保险的其他商业性保险机构，可以按低于农业风险的实际费率来承保，当赔付率超过一般赔付率时，由再保险公司来补足，所以这是一种差额杠杆撬动机制，既可以保证农民以可以接受的费率参加保险，又可以撬动一般的保险机构以不少于社会市场利润率的水平来承保农业风险。由于它发生作用的范围是参加了保险的人，因而也就调动了被保险人、保险人双方的积极性。在这里，国家是通过差额调节来保证农业保险发展。

第三，根据有关农业保险法律法规，建立农业保险专项基金。保险基金通过多种渠道（政府、消费者、销售者、加工者和生产者）和方式（除收缴保费外，还可征收专项税、费，如广东那样）筹集，由农业再保险公司统筹使用，由税务、财政部门征缴和管理，做到"征缴、管理和使用三权分离"，避免渗漏。

第四，实行法定保险和自愿保险相结合。根据政府对农业和农村发展的经济和社会目标，对有关国计民生和经济社会发展目标的实现有重要意义的少数几种农林牧渔产品的生产实行法定保险，其他产品的生产实行自愿保险。宜将农业保险和农业信贷结合起来，凡有农业生产借贷的农业保险标的，即使自愿保险项目也应依法强制投保，政府至少对法定保险险种提供保费补贴。此外，农产品加工部门和农产品消费者都应通过一定的渠道分担部分保险费。保费补贴和分担可因保险险别、险种、保障水平的不同和地区经济发展差异有所区别。

第五，农业保险的经营是政策性的，农业保险公司及其分支机构的全部或大部分经营管理费用由政府拨付。政府还应给予农业保险经营免征一切税负的优惠，以利于其总准备金的积累和长期稳定经营。

第六，除了经营农业保险外，农业保险公司经营的商业性保险如农村财产和人身保险的险种（如农房、人身意外伤害等）的税负可适当减免，使其可用这些险种的盈余补贴农业保险。

第七，为保证上述各项能够顺利贯彻实施，必须先制定和颁布有关法规。因此，出台地方性农业保险法规定是当务之急。

鉴于各地情况的较大差异，我国农业保险的决策和经营主体可以下放到省、市、自治区，类似加拿大那样。举办农业保险与否，成立农业保险公司的时间，由省、市、自治区依据本地情况自行决定。各省、市、自治区的农业保险公司可以作为独立法人，独立经营，自成体系，自求财务平衡。在统一的经营体制框架和总的原则下，各公司经营范围、强制和自愿保险的标的、保障水平、补贴水平等允许有差异。在各省、市、自治区自主决策、独立经营的体制下，中央农业保险公司不直接经营农业保险业务，而主要经营全国农业保险的再保险业务，或者就成立农业再保险公司，并通过全国再保险公司给予举办农业保险的省、市、自治区一定的资金扶持。从国外的实践来看，这种灵活的体制，适应各地经济发展的差距。上海市试验的政府推动、以险养险、保险公司具体经办的模式，就是我国地方政府办农业保险的一个比较成功的范例。但是这种发展模式的劣势在于需要花大把力气重新组织经营农业保险的公司和机构，花费时间较长，前期投入也较大，启动发展较慢等，对于迫切发展农业保险的省份来说有点远水不解近渴。

8.5.3.2 政府主导下的商业保险公司经营的模式

我国商业保险公司试验经营农业保险已有不短的历史，美国近 10 年农作物保险制度改革的成功经验也表明，由商业保险公司在政策性保险经营的框架下来经营农业保险并不是一条无效之途。政府主导下的商业保险公司经营的模式，就是在省级政府统一制定的政策性经营的总体框架下，由各商业性保险公司自愿申请经营农业保险和再保险。具体设想是：

第一，在相关省区设立"农业保险公司"或"农业保险管理公司"等机构，该公司是隶属于省政府有关部门（财政厅或农业厅等）的事业性机构，不直接经营（或少量经营）农业保险业务，其经费由财政拨款。该公司主要负责全省农业保险制度的设计和改进；对政策性农业保险业务进行统一规划，研究制定具体政策；设计种植业和养殖业的具体险种；接受和审查有意参与政策性农业保险业务经营的商业保险公司，并根据各商业公司每年经营农业保险的业务量向保险公司提供经营补贴；向各经营农业保险的商业性公司提供农业保险再保险，对经核准的商业保险公司依法开展的农业保险业务情况施行监督。

第二，允许商业性保险公司（主要是财产保险公司）自愿申请经营由政府提供补贴的政策性农业保险项目，政府的补贴可分为保险费补贴和经营管理费补贴，具体补贴比例和（或）数额因政府的财力状况和不同险种而有异。获准经营政策性农业保险业务的商业性保险公司自主经营，自负盈亏，中国农业保险公司（或中国农业保险管理公司）对商业保险公司经营规定的农业保险业务，除补贴外不承担其他责任。

第三，经营政策性农业保险的商业保险公司主要经营省政府农业保险公司设计的基本险种，采用规定的费率规章，也可以自行开发自愿投保的农业保险险种，但自行开发自愿投保的农业保险险种，需经省政府农业保险公司审查和批准后，才可以出售。保险展业、核保、理赔均由商业保险公司直接或通过其代理人进行。

第四，这种制度下的农业保险项目要实行法定保险与自愿保险相结合，对少数有关国计民生的重要作物和畜禽的一切现货多重风险保险项目，有必要实行法定保险，以避免逆向选择和道德风险、降低项目的经营管理费用和便于风险在尽可能大的空间上分散。其他作物和畜禽的多风险责任保险和单一风险责任的保险项目可以实行自愿保险。政府只对法定保险项目给予补贴。

第五，政府对商业保险公司所经营的政策性农业保险项目还应该给予财政和金融方面的支持和优惠政策。对法定保险项目应免除营业税和所得税，自愿保险项目也应该免除大部分税负，以利于其健康经营。

第六，农业保险公司要为经营农业保险的商业保险公司提供农业保险再保险，其他国内外商业性保险、再保险公司也可以向其提供再保险，再保险可以采取自愿方式，必要时也可以采取一定范围的法定分保方式。

第七，商业性保险公司经营政策性农业保险，同样离不开各级政府部门的支持与协助。例如在河南省如此分散和规模狭小的农户经营的农业制度下，其展业、承保、签单、防灾、查勘、定损和理赔，离开了各级特别是乡镇、村的支持与协助，不仅成本很高，还会因难以有效防范道德风险和逆向选择而归于失败。

8.5.4　河南传统农区发展农业保险的现实选择

河南省是农业大省，同时也是一个自然灾害频发的省份。从前述河南省农业保险现况可以看出，除了少数有政府具体政策扶持的农业保险险种，其他农业保险险种在河南可以说是销声匿迹。因此，河南省的社会和经济要实现跨越式发展，迅速开办农业保险，以实际行动支持社会主义新农村建设已迫在眉睫。

鉴于河南省农业和农村经济发展不平衡，省、市级政府也不可能在短时间内拿出巨额资金全面支持农业保险的现状。笔者认为，河南省可以采取政府主导下的商业保险经营模式，即由政府统一制定政策性农业保险的经营框架，对政策性农业保险产品给予相应的财政和其他政策支持，鼓励省内一至二家实力雄厚、经营规范、机构健全、农村服务网络成熟的商业保险公司开展政策性农业保险业务；必要时，可由省里成立政策性农业再保险公司，为商业保险公司从事政策性农业保险提供再保险服务。同时，为了维持政策性农业保险的日常运营和防范化解农业巨灾风险，建议省政府建立农业风险管理基金，以备政策性农业保险业务的保费和管理费补贴，以及再保险之用。

采取这种模式的好处是：政府部门可以在短时间内迅速搭建起河南省农业保险发展的经营和组织框架，政府只负责对发展全省农业保险政策的开发和推动实施工作，而不必参与具体的发展工作；可以有效利用商业保险公司现有的资源和开展农业保险工作的经验，有效调动商业保险公司参与新农村建设的积极性。在形式上以商业保险公司承担发展河南省农业保险的任务，在内容上则是在政府主导下全面推动农业保险在河南省的实施工作。

河南省农业保险发展的举措构想如下：

1. 积极创建河南省农业保险发展的外部环境

确定了发展模式后，为使农业保险工作得以在河南省全面贯彻实施，要首先解决好几个宏观方面的问题：

一是在国家没有正式出台有关农业保险法律之际，河南省政府应该及早出台有关农业保险的地方性法规条例，明确农业保险在维护农业发展、降低灾害损失、保障农民收入中的关键作用，为农业保险创造自身发展所需的法律环境，同时制定有关实施细则，以便使该法案具有可操作性。

二是遵循循序渐进的原则，制定河南省农业保险发展规划。建立和完善河南省农业保险体系是一个长期而复杂的系统工程，不可能一蹴而就。因此，既要立足当前，还要兼顾长远，总体上应遵循先行试点、循序渐进、分步实施、稳步推进的原则，制订全省发展的统一规划。对已确定的农业生产条件好、农畜产品商品率高的试点地区，加大扶持力度，认真总结经验，确认试点成功后再逐步推广，以防止一哄而起，盲目扩展。

三是协调组织相关部门做好河南省地域风险坐标划分工作。做好地域风险坐标划分工作是重点试验、全面实施河南省农业保险的重要基础工作。国内外的农业保险发展经验和教训表明，农业保险成功经营的基础之一就是要做好农业风险区域规划，因为这是正确厘定和合理调整农业保险费率的最重要的依据。我国虽然试验了几十年农业保险，但至今没有启动农业风险区划工作，这对试验和发展非常不利。据浙江省的某些地方反映，该省某些地区农业自然风险比另一些地区大数十倍，但省里定的农作物保险费率全省各地相差很小（风险系数最大相差是1:1.6），显然违反了保险经营的风险一致性原则，致使其经营公平性受到广泛质疑。同样付出一样多或略有差异的保险费而获得风险损失补偿的机会却大不相同，风险小的地区的农户只有向风险大的地区的农户作贡献的份儿，在很大程度上影响到这些低风险地区的积极性。但是如果没有风险区划作依据，同时又没有相关经营的长时间数据资料积累，其调整难度可想而知。

河南省在开展农业保险工作时，在理论技术准备工作中首先要解决好这个问题。做好风险区划工作不是商业保险公司或某一个政府职能部门能够完成的，因此需要政府立项并由各部门协调配合才能实施和完成。在实际区划工作中，不仅要对河南省地域范围农作物种类及其生长期、成熟期和产量等的历史资料进行积累和研究，更重要的是对该地区各种自然灾害的历史资料进行积累和研究。以雹灾为例，英国在开办雹灾保险的时候，就收集了 40 个郡从 1933 年至 1947 年总共 15 年中每年 4 月至 9 月间每一天发生雹灾的统计资料。而美国的堪萨斯州积累研究了 1902 年至 1952 年间 50 年中每年 4 月至 7 月的雹灾发生的情况，并得出雹灾发生的天数具有周期性的结论，即每隔 20 年雹灾就呈现一次高峰与低谷的循环。研究这些资料的目的是在掌握雹灾发生率和农作物损失率的基础上划分不同的费率区，制订不同的保险费率。

2. 有效解决河南省农业保险发展的实际困难

在河南省实施开展农业保险工作之前，还要注意处理好几个操作层面的问题，这是在开展农业保险实际工作中应规避或事先做好充分准备的。

一是规范好一线工作人员在展业、宣传、查勘、定损、理赔等工作中的费用问题。在实际工作中，这部分费用因为是必需而且是日常性的，因此将占到很大一部分成本比例。一线工作人员既包括商业保险公司人员，也包括基层政府实际推动人员，如何事先将这部分费用或成本界定好并合理规范使用将关系到农业保险在河南省的长期推进工作。

二是处理好巨灾补偿准备和再保险工作。由于自然灾害的不确定性和巨大破坏性，一旦出现范围较大的自然灾害，农业损失风险将几十倍、几百倍地大于所交纳的农业保险费收入，单纯靠商业保险公司是无法承担起赔偿全部损失这种责任的。因此，事先建立巨灾补偿准备金和再保险工作，合理分散农业保险的经营风险是必须要做的工作。

三是合理规定商业保险公司和政府在出现巨大损失时应承担赔偿责任的比例。农业保险发展道路和经验教训表明，在出现大的自然灾害而造成农业发生大规模损失时，任何商业保险公司不可能完全负担"兜底"赔偿责任，如果只由商业保险公司承担赔偿责任，将出现随着较大自然灾害的发生而保险公司破产的现象。显然这是与商业保险公司经营农业保险的初衷相违背的。比较可行的做法是由政府和商业保险公司在一定比例范围内分别承担一定封顶赔偿责任，如在发生较大自然灾害时，对承保的农业保险标的采用二次赔付的方法实现风险责任 5 倍封顶，政府和商业保险公司分担农业经营风险：商业保险公司承担农险保费 2 倍以内的全部赔偿责任；农险保费 2 倍以上至 3 倍的赔偿责任由政府与商业保险公司按 1:1 的比例分摊；农险保费 3 倍以上至 5 倍的赔偿责任由政府与商业保险公司按 2:1 的比例分摊。这样，加上已建立的巨灾准备金制度和再保险工作，可使政府和商业保险公司在遇到较大自然灾害时有能力承担赔偿责任，从而实现农业保险可持续发展的良性循环。

四是处理好财政补贴比例问题。对参加农业保险的农民实施一定程度的保险费财政补贴，是解决目前农民因收入低缴纳不起保险费而无法自愿参加农业保险问题的主要手段。但是财政补贴的比例如何制定是一个非常关键的问题，财政补贴比例过高，势必会增加政府部门的财政负担和工作难度；财政补贴比例过低，则会增加农民承担保险费的比例，一定程度上会增加农民负担，影响农民参加保险的积极性。另外，在财政补贴中如何合理划分各级政府应负担的比例也应根据各地区财政实际状况作出明确规定，真正做到因地制宜，切忌"一刀切"的现象。根据河南省 GDP 和财政收入状况以及农民收入实际，总的财政补贴比例应以 30% ~ 60% 为宜，对于风险较大的地区，给予较高比例的财政补贴；对于风险较小的地区则给予较低比例的财政补贴；对于财政状况较好且农民人均纯收入较高的地区给予较低比例的财政补贴，反之则给予较高比例的补贴；另外还可以对不同类型的农作物给予不同比例的财政补贴，以灵活有效地使用有限的财政资源和资金。

五是做好以险养险的配套扶持工作。由于自然灾害的不确定性和破坏性，商业保险公司很难从经营农业保险中获取利益，甚至会出现在风调雨顺的若干年中略有盈利，而一旦出现较大的自然灾害会连本带利地赔进去，导致商业保险公司经营农业保险"大干大赔、小干小赔、不干不赔"的局面。因此，长此以往会严重挫伤商业保险公司经营农业保险的积极性。为了弥补这个不足，同时增强商业保险公司的赔付能力，应该给予经营农业保险的商业保险公司某些盈利性较好的商业保险险种，使商业保险公司在经营农业保险的同时可以达到"以险养险"的目的，提高商业保险公司的积极性。

六是应尽可能给予经营农业保险的商业保险公司税收优惠政策。由于农业保险的高风险、高费率和高赔付，使农业保险的试验经营已很艰难，在灾情不大的年份里可能的经营结余并不能被当做利润，而应当作为非常年份的赔偿准备金，因此，给予经营农业保险的商业保险公司一定税收优惠政策，取消

33%所得税征收规定或将此税款以其他形式"反哺"给商业保险公司是非常有必要的。

　　七是解决好政府财政长期扶持问题。在政府主导下或政府财政扶持下的农业保险发展模式最核心的问题就是财政扶持补贴，这个问题的难点不在于为启动农业保险工作提供一定比例一定金额的财政补贴，而是在由于发展农业保险是一项长期而又复杂的系统工程。财政补贴制度因此要有长效机制和连续性，这就要求省政府相关部门要解决好这个资金的来源、管理和使用问题，也就是将农业保险财政补贴作为政府财政部门每一年度的预算支出安排，并建立相应的管理制度，各级政府都要按照制度要求做好预算安排，这样才能保证农业保险财政补贴款项的长期性、稳定性、长效性，才能够保证农业保险工作积极稳妥地启动发展。

　　3. 循序推进河南省农业保险的试点工作

　　农业保险的发展表明，启动一个地区的农业保险工作是一项长期而又复杂的系统工程。我国的农业保险发展历史也印证了开办农业保险，认真做好调查研究，做好前期的理论准备和外部环境的各项工作，循序渐进开展试点工作，并在积累了一定成功经验的基础上逐步在全省范围内推广应用，是做好农业保险发展工作的关键所在。

　　第一，确立发展农业保险的组织模式。在选定了河南省农业保险的经营模式后，确立相应的组织模式是农业保险实施启动和稳健发展的重要保证。因此建议成立省政府直接领导下的"农业保险实施推动领导小组"来推动全省农业保险的开展工作。该组织由相关部门任成员单位，共同实施对河南省农业保险的实施推动工作。领导小组的职责是，在省政府的领导下制定河南省农业保险发展管理条例，并制订河南省农业保险发展规划，财政补贴专款的使用和管理，负责对全省范围内农业保险工作的指挥和协调，收集数据划分风险区域，组织对受灾区域的赔付和善后，要求市、县成立相应组织，指导相应组织的日常工作等。河南省的实际情况表明，在开办农业保险的初期阶段，政府大力推动实施是农业保险启动的关键。

　　第二，选择商业保险企业。政府政策支持下的商业农业保险发展模式的另一个关键是选择好具体实施农业保险工作的商业保险公司。目前，在河南省经营的财产险公司有十几家之多，因此，选择一至二家实力雄厚、机构健全、具有开办农业保险经验和农村发展基础的商业保险公司承担主要发展任务，是有效发挥政府政策支持下的商业农业保险发展模式的优势所在。

　　在具体实施中，选择实力雄厚、机构健全、具有与政府部门匹配的分支机构及遍布全省的农村营销服务网络，且有开办农业保险经验和农村发展基础的商业保险公司。用已有商业保险公司在以上几方面的资源和经验，可以在很大程度上合理利用资源，避免资源闲置和浪费，且能够迅速组织力量，把河南省开办农业保险的各种政策以实际行动传递到各个角落。另外，这在一定程度上会鼓励商业保险公司开办农业保险的积极性，为民族保险业的发展奠定基础，使其日后能承担更为艰巨的任务和责任。

第三，试点地区的合理选择。河南省发展农业保险，合理选择试点地区开办不同险种的农业保险，可以在短时间内快速积累发展经验，为全省的实施推动夯实基础性工作。在具体选择上，笔者认为可选择经济发展相对较好的郑州市、气候变化较复杂的三门峡市、农业面积较大的信阳市作为试点地区，在实施试点工作时，选准有代表性的地区和农作物开展承保试验工作（小麦、棉花、畜牧、渔业等），并收集相关数据，在取得成功经验的基础上逐步在全省推广。

9 外国农村金融体系及其模式借鉴

从前面对传统农区金融结构及其供需的特征分析可以看出，现有的农村金融体系中，农户的信贷需求约束与信贷供给约束并存，结构性矛盾突出，不能适应传统农区农业和农村经济发展对金融服务的需求，新的农村金融体系的构建必须以满足农业和农村经济发展的需要为前提，构建以农村金融需求为导向的多元的、完善的农村金融体系。本章我们选择几个典型的发达国家和发展中国家，对它们的农村金融体系状况进行介绍分析，为我国传统农区的农村金融体系建设提供经验借鉴。

9.1 发达国家的农业金融体系

9.1.1 美国农业金融体系

美国农业金融机构在 20 世纪初才开始建立，经过十几年的发展，已形成了比较完备的农业金融体系，它主要由政府农业信贷机构、农场主合作金融的农业信贷系统、商业金融机构及私人信贷组成（见图 9 - 1）。这些金融机构分工协作，互相配合，共同为美国农业的发展提供资金支持及其他服务。

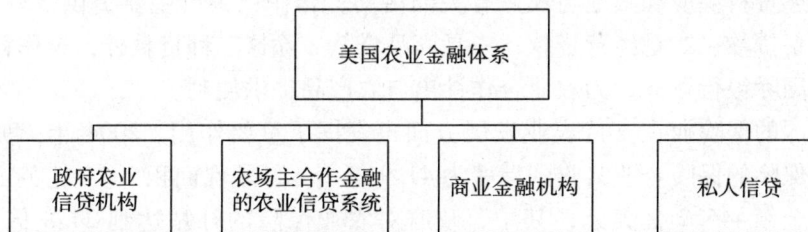

图 9 - 1　美国农业金融体系

政府农业信贷机构由政府所有，专门为农业发展服务，如农民家计局、商品信贷公司、小企业管理局、农村电气化管理局等。农民家计局的贷款对象主要是那些难以从其他金融机构获得资金的资力薄弱或新创业的农民，贷款以中长期为主，利率明显低于市场利率，因此，大部分贷款均有贴息。农民家计局的资金主要用于贷款、担保和向农村公益性项目提供资金支持，它不直接向农民发放贷款。商品信贷公司的任务是对农产品进行价格支持或对农业生产给予经济补贴，其资金主要是提供贷款和支持补贴，主要包括向执行退耕计划的农场提供农产品抵押贷款，这是一种"无追索权贷款"。另外，它还对遭受洪水、干旱等自然灾害而造成种植面积减少或较大减少给予灾害补贴，对市场价格低于目标价格的差价给予差价补贴，为购买仓储、干燥和其他处理设备提供贷款等。农村电气化管理局主要对农村电业合作社和农场等借款人发放贷款，用于组建农村电网、购买发电设备等。

美国的合作金融是在20世纪初经济大萧条时期由政府倡导建立的，它主要包括联邦中期信贷银行、合作社银行、联邦土地银行，由农业信用管理局管理。联邦土地银行的贷款业务经过联邦土地银行合作社直接面向借款人。借款人要想向土地银行借款，必须向联邦土地银行合作社认购至少相当于本人贷款额5%的有投票权的股票，成为合作社社员，取得一人一票权。偿还全部借款后，社员自愿决定是否退回股金。而合作社必须认购同等数额的股票，而成为该区联邦土地银行的股东。联邦土地银行的资金主要是提供长期不动产抵押贷款，其贷款对象主要是本地区的农场主、农业生产者、与农业有关的借款人。联邦中期信贷银行建立的目的在于沟通都市工商业金融与农村的农业金融，以吸引都市资金用于农村。因此它主要是提供中短期的动产农业抵押贷款，但它不是直接贷款给农户，而是贷给农民的合作社及其他各种农民的营业组织，以贷给生产信用社为主，以促进农牧业的生产与经营。合作社银行的资金主要用于贷款，目的是帮助合作社扩大农产品销售，储存、包装、加工农产品，保证农业生产资料供应和其他与农业有关的活动。合作社银行主要提供三种贷款：一是设备贷款；二是经营贷款；三是商品贷款。除这三种贷款外，合作社银行还开展国际银行业务，为农业合作社出口农产品提供便利。

美国的保险业在支持农业发展方面也发挥了重要作用。2004年，美国从事农业保险的保险企业共收到保费为41.9亿美元，承保面积2.21亿英亩，赔偿责任金额446.2亿美元，其中，政府对农业保险的补贴达到24.8亿美元，占美国农业增加值的1%以上。联邦农作物保险运作包括三个层次：第一层为联邦农作物保险公司；第二层为有经营农业保险资格的私营保险公司；第三层为保险代理人和农险查勘核损人。联邦农作物保险公司从1996年后逐步退出了农作物保险直接业务的经营，将其交给私营公司经营或代理，联邦农作物保险公司只负责制定规则，履行稽核和监督职能，并投资再保险。私营保险公司一般愿承担农作物保险业务，因为它们开展农作物保险，一般会得到政府提供保费补贴、费用补贴以及其他方面的支持。

9.1.2 法国农业金融体系

法国是欧洲农业最发达的国家。在农业的发展过程中，法国农业信贷银行、互助信贷联合银行、大众银行和法国土地信贷银行等农业信贷机构及法国的农业保险等都为支持农业发展作出了自己的贡献，其中贡献最大的是法国农业信贷银行系统。其特点是"上官下民，官办为主"，既承担普通的农业贷款业务，又与国家政策紧密结合，优先支持符合国家政策和国家发展规划的项目。

它由三个层次构成：最高层是法国农业信贷银行，它是会计独立的官方金融机构，也是全国农业信贷互助银行的最高管理机关；中间层是省农业信贷互助银行，负责协调省辖基层农业信贷互助银行的业务，分配管理资金，并可办理转账、投资等业务；基层是地方农业信贷互助银行，主要负责吸收和管理活期存款及储蓄资金，由个人及集体成员入股组成，按合作制原则经营（见图9-2）。

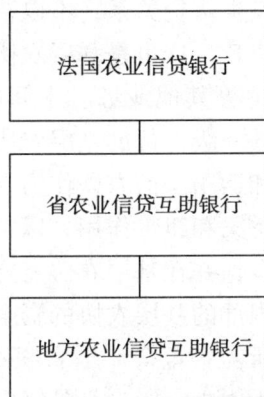

```
┌─────────────────────┐
│    法国农业信贷银行    │
└─────────────────────┘
          │
┌─────────────────────┐
│   省农业信贷互助银行   │
└─────────────────────┘
          │
┌─────────────────────┐
│  地方农业信贷互助银行  │
└─────────────────────┘
```

图9-2 法国农业金融体系

法国农业信贷银行的资金主要来源于其在农村由分支机构网络吸收的存款和发行债券，另外，还有一部分来自于政府借款以及其他方式募集的资金。其资金运用主要有：贷款，该行主要提供与农业生产有关的普通贷款或优惠贷款；投资，该行主要向农业经营、乡村公路建设、农业组织等与农业有关的项目投资，以改善农村环境，提高农业技术水平。

9.1.3 日本农业金融体系

在日本，既有政府办的政策性金融，又有强大的合作金融来支持农业的发展，还有一部分其他金融机构，这对第二次世界大战后日本农业的发展起到了极为重要的作用。也正因为如此，虽然日本人多地少，自然环境又比较差，但是它的农业生产和农业现代化却得到了很好的发展。

日本支持农业发展的政策性金融机构是农林渔业金融公库（简称农林公库）。它建立的目的是在农林渔业者向农林中央金库和其他金融机构筹资发生困难时，给它们提供利率较低、偿还期较长的资金。农林公库主要是把资金用于土地改良、造林、建设渔港等基础设施的融资，同时用于农业现代化投资、农业改良资金的融资、对国内大型农产品批发市场及交易市场提供市场设施贷款等。农林公库的贷款一般不直接办理，而是委托农协组织代办，并付给一定的委托费。

日本支持农业发展的合作金融主要是农协系统。农协系统是按照农民自愿、自主的原则登记成立的。它主要由三级组成：最基层的是农业协同组合，为市町村一级，直接与农户发生信贷关系，不以营利为目的，它可以为农户办理吸收存款、贷款和结算性贷款，这也是基层农协的主要任务。除此之外，农业协同组合还兼营保险、供销等其他业务。中间层是信用农业协同组合联合会，简称信农联，为都道府县一级，帮助基层农协进行管理，并在全县范围内组织农业资金的结算、调剂和运用。信农联作为农协系统的中层机构，在基层农协和农林中央金库之间起桥梁和纽带作用，以它的会员即基层农协为服务对象，吸收基层农协的剩余资金，并在基层农协需要时提供融资服务。信农联的资金首先应该用于支持辖区内部的基层农协的资金需求，其次才能用于支持其他的贷款、农业企业的发展所需资金等。信农联不能兼营保险、营销等业务。最高层的是农林中央金库，为中央一级，是各级农协内部以及农协组织与其他金融机构融通资金的渠道。农林中央金库是农协系统的最高层机构，它在全国范围内对系统内资金进行融通、调剂、清算，并按国家法令营运资金。同时，它还指导信农联的工作，并为它提供咨询。它的资金主要用于信农联，同时也贷款给关联的大型企业。农林中央金库除了向基层和中间机构提供服务、发行农林债券外，还从事资金划拨周转、部分证券投资业务等，如图9-3所示。

日本现行的农业保险制度始于1948年，采用三级制村民共济制度，形成政府与农民共济组合相结合的自上而下的农业保险组织体系：市、町、村的农业共济组合为基层组织，直接承办农业保险；都道府县设立农业共济组合联合

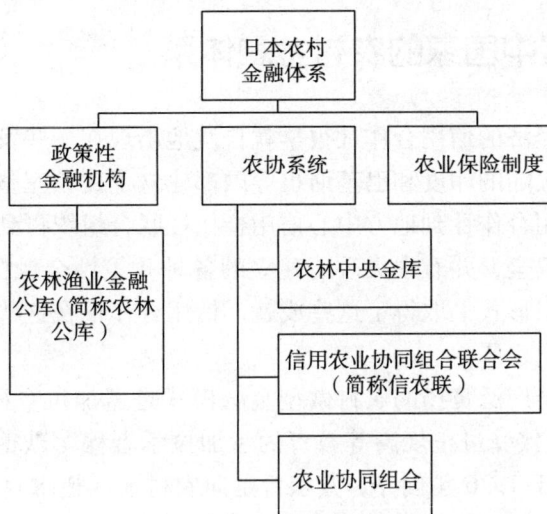

图9-3 日本农村金融体系

会，承担共济组合的分保；政府领导的农业机关承担共济组合份额以外的全部
再保险业务，如图9-4所示。

图9-4 日本农业保险体系

政府对农业保险提供一定比例的保费补贴，保费补贴比例依费率不同而高
低有别，费率越高，补贴越高，水稻补贴70%，小麦最高补贴80%。日本农
业保险的特点是强制性与自愿性相结合，凡关系国计民生和对农民收入影响较
大的农作物和饲养动物实行强制险，凡生产数量超过规定数额的农民和农场必
须参加保险。

9.2 发展中国家的农村金融体系

植根于农村经济的信用合作社很早就自发地出现在一些发展中国家。近几十年来，南亚次大陆的印度和巴基斯坦等国都建立了比较完整的合作金融组织体系，从基层信用合作社到地方中心信用合作社联合组织再到邦合作银行，各个层次几乎一应俱全，并有中央政府建立的各种政策性金融机构的辅助支持。但是，尽管在组织形式上取得了这些成就，信用合作社在这些国家的发展成就仍然是有限的。

近来受到社会广泛赞扬的农村微型金融模式是孟加拉乡村银行（Grameen Bank）。该银行由接受过正规高等教育的孟加拉学者穆罕默德·尤努斯（Muhammad Yunus）于 1976 年创办，其宗旨是向农村地区追求自我就业的穷人提供小额流动资金贷款。乡村银行从资金组成方式看，并不是合作性质的，但它的运作方式却采用了合作原则。按照乡村银行的贷款计划，来自同一地区从事相似活动的贷款申请者被编为一组，借款小组成员中任何一员若出现投资失败或违约情况，其他成员的借款计划便会受到不利影响。这种安排不仅使借款小组成员相互监督，而且相互帮助，共同努力完成投资经营计划。孟加拉乡村银行取得了巨大的成功，到 2000 年底，乡村银行共向当地的赤贫阶层提供了相当于 26 亿美元的贷款，平均每笔贷款规模为 70 美元（580 元人民币），贷款偿还率在 95% 以上（当地其他类型贷款的平均偿还率为 30% ~ 40%，利率在 100% 以上）。

下面我们选择几个发展中国家，介绍它们的农业和农村金融机构体系，以便借鉴参考。

9.2.1 印度农业金融支持

印度从 20 世纪 60 年代开始，实施绿色革命，以各种措施来支持农业的发展。它的措施以推行现代农业技术为中心，辅之以农业信贷、财政补贴、价格支持等。随着这些措施的实行，印度支持农业发展的金融体系逐渐发展和完善，高利贷活动所占份额也大大减少。现在，印度既有合作性质的农业信贷机构，又有政策性金融机构以及商业银行等来支持农业的发展。

印度的合作性质的信贷机构分为两类：一类是提供短中期贷款的合作机构，主要是信贷合作社；另一类是提供长期信贷的合作机构，主要是土地开发银行。

信贷合作社是向农民提供廉价信贷的来源，它有三个层次：一是初级农业信用合作社。它是农村信贷合作社的基层机构，主要向社员提供短中期贷款，期限一般是一年，利率比较低。除提供贷款外，它还向社员提供生产资料供应、安排剩余农产品销售等服务。二是中心合作银行。它是中层信贷合作机构，其经营活动限于某一特定区域，主要是向由农民组成的初级农业信用合作社发放贷款，以解决其成员即初级农业信用合作社资金不足的困难。它在初级农业信用合作社和邦合作银行之间起中介作用。三是邦合作银行。邦合作银行是合作信贷机构的最高形式，其成员为邦内所有的中心合作银行。它的资金主要来源于从印度储备银行取得的短中期贷款，还吸收一部分个人存款及中心合作银行的储备，然后再向其成员提供资金，以满足它们的信贷需求。

土地开发银行是为了适应长期信贷的需要而设的，主要是为农民购买价值较高的农业设备、改良土壤、偿还国债和为赎回抵押土地提供信贷。它也分两级，即每个邦的中心土地开发银行和基层的初级土地开发银行。初级土地开发银行直接与农民有货币资金的往来，中心土地开发银行则主要是向初级土地开发银行提供资金，是连接初级土地开发银行与其他金融机构的纽带。

印度支持农业发展的政策性金融机构主要是地区农业银行及国家农业和农村开发银行。

地区农业银行设立的目的是满足农村地区被忽视的农民、手工业者等的专门需要，发展农村经济，从而促进印度落后地区经济的发展，缩小与发达地区的差距。地区农业银行不以营利为目的，主要向生产急需的贫穷农民提供贷款，并且贷款利率不高于当地信用合作社的贷款利率。除了与农业直接有关的贷款外，还提供贫穷农民经常需要的消费贷款。目前，地区农业银行已日益成为不发达地区贫穷农民直接得到信贷资金的主要渠道。

国家农业和农村开发银行是印度当前最高一级的农业金融机构。它有权监督和检查农村信贷合作机构、地区农业的工作，并资助商业银行的农村信贷活动。它可以全面满足农村地区各种信贷需要，为农业的发展提供短、中、长期贷款。

商业银行在为合作社和小企业融通资金、促进印度广大农村落后边远地区的发展方面起到了特别重要的作用。印度商业银行除了向农民提供购买抽水机、拖拉机及其他高价值的农机具，购买牲畜、发展果园等直接贷款外，还向有关农业机构提供间接贷款，如向农产品销售和加工机构、土地开发银行、采购粮食的机构等提供贷款。

印度的农业保险充分发挥了保险在分散农业经营中风险的重要作用。印度的农业保险可以追溯到 20 世纪 40 年代，几经波折直到 1972 年农业保险才得以迅速发展。它实行自愿保险与有条件的强制保险相结合的方式，即进行生产性贷款的那些农户必须参加相关农业保险，其他的保险如牲畜保险，实行自愿的原则，由农户根据自己的条件选择是否参加。由印度中央政府制定的农业保险计划从 1999 年 3 月起实施，它由印度保险总公司执行，面向所有农户，从银行获得贷款的农户必须参与该计划，而没有获得贷款的农户可自愿参与。另外，印度最近开始开办经济作物保险，并且，更多种类的农作物被纳入农作物保险计划。

印度农村金融体系如图 9 - 5 所示。

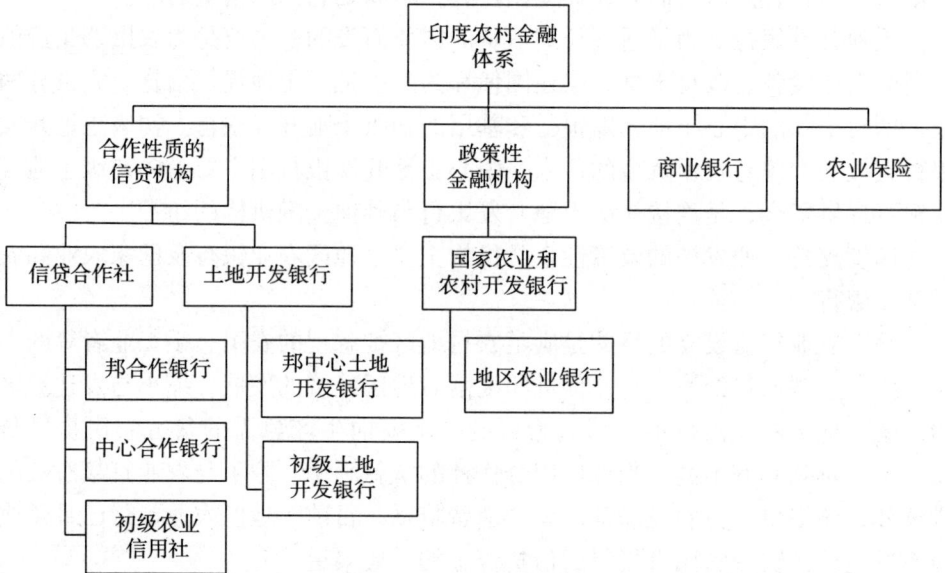

图 9 - 5 印度农村金融体系

9. 2. 2 墨西哥农业发展的金融支持

墨西哥支持农业发展的金融机构比较齐全，包括国家农业银行、商业银行、保险公司、国家外贸银行、全国金融公司等。在改革的过程中，墨西哥逐步实现了农业资金供给的多元化。它根据农户的不同情况，分别由不同的金融机构提供资金，如现代化大农场的资金由商业银行、保险公司、国家外贸银行等金融机构提供，具有一定生产潜力的中等农场或农户的资金主要靠国家农业银行提供优惠贷款，那些生产落后、不能获得正常贷款的贫困地区或贫困农户主要靠政府通过专门的基金会提供的低息或无息贷款来发展、保障生活。在墨西哥的农业发展过程中，农业保险起到了不可忽视的作用。

墨西哥的农业保险开始于 20 世纪 40 年代。目前，墨西哥开展农业保险业务的共有五家保险公司，除墨西哥农业保险公司外，其他四家为商业保险公司（兼做农业保险业务）。墨西哥农业保险公司是国有农业保险公司，它的最初资本金由墨西哥财政部提供，国家财政还提供该公司费用的 25% 以示支持，并对整个农业保险给予政策免税，它的保费收入占全国农险保费收入的绝大部分。墨西哥还有其他四家商业保险公司经营一部分农业保险业务。这几家商业保险公司的农险业务向国有农业保险公司分保，并可经墨西哥农业保险公司从政府获得 30% 的保费补贴。国家通过财政补贴及其他经济政策（如农业信贷政策）支持农业保险业务的开展。墨西哥农业保险的推广主要是采取自愿的原则，但是，对一些种植业、养殖业保险，按照规定，农民只有向保险公司进行保险才能获得其需要的贷款，这就使得一部分种养业保险实际上是采取了强制措施。因此，可以说墨西哥的农业保险也是自愿与强制相结合。

9.3 外国的农村金融制度模式对我们的启示

第一，建立健全的农村金融体系。从以上分析我们可以看出，尽管各国情况不同，但用于支持农业发展的农村金融体系比较健全，既有政府的金融机构又有民间合作性质的金融机构，还有其他一些商业性金融机构及私人借贷等，它们互为补充、互相促进，共同支持农业的发展。如美国建立了多元化的金融机构支持农业发展，这些金融机构在相互竞争中求生存，在分工中实现互补，共同促进美国农业的发展。美国互助合作性质的联邦土地银行、联邦中期信贷银行、合作社银行建立后，逐渐取代了商业金融和个人信贷在农业信贷中的地位，尤其是联邦土地银行在长期信贷中有明显的优势，但商业金融和个人信贷在短期农业信贷中仍占重要地位。政策性金融即联邦政府的农业信贷机构如农民家计局、商品信贷公司等则主要是为了推行政府的农业政策，满足农业发展的资金需求，促进农业发展。可见，这些不同性质的金融机构协同运作，可以满足农业发展的不同层次的需要，推进农业的快速、健康发展。与它们相比，我国农业金融体系还不健全，造成了我国农户和农业企业融资的困难，从而不能更有效地支持农业的发展。

第二，政府的支持是农业金融机构发展的可靠保障。由于自身的脆弱性，农业生产吸引资金的能力较弱，因此，农村金融需要政府的大力支持。不论在发达国家还是不发达国家，政府都对支持农业发展的金融机构提供了强有力的支持。政府不但制定了优惠的政策，如提供利差补贴、税收优惠等，还直接出资支持农业金融机构的建设和发展，从而保证支持农业发展的金融机构体系正常运行，如墨西哥农业保险公司的最初资本金由墨西哥财政部提供，国家财政还提供该公司费用的 25% 以示支持，并对整个农业保险给予政策免税。而我国不但政府的支持力度不够，由于农业比较利益低，农村资金还大量通过金融渠道流失，从而使用于农业的资金更少，资金的缺乏导致一些支持农业发展的政策无法实施。

第三，合作金融是各国农村金融体系的重要组成部分。不论是发达国家还是发展中国家，虽然各国的文化背景、宗教传统等差异很大，但合作金融在各国都得到了一定的发展，并在各国的农村金融体系中占有重要的地位。当然其具体形式是不尽相同的，这充分说明合作金融的普遍适用性和生命力之所在。另外，各国合作金融在发展的过程中，都得到了政府在财力和优惠政策方面的大力支持。

第四，建立完备的法律体系是金融支持农业发展的主要保障。市场经济是法制经济，任何经济活动都需要法律的保护和规范，支持农业发展的金融机构的运作也不例外。如美国、日本、印度等都有完备的法律体系来规范这些金融机构的运作，使其在运作中有法可依，有章可循，避免人为因素的干扰，以保障它们更好地为农业发展服务。而我国的法律体系还不健全，专门对支持农业发展的金融机构的法律可以说没有。因此，我国必须加强对农村金融的立法工作，以规范支持农业发展的金融机构的行为，使它们在法律的保障下健康有序地为农业发展服务。

第五，充分发挥农业保险在支持农业发展方面的重要作用。各国为了支持农业发展，大都有健全的农业保险制度，并且农业保险由于风险过大，成本较高，在发展过程中都有政府的支持和推动。而且，各国大多都制定农业保险法，确定其基本法律依据，如日本早在 1929 年就颁布了《家畜保险法》，经过多次修订、补充，目前形成了《农业灾害补偿法》；墨西哥曾分别于 1961 年、1981 年颁布了《农业保险总法》和《农业保险和农业生命保险法》。就目前来看，我国农业保险发展缓慢，尚未有一套完整的法律予以扶持。因此，我国应加快建立健全农业保险制度，加强农业保险立法，以法律形式保障农业保险的发展，确保农业、农村及农民的利益。

10 传统农区金融体系重构若干问题的思考

1995 年以来，中国农村金融的发展与变革开始进入活跃期，但是，迄今为止，中国农村金融与农村经济发展良性循环态势一直没有形成，罗纳德·麦金农与爱德华·肖所描述的"金融压抑"依然以特有的形式在中国农村顽强地延续着。在这种情形之下，探索中国农村金融制度创新之问题，其现实意义是不言而喻的。值得欣慰的是，不少学者在这方面做了一些有益的探索，取得了一些有益的成绩。然而，在中国特定的农村社会环境条件下，金融创新脉络与逻辑思路依然缺乏结论性的看法，以致指导改革的理论还是处于"摸着石头过河"的状态。但无论如何，农村金融改革必须迈出应有的步伐。在某些特定的历史条件下，实践超前于理论研究也是经常存在的。根据经济发展决定金融发展之一般规律，什么样的农村经济体制决定了什么样的农村金融体制。历次的农村改革不是很成功的一个根本的原因就在于没有真正从我国农村金融需求出发，又因为我国社会制度的特殊性，既往的改革更多的是从机构层面进行修修补补，多以强制性制度变迁为主，忽略或是压制了农户自发的金融制度创新需求，内生于农村经济的"草根金融"长期得不到正规合法的地位。因此，加快改革步伐，重构适应"三农"需求的农村金融体系已经成为一个迫切的问题。

10.1 政府介入状态下农村金融创新的格局

小农经济的存在与延续，与社会化的大生产显然是不兼容的，由此产生的中国社会经济的二元结构也必然成为制约经济均衡发展的一个障碍。在这样一种格局下，政府介入金融创新的逻辑思路必然是：运用政府主导之下的信用力量，使小农经济迅速向社会化大生产融合。无论是从"大跃进"时期将信用合作社由民办强制转化为官办，还是 1994 年将中国农业银行的部分政策性业务划出成立中国农业发展银行，以及 1996 年的农业银行与信用合作社分离，2003 年农村信用合作社改革方案的推出等一系列举措无不体现这一基本主导思想。如果将不同时期推出农村金融变革举措与相应时期政府提出社会经济发展目标相比照，更能体现出这种主导思想，诸如"大跃进"时期提出的"消灭三大差别",改革开放以来提出的"构建和谐社会"、"建设社会主义新农村"等。从宏观层面分析,这种主导思想与政府的理性预期目标是一致的。在一个以农业为基础的国度里,农业发展缓慢、农业向工业化转变的过程滞后,对国民经济整体发展的制约是不言而喻的。因此,政府介入,实施"强制型"或通俗地称为"政府主导型"金融创新就是顺理成章的事情。一般而言,政府主导的金融创新属于宏观制度层面的创新,尽管其中也可能包含一些十分具体的微观层面产品与服务的供给,但制度供给一旦确立,相应的微观层面创新内涵与外延也就基本确立了。如果将这种创新路径与西方国家金融创新的路径相比较,就会发现其中的典型差异:市场经济国家的金融创新主动力来自于微观主体,来自于市场活动,正是微观的创新,导致原有的金融制度规则不再适应新的金融交易过程与新的金融活动程序,最后导致一国金融制度、监管规则的调整,整个创新路径体现为先微观、后宏观;我国农村金融创新则是先有制度供给,然后出现新的金融产品、服务、交易方式等,整个创新路径体现为先宏观、后微观。[①] 为何会出现与其他国家截然不同的相反路径,一些学者从我国社会经济的"二重结构"(张杰,1996)角度予以解释,认为在纵向社会结构之下(李义其,2005),政府的权威可以降低制度变革成本,至少可以节省创新过程的时间成本。为此,我们不应当简单地否定"政府干预"之下的各种农村金融制度安排。事实上,1979 年中国农业银行恢复以来,在我国农村金融体系中曾一度居于核心地位,起着主导农村金融的作用。此后的一段时期内,农业银行一直是农业信贷资金的主要供给者。自 1980 年以来,农业银行和信用合作社的贷款总额逐年增加,由 1980 年的 589 亿元,增加到 2000 年的 24 986 亿元,增长了 41.4 倍,年递增 20.6%。农业银行的农业贷款也在逐年增长,由 1980 年的 128 亿元,增长为 2000 年的 4 877 亿元,增长了 37.1 倍,年递增 18.9%。从客观上讲,这一阶段在政府主导之下的农村金融制度安排,无论是对农业发展还是农村经济的增长,都起到了相应的推动作用。特别是改革开放之后的一个时期,乡镇企业如雨后春笋般大量涌现,对"超稳态"小农经济是一次不小的冲击。这里,有一个不容忽视的事实就是,没有政府安排下的农业银行、信用合作社的金融支撑,很难想象大量的乡镇企业会有一个迅速成长阶段。今天,在东南沿海一带涌现出来的许多"老板"

---

① 在我国农村金融发展过程中,也曾出现过局部的微观创新超前的情况,但这些创新通常不被归入正规金融创新之列。例如改革开放中期"三会一部"的出现,这些金融活动就很快地被界定为"不合法"并加以整顿治理或者取缔。

与"商团阶层",其前身都是农民或者小农户,而后成为乡村企业"小老板",再而后成为"大老板"。虽然这些"老板"与"商团"所拥有的企业可能是典型的家族式企业,但这种家族式企业与传统的农户相比,毕竟有了跃迁,它们逐渐远离了务农＋打工的经济生活模式,而是更接近于市场经济条件下企业的经济行为模式,否则,我们同样无法解释近年来浙江温州一带涌现出来的"炒楼商团"、"炒煤商团"、"收购国企商团"等一系列现象。

但从农村金融改革的整体绩效而言,改革开放以来历次由政府主导的制度变迁还不能令人满意,目前社会各界对农村金融改革最大的非议集中于农村金融体制改革的滞后性与非均衡性。关于农村金融改革滞后与非均衡的问题,笔者已专门做过论述(2006),兹不赘述。在此,仅结合中国农村经济结构做一简要分析。如前所述,中国的纵向社会权力结构决定了其推行制度创新的效率,同时也蕴涵着制度长期被扭曲的可能性。政府作为创新的主导者,要保证制度供给的充分有效性,第一,要尽可能大量地占有信息,但由于信息不对称的存在,事前完全彻底了解情况可能性是很小的,因而只能是采取先试点,后推广,通过"在改革当中不断完善"的方式来不断调整改革参数与各方经济利益关系。而中国渐进式的整体改革布局又为这种"摸着石头过河"的过程提供了技术上与时间上的支持。前面已经谈到中国的小农经济"超稳态"的社会基础,小农经济具有自给自足、自我封闭的属性,因而天然地排斥与外部世界交往(准确地说应当是排斥与血缘、宗族、亲属以外社会圈层的交往)。因此,政府在主导改革的过程当中,获得更加充分信息的难度是可想而知的,所以农村金融制度供给与农村金融服务需求不相耦合的情况就会经常出现。第二,纵向社会权力结构之下制度创新的效率(特别是时间成本方面的优势)是建立在"政策一刀切"基础之上的。而中国农村如此之广袤,各地经济发展水平,人文地理环境,社会风俗,历史积淀极不相同,统一化的政策措施显然无法"包治百病"。尽管2003年的农村信用合作社改革方案其灵活性比以往的方案已有所增加,但依然没有走出"政策一刀切"的基本套路。对于这一问题,政府实际上处于两难抉择过程当中:实施整体划一的变革,节省时间,节省决策成本,有利于排除各方干扰(这也是纵向社会权力结构的最大优势之一),但若一旦方案不契合实际,制度创新之供给与需求不相匹配,就会导致改革受挫;而采取"因地制宜,因时制宜"的方案尽管有利于制度创新的供给与需求相匹配,但决策成本大,决策时间长,而且还容易出现实施过程中的"倒逼机制"(亦即纵向社会权力结构的优势难以发挥)。如何摆脱这种困境,是未来一个时期农村金融发展与创新过程需要进一步思考的问题。

10.2 从宏观角度再度审视农村金融制度改革与创新

对于中国农村金融制度的创新问题，国内理论界大致形成两大思路①，一种观点是坚持政府主导，充分运用现有农村金融的组织体系、存量规模，对之进行必要整合与功能创新，使之适应不断发展变化的农村经济结构，充分发挥其在金融体系与农村经济体系当中双重主力作用；另一种观点是要注重发挥"非正规金融"在农村金融制度创新过程中的作用，由于非正规金融与农业、农村、农民具有天然的亲和力，其制度安排及其形式更为农户所乐意接受，这种金融活动更容易嵌入农村经济的各个层面与过程当中从而形成推动农村经济发展的内生因素，随着时间的推移最后由农村金融活动的主体——农民来决定最终选择什么样的金融上层建筑。整体上看，持第一种观点的学者占据主流地位。从我国目前正在实施的农村金融改革过程来看，实际上也体现的是第一种观点的思路。通过前面的分析，中国的农村金融制度改革与创新，选择第一种思路具有客观必然性，这不仅仅是我国经济体制改革整体布局的要求，也是充分发挥金融功能、促使小农经济走向开放、与社会化大生产相互交融的要求。诚然，非正规金融在我国农村经济发展中的作用是不可替代的，今日东南沿海一带的民间经济能够在全国率先走过资本原始积累的过程，昔日的非正规金融活动是作出了贡献的。然而，相对于存量巨大、覆盖面广泛的正规金融而言，非正规金融的力量毕竟是有限的。因而，重视非正规金融在创新当中的作用不能等同于非正规金融取代正规金融的作用。

如此，如何发挥政府主导之下农村金融创新之效率，实现改革的预期目标，就成为问题的一个关键。众所周知，目前我国农村金融的市场化程度很低，而且资本高度稀缺，若采取类似于城市经济当中"国有股减持"方式将政府对农村金融产权控制力度削弱或取消，放手由市场调节农村金融服务的供给与需求，其后果将是不堪设想的。因此，在政府主导框架之内，通过制度供给的方式激励正规金融与非正规金融的创新将是一个必然的选择。特别值得指出的是，在建设新农村的过程当中，政府的一个重要的历史使命就是要不断弱化千百年来我国农村经济当中业已形成的"超稳态"的小农经济结构而不是保留它或者固化它。这也是政府主导之下农村金融创新所要实现的目标之一。

难点在于，如何保证政府主导创新过程的充分理性，如何克服政府主导创

① 姚耀军：《中国农村金融研究新进展》，载《浙江社会科学》，2005（4），179~185 页。

新决策成本过大的问题？根据张杰（1996）等人的研究，在中国二重结构的社会制度之下，社会的运行过程直接体现为"官"与"民"的对立。这种社会结构的优势在于政府的意图能够迅速地传递到社会下层。在现实生活当中，这种运作特征体现为，一旦某个问题引起政府的高度关注，该问题就会立刻进入"解决"的程序当中。然而，这种社会结构的效率要依托于一个全能型的政府，以及政府必须事事过问，一旦对某件事情"关注"不够，就会导致制度安排严重滞后。同理，政府调查研究不够深入，掌握信息不够全面，其决策也会造成制度供给的扭曲。目前，我国正在实施过程当中的有关农村金融改革的措施就正在面临这一问题困扰。相比之下，欧洲的社会经济结构呈现"三重化"的特征，即在政府与贫民之间，有一个商业中产阶层，这个中产阶层并不是政府的幕僚或者代理人，而是具有独立经济地位及与之相适应的政治地位的社会阶层。这个中间层存在的意义在于，他们既与下层贫民之间形成了一种相互支撑、相互制衡的关系，同时也与政府存在着相互支撑、相互制衡的关系。这样一来，政府就有可能退出全能性政府而转向功能性政府，这也是西方社会提倡小政府、大社会的社会经济基础之一。而在我国的社会经济结构当中，正是由于缺少这样一个连接宏观与微观的"缓冲带"，结果必然导致最高当局事必躬亲。以正在进行的信用合作社改革为例，过程当中的每一个细小环节都离不开中央银行、银监会这样的高层决策部门过问。在这样的社会框架当中，即便是决策当局有时间、有精力面面俱到地关注改革的每一个侧面，也会极大地限制甚至是泯灭微观主体创新的主动性。通过以上的分析，是否可以提出这样一种思路，在今后农村金融体系重构过程当中，应当通过明晰产权、完善治理结构的方式，将现有的农村正规金融机构甚至包括一部分非正规金融组织体系塑造成为农村社会经济结构当中的中间阶层，使之充当联结宏观制度创新与微观产品、服务创新的桥梁。如果这一思路是可行的话，那么无疑将会揭开中国农村金融发展新的一页。实际上，这样一种中间阶层在我国的某些地区、某些领域已经初现端倪。例如前面提到的"温州商团"，他们既不是社会上层幕僚，也不属于社会下层民众，而是形成了一股可以影响宏观经济的不可小视的力量。尽管从目前来看，这股社会力量的行为模式还有一定的非理性特征，但随着我国社会经济体制的不断演进，其理性化的程度正在不断加深。这样一个阶层成长的过程，实际上也就是匿名经济与市场规则内生的过程。信用活动的匿名化，社会信任的边界突破血缘、宗族、邻里关系的限制，这些都是未来农村金融深化的核心内容，如果外部制度供给有利于这一深化过程，则解除金融压抑，实现金融发展对经济发展的促进作用在逻辑上是成立的。

10.3 健全传统农区金融体系的构想及建议

10.3.1 重构农村金融体系的必要性与迫切性

我国现有的农村金融体系已经远远不能满足农村经济发展与变革的需求，特别是目前这种单一所有制结构的组织体系，更是与多元化、多层次的农业经济组织结构、产权结构、产业结构大相径庭，因此重构农村金融体系，显得十分迫切，其必要性体现在以下几个方面：

第一，顺应农村经济制度变迁的要求。根据金融发展的一般规律，经济结构的调整必然引起金融结构的调整及其相应组织形式的发展。但是我国农村金融结构的调整却是严重滞后的，与中国经济体制改革先行行业正好相悖。从农村金融体制滞后的程度看，不仅远远滞后于先行的农村经济体制改革，而且滞后于后来的城市经济经济体制改革，以致农村金融制度与农村经济制度出现了巨大的脱节。正是这种脱节，才导致了后来各种"三会一部"的出现。改革开放以来，我国农村金融制度的安排是有缺陷的。正是这些缺陷，导致农村金融体系与农业经济组织体系严重失调，农村金融服务的边际成本上升而边际效益下降。因此，重构农村金融体系使其适应农村经济变革的要求是十分必要的。

第二，增加有效金融供给，完善金融功能的要求。自我国农村经济制度变迁以来，由于农业生产效率的提高，大量的剩余劳动力开始向第二、第三产业转移，促成了我国数以亿计的农民"离土不离乡"、"务工不离农"的独特现象。反观我国现有的农村金融体系，几乎不能为这类特殊社会群体提供有效的金融供给与金融服务，从而也就不能利用金融的激励作用推动农业社会向工业化社会发展。

第三，需求引致型金融创新的要求。由于我国整个经济体制改革是政府主导型取向的，因而整个金融改革包括农村金融体制在内也采取政府主导的模式。我们并不否认这种政府主导模式的有效性及其已经取得的成就，但随着改革的逐步深化，当金融创新需要成为一种常态的时候，政府主导模式的弊端就会逐渐显现，例如"一刀切"方式很难适应我国农村幅员辽阔，各地农村经济发展水平差异巨大的现实。要解决这些问题，出路在于随着政府职能的转换，政府应当逐渐淡出"创新推动者"角色，而以微观主体作为创新主导者取而代之。换言之，政府主导的金融创新应当逐步被市场诱导型金融创新所接替。为了实现这种转换，必须培育一批新的金融组织机构，特别是在原有的"官办"金融机构之外培育新型的金融主体，这样才能完成政府主导型金融创新向需求引致型金融创新的转换，才能逐步解除政府主导型创新模式下造成的弊端。更为关键的是，市场化的金融主体根据市场需求所进行的金融创新，更加符合农村经济发展的金融制度变迁的需求，更加符合农业产业结构调整对金融产品与金融服务的需求。

10.3.2 正规金融组织的深化改革

目前，在我国农村金融市场当中，官办的金融机构（中国农业银行、中国农业发展银行、农村信用合作社）依然居于主导地位，无论机构、人员、业务规模、市场份额各方面都处在垄断地位，因而，重构农村金融体系，不可能不涉及对这一部分金融组织机构的改革。

10.3.2.1 中国农业银行的改革

农业银行长期作为国家银行，因历史与现实的诸多方面的原因，其官商化的经营理念、经营模式由来已久，要使其成为真正市场化的主体，依然任重而道远。由于农业银行目前不仅仅还挂着"农"字招牌，更由于其事实上还担负着一部分农业金融服务的职能，因而农村金融体系的重构，自然不可能将农业银行这一个最大的主体排斥在外。关于农业银行的组织机构的改革，有学者提出了这样的方案，即将现有的农业银行改为二级法人结构，然后将地市一级机构先行进行股份制改造，以改变目前农业银行产权不清晰，法人治理结构不健全的弊端。同时，也可以逐渐改变目前农村金融体系结构产权结构、治理结构过于单一的格局，最终形成产权多元化的农村金融体系。本课题组认为，虽然这一思路具有一定的合理性，但与我国目前正在进行国有银行整体改革思路有摩擦而失去可行性。因此，拆分国有银行的思路暂时不具备可操作性。为此，要继续保持中国农业银行与"三农"的内在联系，可以采取农业银行参股信用合作社，参股地方性农村合作银行、农村商业银行等思路，这样，既没有从组织体系上分割农业银行，又从资本纽带上拉近了农业银行与"三农"的距离，从而遏制农业银行迅速"脱农"的倾向。农业银行参股或控股地方性农村金融机构之后，就不得不对开拓农村市场、提供相应的农村金融服务投入必要资源、资金等，从而可以缓解农村金融服务供给与需求之间的巨大矛盾。

10.3.2.2 农村信用合作社的改革

回顾我国信用合作社体制经历，之所以如此坎坷，矛盾与利益冲突如此之多，实际上是中国几十年来各种社会经济问题的集中反映，亦即制度约束的必然结果而并非单一金融发展方面的问题。因此，无论信用合作社体制改革的进一步深化也好，还是全面推进也好，都必须从更为宏观层次去把握、设计改革，才有可能找到"破题点"。

改革的实质实际上是一种利益关系的再分配，信用合作社体制改革亦不例外。因此，每一轮改革都必然引出一场利益的博弈，博弈的最后均衡点就意味着此轮改革结局。前几轮改革方案之所以效果不明显，是因为各方主体利益博弈的均衡点与原来改革的预期目标不一致。由此得出的推论是，今后的改革必须充分考虑改革方案所涉及对象的利益最大化选择问题。改革对象的"自主权"越大，对待改革方案采取"合作"或者"抵制"的力度也越大，从而对整个金融体制改革所产生的"互动影响"也越大。我国农村金融体制改革，其难度及复杂程度之所以远远超出我们原来的想象，这不能不说是一个十分重要的原因。

单纯着眼于恢复"三性"对现有的信用合作社体制进行改造这一思路，从制度成本—效益的角度分析不一定是最佳的选择。

基于以上现实问题的存在，就组织体系而言，信用合作社的进一步改革可取的思路应当是：

第一，农村信用合作社的制度进一步健全与完善，没有固定的模式。目前正在探索之中的诸如农村商业银行模式、合作银行模式、更大范围之内联社模式等都有一个共同点，即力求在社会成本最小情况下，产生一种与现行体制兼容而又能符合未来农村金融与经济发展要求的新体制。基于我国幅员辽阔，农村经济生产力发展水平差距很大的现实，农村信用合作社下一步改革将根据各地区的具体情况采取差异化的模式应该是一种更为可行的思路。因此，尽管我们可以继续沿用信用合作社这一概念，但完全没有必要按照"信用合作社"的理论界定去按图索骥，来制定信用合作社的改革思路。

第二，信用合作社与政策性金融的兼容问题，应该借鉴有关国家的成功经验。目前，许多学者倾向于这样一个观点，即商业性业务与政策性业务一旦由同一金融机构兼营，商业性利益侵蚀政策性业务的机会主义现象就必然出现，要求国家给予政策性补贴的呼声就会越来越强烈。因此，农村信用合作社即便事实上承担了支持"三农"责任与义务，国家也不可能以原来支持农业银行以及现在支持农业发展银行一样的方式支持农村信用合作社，否则就会重蹈原来国有银行的身兼二职的覆辙。笔者认为，在此我们的思路应该开阔一些。一些国家的农业政策性金融体系的运作模式，采取了"上官下民"的体制，例如美国的合作社银行、法国的农业信贷银行等。美国的合作社银行最初为国家出资建立的政策性金融机构，但是在后来的经营过程中全部归还了政府的出资，变为民营金融机构，其业务特征也具有了商业属性，然而它依然作为国家政策性金融与农户联结的一个渠道，贯彻着政府政策性金融意图。之所以形成这种模式，是充分利用了这类金融机构与农户联系最为密切的特征，因此，将其作为传递政府政策意图渠道，是成本相对较低、效率较高的路径。中国国情与美国不同，一些模式不见得可以直接照搬，但有益思路可以借鉴。因此，随着我国农业政策性金融机构的进一步健全，业务范围进一步扩大，现有信用合作社作为农业发展银行传递政策业务的一个途径（确切地说是代理途径）应该是可行的，这样既可以克服农业发展银行单纯扩充规模导致的边际成本不断上升的问题，也可在一定范围内解决信用合作社业务规模不足的问题。

第三，关于信用合作社的行政依托问题，应根据中国国情妥善处理。在中国，任何一类经济组织离开了相应的行政依托，很难生存下去。这是中国特殊的国情所致。在信用合作社脱离人民银行的行业管理之后，将其界定为地方性金融机构，并按其构建管理与治理结构模式具合理性。其理论依据在于：其一，信用合作社本来就是"土生土长"的金融机构，因而与地方政府具有天然的联系，更为重要的是，信用合作社在成长过程中，曾经为地方经济的发展起到过不小推动作用，这种作用有别于国有银行自中央而地方的"信贷计划"所产生的效果，而是由于地域性的天然联系产生的效果。其二，目前，信用合作社的管理体制之所以不顺，在很大程度上是因为与农业银行脱钩以后行政管理依托"失缺"而造成的。而这种体制上的"失缺"又进一步加大了宏观上对信用合作社监管的社会成本（亦即目前信用合作社经营管理所产生一切问题实际上都要由人民银行承担，这种成本最终必然转嫁于整个社会，从而导致整个社会经济制度的效率下降）。其三，信用合作社在日后的改革与发展过程中，必将呈现出差异化的格局，其实，这种格局在沿海发达地区与内地欠发达地区的对比中已经初现端倪，而这种差异模式正是依据各地区不同的经济结构与社会特征所形成的。为此，地方政府作为信用合作社今后一个时期的转轨与改革的主要制度供给者，并为信用合作社的成长担负一定的管理与经济成本是符合逻辑的。

10.3.2.3 中国农业发展银行的改革

中国农业发展银行从构建之初就存在着先天缺陷，这种缺陷并不是源自于其国有的产权结构，而是源自于其功能定位。农业发展银行的主要功能定位是提供粮棉油收购贷款，为农副产品流通服务。这种功能实际上是为计划经济服务的，因为只有在计划经济体制下，才有统一收购农副产品、统一调拨农副产品的强烈需求。随着我国市场经济体制改革的不断深化，所有这一切曾经由国家统管的事情现在几乎全部由市场运作去完成了。粮食流通体制的改革，已经导致中国农业发展银行功能的严重萎缩。因此，中国为一家农业政策性金融机构面临着向何处去的抉择。早在 2003 年，国内一些学者就此进行过讨论，提出了中国农业发展银行改革的几种思路。

其一，保留农业发展银行现有组织机构，调整农业发展银行职能，从目前支持粮棉流通领域逐步转向生产领域，转向支持国家粮棉储备体系建设和保护价收购，以稳定国内粮棉市场，确保国家粮食安全。

其二，将现有农业发展银行及其分支机构与农村信用合作社合并，成立"农村发展银行"。

其三，将农业发展银行及其分支机构与中国农业银行基层组织、农村信用合作社合并，成立"农村区域发展银行"或地方性银行。

其四，将农业发展银行并入国家开发银行。

其五，撤销农业发展银行，设立新的农村政策金融机构，构建新型农业政策金融体系。如成立"农村中小企业信贷银行"，或由县乡（镇）政府、农村企业共同出资组建"区域性农村开发银行"，以提高技术转化为生产力的速度，强化农业结构调整的力度，增强农产品国际竞争能力；为了西部大开发，在西部欠发达地区设置区域性开发银行。

以上几种思路当中，第一种可称为"改变功能说"，即随着市场经济体制的推进，在不改变原来农业发展银行整体框架的基础上，调整其功能，使之适应农村经济发展的需要；第二种、第三种可称为"合并说"，即将农业发展银行与其他农村金融机构合并，通过合并来壮大农村政策性金融机构的实力，扩大农村政策性金融机构业务的覆盖面，以此来扭转我国政策性金融供给严重短缺的局面；第四种可称为"改弦更张说"，基本思路是既然农业发展银行已经没什么业务可做了，干脆改行去做国家开发银行的业务；第五种可称为"另起炉灶说"，基本思路是"不破不立"，要想使农村政策性业务落到实处，首先就要"革除"原有的农业发展银行，然后根据各地农村经济发展的不同需求，分别成立相应的农村政策性金融机构。

以上各种思路都有其合理的一面，但作为改革方案，必须是实施成本最小的，否则便不具备可操作性。以上几种思路当中，"合并说"、"改弦更张说"、"另起炉灶说"的基本立足点对是机构的撤与并，这似乎给人一种感觉，好像机构的变动就可以解决实质上的问题。实际上，形式上的机构变动只是浅表的，功能的转化才是本质的，由此导致的机构变迁，才能解决根本上的问题。而这种思路所带来的操作实施成本恰恰有时比较小的。

农村政策性金融业务是一种以信贷模式运作的公共产品，因为农业是弱质产业，农民是弱势群体，而市场法则的一般原则是"扶强限弱"，所以市场机制的作用在这些领域会失灵，因而需要政府向农业提供政策性金融来矫正市场失灵。按着这一思路，农业发展银行不仅有继续存在、继续发展的必要，而且其组织机构的改革也应当由其功能定位来决定。

10.3.2.4 村镇银行的健康发展

1. 正确定位政府在培育村镇银行中的作用

政府对于村镇银行起着一个监督、引导的作用，因为在市场经济的环境下，不大可能对于村镇银行的具体业务进行干涉。这就涉及如何监督，如何引导的问题。笔者认为监督是硬约束，引导是软约束，应以一软一硬双重手段对村镇银行进行规范。硬约束是一些制度性的硬性规定，触犯了是要受到惩罚的；而软约束则是一些政策优惠，利用一些激励性的优惠政策来达到规范的目的。目前对于村镇银行的监督主要是由银监局来进行，但目前县域银监局人员较少，对于现有银行机构尚超负荷运转，再加上村镇银行，监管的有效性也就值得研究，所以对于村镇银行的监督目前应主要从制度建设上着手，对于村镇银行开业筹备、信贷方向和数额等各方面作出像美国后来修改的《社区再投资法》一样进行细化、量化的规定，一旦违反硬约束，惩罚不可避免，这样，即使所属银监局一年查一次，也能进行有效的规范。如栾川民丰村镇银行，银监局对其开业申请时选址是否合理，本地区是否为金融空白、金融竞争不充分区域所提供的报告进行正确评判，对开业后投放的信贷方向、数量是否符合规定进行审查，如存在问题，则进行责罚，可采取如选址不合理停业，偏离信贷投放方向的没收所得等措施。

引导主要从两个方面：一看是否有利于社会主义新农村的建设，二看是否符合国家提倡的产业政策。村镇银行是在建设社会主义新农村的背景下提出的，新型农村金融机构的设立也是为了更好地建设社会主义新农村，从这方面来对村镇银行进行引导，施以政策激励，是符合政策要求，也是顺应时宜的。

2. 村镇银行的创新着力点

按说培育应该是市场环境对于市场主体的一些积极促进的做法，就如农村金融市场上政府和农民对于村镇银行良好发展所起的作用，但相比市场主体村镇银行本身，培育更应着重自身，着重自身对于外部的反应以及自身给外部环境所带来的变化。所以从村镇银行角度来分析培育问题，应该着重分析村镇银行自身，以及自身操作的作用。按照有些学者所说的，具体包括科学设置业务和管理流程，精简机构和人员，提高风险管理水平，采取措施提高效率、降低成本，强化对一线人员的专业化培训，在安全经营基础上加大金融业务创新等。笔者认为这些做法是村镇银行所必须考虑和实施的，但这还不够，还要特别注意一些其他的东西，因为这些并未结合村镇银行机构本身的特点，也就是未突出村镇银行特色，比如就像其他商业银行金融机构的"核心竞争力"，村镇银行也应注意，加大力度培育挖掘这些，只有这样，拿出其他机构所没有而且能创造丰厚利润的东西，才能吸引储户，扩大业务。针对这些，笔者认为村镇银行应在服务定位与网点设置、人员配置、产品创新方面有所突破。

服务定位与网点设置。村镇银行的主营业点是设置在县城，还是设置在村镇，《村镇银行管理暂行规定》并未明确说明，但明确了一点，那就是村镇银行必须服务一定的区域，也就是不能超出所属区域。所以村镇银行主营业点无论设置在县城还是乡镇均符合规定，考虑到县城的吸储资源丰富，把主营业网点设置在县城是较好的做法。目前基本上所有的村镇银行都是采取这样的做法，但有一点需要明确的是，也是大部分村镇银行所忽略的，主营业网点在县城并不是说明主营业务也在县城。如果片面地把主营业务定位于县城，不但违背了设置村镇银行的政策初衷，也违背了村镇银行应服务于金融服务空白、竞争不充分区域的政策要求，因主营业务定位于县城，虽不说明村镇银行违背了服务"三农"的特性，但起码是偏离了。另外，县城区域一般金融机构较多，主营业务定位于此，也必然会加剧银行间的同业竞争。所以基于以上考虑，村镇银行应明确自己的定位，在这方面着重培育出自己的核心竞争力，笔者认为基本做法应该是县城吸储、乡村放贷，也就是立足于县城、扎根于农村。村镇银行应根系于乡镇，从服务于乡镇的角度来发展壮大自己，其根本定位就是乡镇，乡镇中的农业、农村、农民经济。网点设置方面可考虑县城设一家主营业点，发展较好的镇可设分营点，有经济支撑的村可设自动存取 ATM 点，其他较差地区可以在人员密集区，如集市，设存取 ATM 点。当然，这些设置要与政府相关部门、银行局沟通，本着特事特办的原则，在保障安全的情况下，必要时分营业可以在风险控制方面降低要求。另外，由于 ATM 的设备互联入网费用过于昂贵，应请求政府合理考虑减免或财政补贴。

人员配置。村镇银行是服务于乡镇的，应了解乡镇的详细信息，而了解这些信息的莫过于土生土长的本地人。俗话说外行看热闹、内行看门道，对于农村地区一些特有普遍情况，来自于城市的管理人员即便了解，恐怕也很难以深度把握，但这些对于本地区的人，特别是本村的人来说，基本上是熟门熟路。

所以为避免"水土不服",雇用本地人,应是村镇银行的一个选择,也是突出村镇银行特色、拉近与老百姓关系的良好策略。雇用本地人对于业务开展的好处是显而易见的,但加大了信贷的风险控制要求。所以在人员配置的具体做法上,笔者建议"专业 + 业余"、"全职 + 兼职"。所谓"专业",就是擅长信贷的公司全职管理人员,所谓"业余"就是兼职做村镇银行信贷业务的本村人或本地人。这样每一个专业人负责 5 ~ 8 个乡村兼职信贷员,并过滤信贷风险。这样做的好处是:一方面,专业人员弥补业余人员知识的不足,缩小了信贷风险;另一方面,大批兼职信贷员也降低信贷成本,提高了公司利润空间。同时,这些兼职信贷员活跃于民间,对于民间借贷关系的改善,金融活动的提升有着很大的好处。当然,全职人员与兼职信贷员配合、公司信贷相关方面的管理规定等,也要作一些贴近农村的努力,否则任何一个小的疏忽可能就会导致一些不可弥补的损失。

便民 ATM 的布置、兼职信贷员的设立,对于村镇银行在乡镇业务上的开展是很有好处的。便民 ATM 如同一个固定广告,兼职信贷员如同一个移动广告,这两个一静一动的广告每天都随时随地地向同一个村庄的人群宣传,再加上实际信贷业务开展、农民在家门口 ATM 存取款项的方便,那么村镇银行在农村取得地位、取得盈利、办成国家所期望的村镇银行为期不远。

产品创新。网点布局上贴近了农民,人员配置上也拉近了与农民的关系,但如果没有一个好的信贷产品,农村银行业的老路子难免重步。那么什么样的信贷产品适合于农村,为农民所喜,这需要调查,需要不断地摸索。本着从实际出发的研究思路,笔者认为在现在的农村有这样的一个实际情况,那就是抵押品、质押品不足,信用普遍缺乏。实际上,对于信贷的开展,抵押品、质押品的出现只是为了防范风险,并不是信贷的必要条件,但目前银行业普遍偏好于此,不知为何。经济学原理上讲风险与收益同比,但银行为何在追求收益时不去承担那所谓一丝一毫的风险。本着这样的选择,本着这样的实际,笔者提出结合城市信用,将农村信用与之相连,利用城市人的信用来为农村居民取得信用贷款。给合点自然是亲缘关系,那种亲情,帮助农村自家人脱贫致富的亲情。这样做的好处是信用贷款的迅速展开,且随着我国城市化率的提高,越来越多的人口进入城市,这种信用贷款的未来也会逐渐趋于利好。在发展这种信用贷款的同时,建立完善农村的信用数据库。

3. 村镇银行的服务定位

按照有关学者的说法,农村中的农民可以分为三类:一类依旧贫穷,一类正在致富,一类已经富裕。其实这种分法很笼统,贫穷的人中也有着正在改变现状者，致富群体中也会有一部分人因为经营等一些原因落入贫穷。但这种分类对于研究者来说是一种捷径，可以排除一些不必要的干扰进行分析，所需要做的只是之后再来做补充。因此笔者也就沿用这种方法对村镇银行培育问题进行分析。

处在贫穷中的人群其愿望可能只是处在吃饭、穿衣以及住宿等条件的改善上，这些一般来说属于社会救济范畴，所以无论从这部分群体的需求还是从村镇银行供给的角度来说，都不必作过多分析。当然，对于一些希望改善而且具有一定条件的人来说，他们的资金需求较少，需求的资金也大都用于小生产经营，其目的也只是改善目前的生活状况，所以针对这部分人群村镇银行应该谨慎对待，不应该把他们排除在服务范围之外。如果村镇银行结合每一地区这部分人的特点开发出一些小额信贷工具，那么对于村镇银行信誉的提高将会产生不可估量的效果。可能有人说这有风险，其实这很片面，格莱珉乡村银行都能把贷款发放给乞丐，那么我们的村镇银行为什么不能把贷款放给穷人呢？

对于已经富裕起来的群体，他们的需求可能也是多样的，对于现状较满意、准备享受生活的，他们的进取意愿较小，希望的可能是资本上的收益，起码愿望上是保值增值，那么对于这部分人，也就是理财需求和投资需求；对于仍旧在拼搏，追求更大财富的人群，较大数额的信贷也许是他们目前所需要的。当然对于这部分群体，无论是保守型还是进取型相对于银行来说都是农村金融市场上的优质客户，也许这部分人在村镇银行开始关注之前就已经被其他银行所关注，那么村镇银行如果开发这部分客户，就要努力构筑自己的产品，使之一方面满足其需求，另一方面也要突出自己的特色，否则只是需求上的满足，相较其他银行并无什么特别的优势。

农村经济中的中间群体，也是力量最大、人数最广的群体，他们积极劳作，用双手和汗水创造和改造着生活。这部分人致富愿望迫切，而且具备一定的条件，所缺少的也只是技术和资金，其资金的需求介于穷人和富人之间。如何开发这部分群体，是村镇银行迫切需要解决的问题。和其他学者的研究观点一样，笔者认为中间群体才是村镇银行所需要认真对待的，也是村镇银行扎根于、生存于农村的重要支撑。

4. 建立健全农户和农村企业的贷款抵押担保机构

一是要建立不同所有制形式的担保机构，应允许多种所有制形式的担保机构并存。鼓励政府出资的各类信用担保机构积极拓展符合农村特点的担保业务，有条件的地方可设立农业担保机构，鼓励现有商业性担保机构开展农村担保业务。二是要增强担保公司实力。三是要注意完善担保运作机制。要针对农户和农村中小企业的实际情况，实施多种担保办法，探索实行动产抵押、仓单质押、权益质押等担保形式。虽然中小企业普遍缺乏受银行欢迎的土地和房地产担保，但是担保机构可以根据具体情况考虑接受被担保企业的机器设备、存货、应收账款和销售合同等反担保品。

5. 加速建立政策性农业保险机构

农业生产特别是种养业的风险特点决定了有许多领域需要依赖政策性农业保险支持，也有许多领域可以推行商业性农业保险。应该建立一种政策性农业保险支持和商业性农业保险相结合的格局，选择部分产品和部分地区率先试点建立政策性农业保险支持体系，有条件的地方可对参加种养业保险的农户给予一定的保费补贴。

10.3.2.5 建立健全小额信贷组织

小额信贷组织（Macro – financial Credit Institution）是在国际上普遍存在的一种经济组织形式。其业务活动领域主要在农村。尽管对这类组织的界定理论界还有争议，许多国家或政府甚至没有将其归类到金融组织当中，因为多数小额信贷组织是采取"只贷不存"的运作方式，我国中央银行及监管部门官员也对这类组织的界定持谨慎态度，但是，其作用与地位不可低估，特别是在经济尚不发达的农村地区，这类组织将会有较大的发展空间，可以起到官办金融组织和正规金融组织无法起到的作用。作为小额信贷组织，自己筹资，不吸收存款，不创造货币，亏损自己弥补，因而也就不会形成外溢性的金融风险。只要运作规范，这类组织的发育及运作几乎不用耗费政府部门的任何边际成本，至于日常的监督管理，也会在有关部门的"固定成本"边界以内。因此，应当积极推行这类组织的试点，取得相应的经验后可以因地制宜在各地推开。

参考文献

［1］王曙光，王东宾．金融减贫：中国农村微型金融发展的掌政模式
［M］．北京：中国发展出版社，2012.

［2］王曙光．告别贫困：中国农村金融创新与反贫困［M］．北京：中国
发展出版社，2012.

［3］张红梅．中国农村社会养老保险商业化运作模式研究．［M］．北
京：科学出版社，2012.

［4］吴占权．农村新型金融组织业务创新研究［M］．北京：冶金工业出
版社，2012.

［5］郑小碧．基于自组织理论的产业集群共性技术创新研究［J］．科技
进步与对策，2012（8）．

［6］陈晓红，王玉娟，万鲁河，解瑞峰．基于层次聚类分析东北地区生
态农业区划研究［J］．经济地理，2012（1）．

［7］张明．着力谱写新农村建设新华章［J］．学习月刊，2012（2）．

［8］王文刚，李汝资，宋玉祥，王芳．吉林省区域农地生产效率及其变
动特征研究［J］．地理科学，2012（2）．

［9］王群．湖北省农业资源利用与产业发展研究［J］．孝感学院学报，
2012（2）．

［10］兰措卓玛．权利视角下失地农民问题研究［J］．攀登，2012
（2）．

［11］闵继胜，胡浩．江苏省农业生产过程中碳减排潜力的理论与实证分
析［J］．科技进步与对策，2012（8）．

［12］倪国江，刘洪滨，马吉山．加拿大海洋创新系统建设及对我国的启
示［J］．科技进步与对策，2012（8）．

［13］陈瑞平，邱冠武，方育圜．农业科技园与农业大学科技园的异同性
特质分析［J］．广东农业科学，2011（24）．

［14］邓晓霞．中印农村金融体系比较［M］．成都：西南财经大学出版
社，2011.

［15］国务院农村综合改革工作小组办公室课题组．建立现代农村金融制

度问题研究［M］．北京：中国财政经济出版社，2011.

［16］刘文朝．农村民间借贷与建立金融协会研究［M］．北京：中国金融出版社，2011.

［17］谢志忠．农村金融理论与实践［M］．北京：北京大学出版社，2011.

［18］中国人民银行农村金融服务研究小组．中国农村金融服务报告2010［M］．北京：中国金融出版社，2011.

［19］罗丽丽，罗伟伟，张天喜，周旗．河南省绿色农业发展战略规划研究［Z］．国家科技成果.

［20］刘磊，韩晓天．新型农村金融服务体系构建研究［M］．北京：中国物资出版社，2011.

［21］左平良．农地抵押与农村金融立法问题［M］．长沙：湖南师范大学出版社，2011.

［22］王伟．中国农村政策性金融的功能优化与实证分析［M］．北京：中国金融出版社，2011.

［23］杨小玲．中国农村金融改革的制度变迁［M］．北京：中国金融出版社，2011.

［24］吴玉宇．村镇银行社会网络资本形成与作用机制［M］．长沙：湖南人民出版社，2011.

［25］李建．农村金融服务满意度与中国现代农村金融制度激励功能研究［M］．郑州：河南人民出版社，2011.

［26］岳彩申．中国农村金融法制创新研究［M］．北京：群众出版社，2011.

［27］刘建勋．中国农村社会金融信用及其治理机制研究［M］．北京：中国金融出版社，2011.

［28］阿里木江·阿不来提，阿不都外力·依米提．新疆农村养老保障体系构建研究［M］．北京：中国经济出版社，2011.

［29］安菁蔚．农村小额信贷［M］．北京：中国农业出版社，2011.

［30］叶慧，吴开松．中西部少数民族贫困地区财政支农效率及结构优化研究［M］．北京：科学出版社，2011.

［31］刘晓华，张璐．怎样同金融机构打交道/金色乡村［M］．大连：东北财经大学出版社，2011.

［32］王娜，张磊．中国财政支出拉动农村居民消费研究［M］．北京：中国社会科学出版社，2011.

［33］刘文丽．农村信用合作社内部控制系统研究［M］．北京：中国农业大学出版社，2011.

［34］王淑华，王兴建．农村投融资与税收政策［M］．北京：高等教育出版社，2011.

［35］吴艳玲．传统农区走新型工业化道路的财政政策研究［J］．生产力研究，2011（6）．

［36］谢青玉．河南农村劳动力培训问题研究［J］．甘肃农业，2011（8）．

［37］张香荣．河南农村劳动力务工保障意识研究［J］．现代营销（学苑版），2011（7）．

［38］董鹏，李凯，袁艳平，刘立军，马晓河．我国生态农村建设之探索［J］．攀登，2011（5）．

［39］黄琳，严胜波，李继萍．百年农民观念变与不变的经济学分析［J］．改革与战略，2011（2）．

［40］孙涛．我国"民工潮"现象的成因及社会经济影响探析［J］．赤峰学院学报（汉文哲学社会科学版），2011（6）．

［41］鲁莎莎，刘彦随．农地流转中规模经营的适宜度分析——以山东利津县为例［J］．地理科学进展，2011（5）．

［42］鲁虹．双辽市农村土地流转和规模经营的思路与对策［J］．才智，2011（26）．

［43］王浩军．现行体制框架下农地适度规模经营问题分析［J］．长白学刊，2011（6）．

［44］单志芬，毕涛，刘德方，李德智，杨旭．发展规模经营 提高耕地资源利用率——黑龙江省农村土地规模经营的调研［J］．中国农业资源与区划，2010（1）．

［45］梁红卫．基于农民专业合作社的农地规模经营模式探讨［J］．经济纵横，2010（4）．

［46］罗红云．中国农地规模经营前景分析——基于对 8 省 292 户农民的调查［J］．调研世界，2010（7）．

［47］许庆，尹荣梁．中国农地适度规模经营问题研究综述［J］．中国土地科学，2010（4）．

［48］姜野．创新农村土地流转制度的途径［J］．经济研究导刊，2010（23）．

［49］都本伟．金融的取向：农村金融改革问题研究［M］．北京：中国金融出版社，2010.

［50］陈雨露，马勇．中国农村金融论纲［M］．北京：中国金融出版社，2010.

［51］刘玲玲，姜朋，杨思群等．清华经管学院中国农村金融发展研究报告完结篇（2006—2010）［M］．北京：清华大学出版社，2010.

［52］钱水土，姚耀军．中国农村金融服务体系创新研究［M］．北京：中国经济出版社，2010.

［53］田剑英．普惠型区域性农村金融体系的构建：以宁波市为例［M］．北京：中国财政经济出版社，2010.

［54］何忠伟．农村金融与农户小额信贷［M］．北京：金盾出版社，2010.

［55］陈春生．城乡经济一体化与农村金融发展［M］．北京：中国社会科学出版社，2010.

［56］雷启振．中国农村金融体系构建研究·基于"三农"实证视角［M］．北京：中国社会科学出版社，2010.

［57］王姮．农业产业化融资体系研究［M］．北京：中国农业科学技术出版社，2010.

［58］谢升峰．促进新农村建设投融资体系研究［M］．北京：人民出版社，2010.

［59］武丽．中国农村财政制度变迁研究［M］．北京：中国财政经济出版社，2010.

［60］周立．中国农村金融：市场体系与实践调查［M］．北京：中国农业科技出版社，2010.

［61］彭建刚．中国地方中小金融机构发展研究［M］．北京：中国金融出版社，2010.

［62］谢瑞其．农村投融资与税收政策［M］．长沙：湖南师范大学出版社，2010.

［63］陈希敏．制度变迁中的农户金融合作行为研究［M］．北京：人民出版社，2010.

［64］祝洪章．传统农区走新型工业化道路分析［J］．求是学刊，2010（5）．

［65］吴艳玲．我国传统农区走新型工业化道路的SWOT分析［J］．安徽农业科学，2010（5）．

[66] 祝洪章. 我国传统农区探索走新型工业化道路的模式分析 [J]. 经济研究导刊, 2010 (32).

[67] 徐华锋, 李秋红. 基于灰色关联模型的河南省农民收入分析 [J]. 安徽农业科学, 2010 (10).

[68] 宋伟. 传统农区企业村庄选址倾向形成的内在机理——基于创业者行为理性的视角 [J]. 农村经济, 2010 (7).

[69] 宋伟. 传统农区工业企业空间分散布局的一个分析框架 [J]. 郑州轻工业学院学报 (社会科学版), 2010 (1).

[70] 赵排风. 城市化进程中河南农村劳动力转移模式的创新 [J]. 河南工业大学学报 (社会科学版), 2010 (2).

[71] 刘向芝, 聂家华. 碰撞、转型与意义: 现代化进程中的农民观念世界——以哈多河村为个案 [J]. 青岛农业大学学报 (社会科学版), 2010 (4).

[72] 吴业苗. 转型期农民观念的嬗变及其发展路径 [J]. 唐都学刊, 2010 (3).

[73] 张振江, 侯香红, 张亚丽等. 河南省农业现代化及其发展战略研究 [Z]. 国家科技成果.

[74] 吴艳玲. 我国传统农区走新型工业化道路的 SWOT 分析 [J]. 安徽农业科学, 2010 (5).

[75] 负鸿琬. 河南省农民收入与城市化水平的协整分析 [J]. 河南农业大学学报, 2010 (5).

[76] 傅春, 巫锡金. 中部地区能源效率影响因素的分析模型与案例研究 [J]. 长江流域资源与环境, 2010 (10).

[77] 韩俊. 中国农村金融调查 [M]. 上海: 上海远东出版社, 2009.

[78] 汪小亚. 农村金融体制改革研究 [M]. 北京: 中国金融出版社, 2009.

[79] 郭树华, 梁东, 杨琦. 农村金融与农村政策性银行发展研究: 以云南为例 [M]. 昆明: 云南大学出版社, 2009.

[80] 廖有明. 农业科技推广与金融支持 [M]. 北京: 中国金融出版社, 2009.

[81] 陈华. 中国农村金融生态优化机制研究 [M]. 北京: 经济科学出版社, 2009.

[82] 许桂红, 肖亮. 农村金融体制改革与创新研究 [M]. 北京: 中国农业出版社, 2009.

［83］李宏伟．我国农业成长的融资需求与农村金融类型选择［M］．北京：中国金融出版社，2009.

［84］刘进宝，何广文．中国农村中小型金融机构风险度量管理研究［M］．北京：中国农业出版社，2009.

［85］庹国柱，王国军，段家喜等．"三农"保险创新与发展研究［M］．北京：中国金融出版社，2009.

［86］白钦先，李钧．中国农村金融"三元结构"制度研究［M］．北京：中国金融出版社，2009.

［87］王曙光．乡土重建：农村金融与农民合作［M］．北京：中国发展出版社，2009.

［88］徐忠，张雪春，沈明高．中国贫困地区农村金融发展研究：构造政府与市场之间的平衡［M］．北京：中国金融出版社，2009.

［89］巩云华．农村金融服务体系协调发展研究［M］．北京：中国时代经济出版社，2009.

［90］王家传．中国农村金融：观察与思考［M］．北京：中国农业出版社，2009.

［91］王理．制度转型与传统农区工业化［M］．北京：社会科学文献出版社，2009.

［92］周凯．城乡统筹发展中的农村金融体系改革［M］．成都：西南财经大学出版社，2009.

［93］杨菁．农民身边的银行：税收政策与农村金融［M］．北京：中国税务出版社，2009.

［94］潘淑娟．多层次农村合作金融体系构建［M］．北京：中国金融出版社，2009.

［95］张宜红．传统农区非农产业现状调查分析及思考——以江西南昌麻丘镇为例［J］．老区建设，2009（16）.

［96］耿明斋．传统农区工业化过程中农地产权制度变迁的经济分析［J］．河南大学学报（社会科学版），2009（2）.

［97］宋伟．传统农区工业化问题研究［J］．农村经济，2009（5）.

［98］王宇燕．产业转移与传统农区工业化实现路径研究［J］．中国经贸导刊，2009（10）.

［99］安虎森，殷广卫．中部塌陷：现象及其内在机制推测［J］．中南财经政法大学学报，2009（1）.

［100］张康之，张桐．论"公共行政"的确切含义［J］．中国行政管理，2009（8）．

［101］张品．农民观念对农民增收的影响分析［J］．安徽农业科学，2009（6）．

［102］信桂新，杨庆媛，杨朝现等．工业化进程中传统农区的土地利用变化——以重庆市荣昌县为例［J］．西南大学学报（自然科学版），2009（12）．

［103］张公信．中小企业与河南农村剩余劳动力转移问题研究［J］．河南工业大学学报（社会科学版），2009（2）．

［104］姚灿华，谢志来，曹宏祥．推进农业适度规模经营正当时［J］．江苏农村经济，2009（1）．

［105］中国农村金融学会．中国农村金融改革发展三十年［M］．北京：中国金融出版社，2008.

［106］李新．我国农村民间金融规范发展的路径选择［M］．北京：中国金融出版社，2008.

［107］仇坤，王军辉，蔡武红．农业产业化与金融服务创新［M］．北京：中国金融出版社，2008.

［108］张转方．农村信用建设与小额贷款［M］．北京：中国金融出版社，2008.

［109］孟建华．县域经济发展规划与金融资源配置［M］．北京：中国金融出版社，2008.

［110］张乐柱，温思美．需求导向的竞争性农村金融体系重构研究［M］．北京：中国经济出版社，2008.

［111］李树生，何广文．中国农村金融创新研究［M］．北京：中国金融出版社，2008.

［112］刘蕾．城乡社会养老保险均等化研究［M］．北京：经济科学出版社，2008.

［113］刘婷，李小建．中国农区经济差异与非农产业发展［J］．统计与决策，2008（14）．

［114］李恒．劳动力流动与传统农区经济社会转型问题研究［J］．经济经纬，2008（6）．

［115］姜法竹，高昂．基于省际差异的中国农村生产发展水平区域格局研究［J］．中国农业资源与区划，2008（5）．

［116］王宇燕．承接产业转移实现传统农区跨越式发展［J］．宏观经济管理，2008（4）．

［117］孟聪．河南省平原农区贫困问题分析与对策［J］．农村财政与财务，2008（8）．

［118］马文起．农村土地适度规模经营对策研究［J］．安徽农业科学，2008（10）．

［119］许桂红．县域经济发展与金融支持问题研究［M］．北京：中国农业出版社，2008．

［120］马永华．传统农区结构调整中的制度改革刍议［J］．现代农业科技，2008（9）．

［121］曹明贵，黄新华．欠发达地区农村劳动力转移影响因素的实证分析——以河南省为例［J］．安徽农业科学，2008（8）．

［122］匡和平．专业镇的发展对农民素质的影响——以中山市为例［J］．郑州航空工业管理学院学报（社会科学版），2008（3）．

［123］魏巍．统筹城乡发展中高校职能引导农民观念转变的途径［J］．重庆教育学院学报，2008（5）．

［124］李小建，高更和，乔家君．农户收入的农区发展环境影响分析——基于河南省1 251家农户的调查［J］．地理研究，2008（5）．

［125］刘荣利，王浩．铁路运输与经济发展水平的协整分析［J］．铁道运输与经济，2008（11）．

［126］关付新，赵传海，张爽．农业大省新农村建设的农民意愿及其启示——基于对河南省农村和农民的调查［J］．农业经济问题，2008（4）．

［127］蒋国富．基于GIS的河南省农民收入空间分异特征探讨［J］．安徽农业科学，2008（18）．

［128］才仁山德布，达西卓玛，孟克达拉．对青海德令哈市发展现代畜牧业的几点思考［J］．养殖与饲料，2008（10）．

［129］张杰．中国农村金融制度调整的绩效：金融需求视角［M］．北京：中国人民大学出版社，2007．

［130］焦瑾璞．农村金融体制和政府扶持政策国际比较［M］．北京：中国财政经济出版社，2007．

［131］程恩江，刘西川．中国非政府小额信贷和农村金融［M］．杭州：浙江大学出版社，2007．

［132］王松奇，何广文，张林等．传统农区金融需求与机构布局调研报

告［J］．银行家，2007（7）．

[133] 赵亚东，朱卫华．农村劳动力转移、农业工业化与传统农区经济社会转型问题研究［J］．河南工业大学学报（社会科学版），2007（2）．

[134] 李燕燕．传统农区经济转型原始路径的一般分析［J］．河南大学学报（社会科学版），2007（4）．

[135] 喻新安．传统农区新型工业化道路的内涵与实证分析——以河南黄淮四市为例［J］．河南大学学报（社会科学版），2007（6）．

[136] 韩兆柱．责任政府与政府问责制［J］．中国行政管理，2007（2）．

[137] 师连枝．从农村就业转移看我国工业化及城市化取向［J］．经济纵横，2007（5）．

[138] 胡国强，王世炎，姜昆等．河南省各地农业生产的实力分析与综合评价研究［Z］．国家科技成果．

[139] 褚素萍，陈英乾，臧金灿等．河南省农业竞争力评价研究［Z］．国家科技成果．

[140] 彭荣胜，覃成林．发展中地区农村劳动力转移、第三产业发展与城市化关系分析——以河南省为例［J］．人文地理，2007（3）．

[141] 邓国取．解析我国农区畜牧业发展战略模式［J］．农村经济，2007（4）．

[142] 赵亚东，朱卫华．农村劳动力转移、农业工业化与传统农区经济社会转型问题研究［J］．河南工业大学学报（社会科学版），2007（2）．

[143] 李炳军，吴辉．河南省各地市经济发展水平评价［J］．农业系统科学与综合研究，2007（2）．

[144] 刘锡良．中国转型期农村金融体系研究［M］．北京：中国金融出版社，2006.

[145] 迟福林．2006中国改革评估报告［M］．北京：中国经济出版社，2006.

[146] 李庆丰，屈定坤．节约型社会全书［M］．北京：中国财政经济出版社，2006.

[147] 冯崇义，江沛，邓丽兰．二十世纪的中国［M］．北京：中国社会科学出版社，2006.

[148] 林双林，王振中，尹尊声．民营经济与中国发展［M］．北京：北京大学出版社，2006.

[149] 魏胜文，穆纪光，李树基．传统农业县的变迁［M］．北京：社会

科学文献出版社，2006.

　　［150］徐勇，项继权．参与式财政与乡村治理经验与实例［M］．西安：西北大学出版社，2006.

　　［151］罗其友，唐曲，尹昌斌等．我国新型农村工业化战略问题思考［J］．农业现代化研究，2006（4）.

　　［152］杜志雄，张兴华．从国外农村工业化模式看中国农村工业化之路［J］．经济研究参考，2006（73）.

　　［153］应寅峰，赵岩青，晋保平等．国外的农村金融［M］．北京：中国社会出版社，2006.

　　［154］胡必亮，刘强，李晖．农村金融与村庄发展：基本理论国际经验与实证分析［M］．北京：商务印书馆，2006.

　　［155］邹薇，张芬．农村地区收入差异与人力资本积累［J］．中国社会科学，2006（2）.

　　［156］曹金臣．河南省农村土地使用权流转探析［J］．现代农业，2006（7）.

　　［157］钱贵霞，李宁辉．粮食生产经营规模与粮农收入的研究［J］．农业经济问题，2006（6）.

　　［158］高新康，胡洁．科学发展观视角下的兵团畜牧业［J］．中国农垦，2006（1）.

　　［159］苗长虹，王海江．河南省城市的经济联系方向与强度——兼论中原城市群的形成与对外联系［J］．地理研究，2006（2）.

　　［160］王桂荣，孟祥书，石玉芳等．河北省农村居民人均纯收入的影响因素分析［J］．河北农业科学，2006（4）.

　　［161］李小建．农区地理学国际研究进展［J］．人文地理，2006（6）.

　　［162］王韧．中国农村居民收入决定特征及其影响因素变动：1952—2003年［J］．数量经济技术经济研究，2006（4）.

　　［163］陈晓华，张红宇．增加农业投入与改善农村金融服务［M］．北京：中国农业出版社，2005.

　　［164］徐畅．二十世纪二三十年代华中地区农村金融研究［M］．济南：齐鲁书社，2005.

　　［165］张改清．农户投资与农户经济收入增长的关系研究［M］．北京：中国农业出版社，2005.

　　［166］龚晓燕．凤椒产业发展情况的调查与思考［J］．陕西林业，2005

（6）．

[167] 唐国策．赵存发谈内蒙古推进畜牧业生产方式转变的做法和体会 [J]．中国牧业通讯，2005（19）．

[168] 王晓毅，蔡欣怡，李人庆．农村工业化与民间金融：温州的经验 [M]．太原：山西经济出版社，2004．

[169] 张功平．农村信用社账务检查方法与技巧 [M]．北京：中国金融出版社，2004．

[170] 林毅夫．解决"三农"问题的关键在于发展农村教育、转移农村人口 [J]．职业技术教育，2004（9）．

[171] 陈祥生．中国农村的工业化、城市化和现代化 [J]．中共中央党校学报，2003（1）．

[172] 苏雅拉其其格．转变农民观念促进农村经济发展 [J]．内蒙古社会科学（汉文版），2003（S1）．

[173] 翟翠霞．小康建设：老家农民有点"渴" [J]．农村工作通讯，2003（3）．

[174] 贺梅英．广东农村居民收入的变化及影响因素分析 [J]．华南农业大学学报（社会科学版），2003（S1）．

[175] 孟凡胜．影响黑龙江省农民收入增长的主要因素 [J]．哈尔滨商业大学学报（社会科学版），2003（1）．

[176] 李小建．欠发达农区经济发展中的农户行为——以豫西山地丘陵区为例 [J]．地理学报，2002（4）．

[177] 周其仁．增加农民收入不能回避产权界定 [J]．发展，2002（3）．

[178] 林毅夫．增加农民收入需要农村基础设施的牢固 [J]．调研世界，2001（7）．

[179] 王慧．日本农村工业化及对我国的启示 [J]．农业经济，2001（7）．

[180] 王甲玺，宋海岩．对我区村级集体经济发展问题的调查分析[J]．甘肃农业，2001（5）．

[181] 邓彬，王厚俊，陈卫洪等．贵州少数民族贫困乡农民观念转变的影响因素 [J]．山地农业生物学报，2001（1）．

[182] 刘小玄．中国工业企业的所有制结构对效率差异的影响——1995年全国工业企业普查数据的实证分析 [J]．经济研究，2000（2）．

［183］孙建萍. 关于加快农区畜牧业产业化进程的思考［J］. 饲料博览，2000（10）.

［184］胡昕，范大路. 传统农区农业产业化之路［J］. 山区开发，1999（6）.

［185］姚洋. 非国有经济成分对我国工业企业技术效率的影响［J］. 经济研究，1998（12）.

［186］万广华. 中国农村区域间居民收入差异及其变化的实证分析［J］. 经济研究，1998（5）.

［187］单扬，谢康生，何建新等. 21 世纪中国中部传统农区经济发展条件和模式研究［J］. 农业现代化研究，1998（4）.

［188］青岛市城阳区的问卷调查显示——农民观念已发生五大变化［J］. 领导决策信息，1998（44）.

［189］丁静. 韩国农村工业化的经验［J］. 经济研究参考，1997（15）.

［190］耿明斋. 平原农业区工业化道路研究［J］. 南开经济研究，1996（4）.

［191］刘中丽. 农区畜牧业生产的气象灾害与防御［J］. 北京农业科学，1996（6）.

［192］赵民学. 农民观念更新的五个特征［J］. 山西统计，1995（2）.

［193］罗正齐. 加快发展新疆农区畜牧业的几点思考［J］. 新疆畜牧业，1994（5）.

［194］胡耀高. 评"秸秆畜牧业论"（续）［J］. 中国牛业科学，1993（3）.

［195］荆建林. 亚太发展中国家和地区的农村工业化（上）［J］. 世界农业，1992（8）.

［196］洪民荣. 英国的农村工业化［J］. 世界农业，1992（3）.

［197］宋士忠. 我国畜牧业饲料来源的传统渠道与发展思路［J］. 饲料与畜牧，1990（2）.

［198］朱仁祥. 现时代农民观念——湖北省农村见闻［J］. 中国农村经济，1987（7）.

［199］余世俊. 试论江西发展畜牧业生产的潜力［J］. 畜牧与兽医，1981（2）.

后　记

　　长期生活及工作在河南这样一个中国最大的传统农区，见证了河南为全国经济发展作出巨大贡献的同时自身发展却举步维艰的过程，特别是近年来有幸参加了一系列有关"三农"问题的调研，几乎走遍了河南的各个农业地（市）：深入了有革命老区之称的信阳，走访了河南最大的农业地（市）南阳，也到过相对富裕的农区诸如济源、焦作等地。每到一处，给我最深刻的印象便是传统农区无一不是较为贫穷和落后的地区。正是因为如此，促使我结合自身的专业开始探讨农村金融发展的问题。

　　尤努斯教授因创办"穷人银行"获得诺贝尔和平奖之后，促成理论界反思一个既古老而又现实的问题：金融到底是富人的专利？还是穷人与富人都应当共享金融服务？这也是这些年促使我将农村金融作为一个研究方向的主要原因。事实上，从金融活动产生的本源来看，它并不是专为富有群体享用的奢侈品，而是一个为满足生存及发展需要的必需品。金融活动以及金融机构之所以在以后的发展过程中与穷人愈走愈远，与富人愈来愈近，这里面既有商业性金融活动的逐利因素，也与很长一段时间以来理论研究的导向不无关系。马柯维茨的资产组合与资产选择理论就是为富人服务的典型，只有富人才有可能进行金融资产的选择和组合。而现在像尤努斯教授这样一批学者的研究与实践，就是要让金融活动回归其本源，让其等同地为穷人与富人服务。当然，这并不是说金融可以取代财政救济、可以取代慈善捐助，而是说金融在自身可持续发展的前提下，可以与弱势群体相互伴生，存在于一个共同发展的空间。这里，最基本的公理就是任何"大"和"强"的市场主体都是由"小"和"弱"的市场主体演变而来的，就连金融活动本身都是由一个不起眼的商业活动"亚种"一步一步进化为当代市场经济中枢的。鉴于此，金融又有什么理由一定要远离弱势群体而趋附于强者呢？

　　正是着眼于这样一些思考，促使本人将近年来的一些思路以及遇到的一些实例加以整理，形成了本书，与同行交流。同时也是为正在进行的农村金融体制改革尽一点微薄之力。

　　由于学识水平所限，本书的思路与见解难免挂一漏万，不正确之处文责自负。

　　本书得以成稿，首先要感谢家人特别是妻子成虹女士承担大量琐碎的家务，才能使我在繁重的教学任务中挤出时间完成书稿，同时也要感谢我的两位学生李笑和阎盼盼在本书的修订、校对等环节付出的辛勤劳动。最后还要感谢所有为本书提供参考资料、观点、案例的同行们。